ON-PARK
STREFI-HÜGEL
LEOFO
ANDRAS
PANATHINAIKOS
SARANTAPOROU
LYKABETTOS
24
AGHIOS SIDERIS
AGHIOS GEORGIOS
ARISTIOU
GENADIOS-BIBLIOTHEK
LYKAVITOU
DIMOKRITOU
VOUKOURESTIOU
PINDAROU
PLOUTARCHOU
ELVETIAS
IASSIOU
ALODEKIS
MARASLI
IPSILANTOU
KARAOLOU
TSOKHA
SOUTSOU
VASILISSIS SOFIAS
LEOFOROS
PAPADIAMANTOPOULOU
KOLONAKI-PLATZ
21
BENAKI-MUSEUM
VASILISSIS SOFIAS
23
HOTEL HILTON
LEOF. BYZANTINISCHES MUSEUM
22
NATIONALE GEMÄLDE-GALERIE
RIGHILIS
GEORGIOU II
VASSILEOS KONSTANTINOU
IRODOU ATTIKOU
KÖNIGLICHER PALAST
STADION
25 DELPHI
PARNASS
ITEA
ARACHOVA
26
LEVADIA
OSSIOS LOUKAS
ANTIKIRA
THESSALONIKI
PETRA
BÖOTIEN
HELIKON
THEBEN (THIVE)
TANAGRA
EUBÖA
CHALKIS
ERETRIA
RHAMNOUS
MARATHON
ATTIKA
GOLF VON KORINTH
PATRE
DAPHNI
27
ELEUSIS
KIFISSIA
AMAROUSION
MEGARA
SIKYON
KORINTH
SALAMIS
30
PIRÄUS
31
28
KASARIANI
ASTERI
HYMETTOS
PELOPONNES
ANTIKES KORINTH
SARONISCHER GOLF
VARKIZA
MYKENE
HAFEN
APHAIA-TEMPEL
ÄGINA
32
ANAVISSOS
MAKRONISSOS
29
ANGISTRION
ARGOS
TIRYNS
EPIDAUROS
KAP SUNION

Artemis-Cicerone · Kunst- und Reiseführer

Artemis Verlag Zürich und München

ATHEN

Mit Delphi, Kap Sunion, Ägina Daphni und Ossios Loukas

Von Günter Wachmeier

Artemis Verlag Zürich und München

Mit 79 Abbildungen, 27 Plänen und Zeichnungen, 2 Vasentafeln

Karten, Pläne und Rekonstruktionen wurden, wenn nicht anders angegeben, von Dieter Weber, München, gezeichnet.
Mehrfarbige Stadtpläne: A. Norweg.

Gesamtherstellung: Friedrich Pustet, Graphischer Großbetrieb, Regensburg. Printed in Germany

ISBN 3 7608 0753 4

INHALTSVERZEICHNIS

A. ZUR GRIECHISCHEN KUNST

Die griechischen Bildner des 5. Jh. v. Chr. zeigen uns die Göttin Athena als eine jugendliche Erscheinung, gewappnet, mit Helm, Schild und Lanze, auf der Brust das Schuppenfell mit dem Haupt der Medusa, einem gräßlichen Ungeheuer mit Schlangen im Haar. Ein merkwürdiger Gegensatz: diese Göttin der Klugheit und des guten Rates, die Zeus so nahe steht und doch die Schlangengöttin ist. Der Widerspruch löst sich auf, wenn wir in den beiden Darstellungsmomenten zwei verschiedene Seinsschichten sehen, die sich in zeitlicher Folge ablösen, aber doch so, daß in der lichten Erscheinung des Neuen die Erinnerung an das Vorangegangene Dunkle erhalten bleibt.

Athena ist die Herrin der Burg. Auf der Akropolis stand ihr Tempel, wo sie im Kultbild verehrt wurde. Aber uralt und älter als Athena ist die Burgschlange, die auf der Akropolis haust, ein Bild des Unheimlichen, Gefährlichen und Furchterweckenden.

Aus dem älteren Vorstellungskreis spricht reale Erfahrung. Schlangen waren keine Erfindung der menschlichen Phantasie. Gerade das Nebeneinander von giftigen und ungiftigen Arten, die nur der Kundige unterscheiden konnte, begünstigte den Eindruck des Dämonischen, das nun in seiner Zweideutigkeit als unheilbringend oder unheilabwehrend, als feindlich oder als helfend und freundlich gesehen werden konnte.

Man kann kaum erwarten, daß dieses dämonische Wesen seinen Machtanspruch und seinen Herrschaftsbereich freiwillig aufgegeben hätte. Sehr viel näher liegt es, einen geistigen Kampf vorauszusetzen, der so lange währte, bis es Sieger und Besiegte gab. Athena in ihrer Rüstung deutet darauf hin.

Nicht alle griechischen Götter erscheinen in der gleichen Weise wie Athena mit Ägis, Schild und Helm, aber fast alle kämpfen. Sie tun es vor allem in der großen Schlacht gegen die Giganten, die sich gegen die olympischen Götter erheben und die Macht an sich zu reißen suchen. Zahlreich sind die Darstellungen, die die bildende Kunst von diesem Geschehen gegeben hat.

Zeus kämpft mit seinem Blitzbündel, Apollon mit Pfeil und Bogen, Poseidon mit dem Dreizack. Das sind Bilder, die sich der griechische Geist im Mythos schafft. In Wahrheit aber kämpfen hier nicht Götter aus Stein, sondern geistige Mächte. Daher sind auch Sieg oder Niederlage zeitlich nicht genau fixierbar. Es sind Prozesse der Wandlung, deren Phasen oft nur nach Jahrhunderten zu bestimmen sind, bis es dann schließlich zu Kristallisationspunkten kommt, in denen sich das Gewordene, für alle sichtbar, zeigt.

Delphi, Museum, »Kleobis und Biton« (Ausschnitt)

Ein solcher Kristallisationspunkt ist Homer, um 800 v. Chr. Homer hat die olympischen Götter nicht geschaffen, ihnen aber jenes geistige Profil gegeben, durch das sie als fest umrissene Gestalten aus der Ungeklärtheit der angehäuften Vorstellungen herausragten, so daß sie nun für Jahrhunderte den griechischen Geist beschäftigten.

Das gesprochene und geschriebene Wort geht somit dem Bildwerk voraus. Doch heißt das nicht, daß die Bildner an diesem geistigen Prozeß nicht beteiligt wären. Wir sehen im Gegenteil die Vasenmaler, die Elfenbeinschnitzer, die Bildhauer die Thematik aufgreifen und zwar so, daß sie von Werk zu Werk, aus eigener Spontanität, das mythische Bild verändern. So sind die Vase, die Statuette, das Grabmal oder die Großplastik Teile eines schöpferischen Denkprozesses bei dem sich die Weltvorstellung mit jeder neuen Gestalt erweitert.

Daher ist auch das Werk der Bildner noch keine Kunst im ästhetischen Sinne. Was sie hervorbringen, ist nicht in irgendein Belieben gestellt, ist nicht der Ausdruck eines bestimmten Geschmacks, sondern ist ›notwendiges‹ Tun, in jenem wörtlichen Sinne, daß eine geistige Not durch das Bild erhellt, gemildert oder überwunden wird.

Wenn also Athena, als die Herrin der Burg, das Gorgonenhaupt mit den Schlangen auf ihrem Schild trägt, so bedeutet dies tatsächlich eine Wende. Der erdgeborene Dämon ist zwar noch im Bild zu sehen, aber er ist gleichzeitig aufgehoben in der neuen Seinsmächtigkeit der Göttin und verliert so seine Schrecken.

Athen mit Lykabéttos und Akropolis

Wir verstehen die griechische Kunst nur dann, wenn wir teilnehmend diesen Prozeß der Selbstbefreiung miterleben. Wir können daher nicht auswählen, was uns gefällt, um es genießend zu betrachten, sondern müssen uns um die Abfolge der Bilder und Werke kümmern, um so den Gestaltwandel der Götter und des Geistes zu erfahren.

Wer das Akropolis-Museum betritt, sieht sich in den ersten Räumen dem fratzenhaften Bild der Gorgo gegenübergestellt und blickt auf schlangenförmige Dämonenleiber, mit denen Zeus und Herakles im Kampfe stehen. Schon in einem der nächsten Räume aber sehen wir, wie der »Kalbträger« in aufrechter, konzentrierter, geisterfüllter Haltung der Gottheit strahlend gegenübertritt. Noch ist er keine Individualität in unserem modernen Sinne, sondern noch archaisch gebunden an eine allgemeine, ihn umgreifende Ordnung. Dann aber, einige Räume weiter, steht uns im »Kritios-Knaben« die lebendige Gestalt des Menschen vor Augen, wie sie sich zaghaft aus der archaischen Gebundenheit löst, und zwar wieder in jenem wörtlichen Sinn, daß sich nun die Gestalt zu bewegen beginnt, zu atmen scheint und ihren Stand selbst beeinflußt.

Wir erleben dasselbe im Nationalmuseum, wenn wir im Vergleich der großen, nackten Jünglingsfiguren, der Kuroi, kleinste Veränderungen bemerken, die anfangs belanglos, am Ende eine prinzipielle Neuschöpfung bedeuten. Plötzlich kann dann eine so energiegeladene Figur wie der »Poseidon von Kap Artemision« den eingetretenen Wandel bezeugen. Auch er ist eine Summe von Erfahrungen, nicht etwa ein spontan gesehenes Bild des Gottes.

Wenden wir uns nach Delphi, so ist es auch dort Apollon, der den drachenleibigen Erdgott Python tötet und sich des Heiligtums bemächtigt. Die Pythia, als Priesterin des Gottes, erscheint mit allen ihren Begleitumständen bei der Erteilung der Orakel (Dreifuß, Lorbeer, Dämpfe) wie ein Relikt aus nunmehr überwundenen Zeiten, während die deutende Priesterschaft, die den Orakelspruch sprachlich fixiert, ihn auch ergänzt und vor allem in seinem Sinngehalt bestimmt, eine durchaus rationale, auf politischen und wirtschaftlichen Kenntnissen beruhende Funktion ausübt, Staaten, Städte und Herrscher berät und auf Kolonisation, Verfassung, Glaube und Ethik Einfluß nimmt.

In allen diesen Erscheinungen geht es letztlich um die Überwindung einer überkommenen, dumpfen, vielschichtigen ›Naturreligion‹. Das ist in der Skulptur nicht anders als in der Architektur. Auch und gerade im griechischen Tempel äußert sich ein neues, waches, zu sich selbst gekommenes Bewußtsein und schafft den gedanklich klaren Aufbau der Ordnungen. Wieder müssen wir, in Parallele zu dem Bild der Burgschlange, nach den Anfängen fragen, nach einer Zeit, in der es statt der Tempel nur die Natur gab.

»In schattigen Hainen und an wundertätigen Quellen, in geheimnisvollen Grotten und dunklen Höhlen, an ausgezeichneten Punkten, in sonderbaren Naturformen glaubten die Griechen die Götter anwesend« (Walter).

So ist es schon ein erster Schritt zur Ordnung, wenn ein bestimmter Bezirk als heilig erkannt und abgegrenzt wird. »Anlaß konnte eine mit dem Ort verbundene Sage sein. Gründungslegenden, von Späteren aufgezeichnet, wissen von mythischen Ereignissen, von der Geburt eines Gottes, von wunderbarer Hilfe und vom Beistand der Gottheit zu berichten oder führen die Gründung auf einen Heros zurück. Viele Kultstätten sind entstanden an Orten, wo jemand ein Holz von seltsamer Form fand und in ihm das Bild des Gottes erkannte« (Walter).

Mit dem Holzbau beginnt auch der Tempel. Die Säule etwa entsteht nicht aus einem anfangs ungefügen und dann immer mehr beherrschten Aufeinandertürmen von Steinblöcken, deren Bearbeitung schließlich zur Form der Säule führt, sondern der einfache Holzbalken und der Holzpfeiler geben gleichsam das ›Modell‹ ab, nach dem dann eines Tages in Stein gebaut wird.

Wir wissen von Tempeln, bei denen die Holzsäulen nach und nach, über einen langen Zeitraum hinweg, durch Steinsäulen ersetzt wurden, so daß zeitweise beide Materialien nebeneinander das Bild bestimmten. Auch muß es Zwischenformen gegeben haben, der Art, daß zwar der Pfeiler noch aus Holz, die schützende Deckplatte aber schon aus Stein gefertigt waren, ein Vorgang, der in logischer Konsequenz schließlich zur Bildung der Kapitelle führte.

Das zeigt uns zugleich, wie man lange Zeit noch nicht ›dogmatisch‹ gedacht hat, sondern das einzelne Bauglied als etwas für sich Bestehendes betrachtete, dem man gleichsam seine eigene Art zubilligte.

Etwas von diesem Blick auf die Einzelheit, auf das einzelne Bauglied, ist der griechischen Architektur auch später wesensmäßig erhalten geblieben. Man hat die Erinnerung an den Holzbau nie ganz verdrängt, aber auch nicht die Formen der Holzbautechnik ›wörtlich‹ in den Stein zu übertragen versucht. Der griechische Baumeister fand vielmehr zu einer Sprache, bei der die einzelnen Konstruktionselemente der Holzbautechnik formal nur noch ›anklingen‹, während sich aus dem Stein ein neues, abstraktes Gebilde formt, der rhythmisch gegliederte Baukörper als Verkörperung einer fest gefügten Ordnung unter Betonung vertikaler und horizontaler Kräfte.

Für das undogmatische Verhalten des Griechen ist dabei die Beobachtung wichtig, daß sich dorische und ionische Ordnung, die sich scheinbar zu widersprechen scheinen, nebeneinander behaupten und auch parallel zueinander entstanden sind. Der Grieche bezeichnete die dorische als ›männlich‹, die ionische als ›weiblich‹.

Für dieses Nebeneinander der Ordnungen bietet die Akropolis das beste Beispiel. Parthenon und Propyläen verwenden nach außen die dorische Ordnung, kennen aber im Inneren auch die ionische. Bei den Propyläen begleiten sie den mittleren Durchgang, beim Parthenon gliedern sie den westlichen Raum, in dem der Staatsschatz aufbewahrt wurde.

Zweierlei ist im Rückblick auf diese griechische Architektur noch heute erstaunlich. Einmal, daß sie von den Griechen des Mutterlandes, der Peloponnes und des Westens jeweils ohne nennenswerte Abwandlungen als ein feststehender, offenbar nie angezweifelter Kanon übernommen wurde. Zum anderen, daß sich diese Architektur auch in bescheidensten Abmessungen einen monumentalen Charakter zu geben wußte und der Versuchung zur Übersteigerung widerstanden hat. Wer die Tempel auf der Agora, auf Kap Sunion oder auf Ägina miteinander vergleicht, bewegt sich zwischen einer Säulenhöhe von 5,27 m bis 6,10 m und lediglich der Parthenon macht mit 10,47 m eine Ausnahme.

So hat man auch zu allen Zeiten die griechische Architektur als vorbildlich empfunden und in das eigene Kunstschaffen einzufügen versucht. Als Erste haben die Römer in einer Synthese der drei Ordnungen die dorische, ionische und korinthische Säule in der Außengliederung ihrer Monumentalbauten übereinander gestellt, wie man es am Marcellus-Theater und am Kolosseum in Rom noch heute sehen kann. In der Renaissance- und Barockarchitektur war es dann mehr die korinthische Säule, wie wir sie vom Olympieion kennen, die in Kirchen und Palästen eine fast unbegrenzte Anwendungsmöglichkeit fand. Gegen Ende der Barockzeit schließlich erhofften sich die Architekturtheoretiker von einer

Wiederbelebung der dorischen Ordnung einen neuen Anfang. So finden wir 1789 die dorische Säule am Brandenburger Tor in Berlin, 1817 ebendort an der Neuen Wache von Schinkel, und 1830 baut Leo von Klenze die »Walhalla« bei Regensburg ganz in den Formen eines dorischen Tempels.

Während so die griechische Architektur in vieler Hinsicht auf die europäische Baukunst ausstrahlte und befruchtend wirkte, erfuhren die griechischen Tempel selbst mit dem Sieg des Christentums mancherlei bauliche Veränderungen. Der Parthenon wurde Bischofskirche, Propyläen, Erechtheion und Hephaistos-Tempel machte man zu christlichen Kulträumen. Vorher schon (426 n. Chr.) hatte Theodosius II. die berühmte Athenastatue des Phidias nach Konstantinopel überführen lassen.

Mit der Besetzung Griechenlands durch die Türken beginnt ein weiterer Abschnitt der Zerstörung. 1460 n. Chr. wird der Parthenon in eine Moschee umgewandelt, und an der Südwest-Ecke ein Minarett errichtet. Später diente das Bauwerk den Türken als Pulvermagazin. Beim Angriff der Venezianer traf am 26. 9. 1687 eine Kanonenkugel das Magazin, und

Athen im späten 18. Jh. Im Vordergrund der Hephaistos-Tempel

Der Parthenon mit türkischer Moschee

der Parthenon wurde unter der Wucht der Explosion in der Mitte auseinander gerissen. Das wiederum nahm man zum Anlaß, in die jetzt klaffende Baulücke eine kleine Moschee zu setzen (Abb.). Danach wurde der Parthenon noch einmal zu einem militärischen Depot. In dieser Situation interessierte sich *Lord Elgin* für die Parthenonskulpturen, ließ einen großen Teil des Frieses und der Metopen abnehmen und nach England schaffen, wo sie seit langem zum berühmtesten Bestand des Britischen Museums gehören.

1834 tritt mit dem Regierungsantritt von Prinz Otto von Wittelsbach als König Otto I. von Griechenland eine Wende ein. Leopold von Klenze, der Münchner Baumeister König Ludwig I., gibt im Auftrag des neuen Herrschers dem Land seine ersten archäologischen Gesetze. Für die zu schützenden Bauten wird eine Rangliste aufgestellt; man beginnt mit Aufräumungsarbeiten und errichtet Zäune, um die Bauten vor weiterem Zugriff zu bewahren.

Damit beginnt auf breiter Basis die archäologische Beschäftigung mit der griechischen Antike und im Zusammenhang damit der Bau von Museen und die schrittweise Wiederherstellung antiker Monumente aus wiederaufgefundenen Resten. Nur in den seltensten Fällen hat der heutige Besucher eine Ahnung davon, was er alles an Sehenswertem den Archäologen verdankt. So wurde schon 1903 die Lücke im Parthenon geschlossen und die Säulenreihe zu großen Teilen wieder aufgerichtet. Den Aufgang zu den Propyläen hat man erst in allerneuester Zeit (1970 ff.) rekonstruiert, und auf der Agora wurde die Attalos-Stoa von amerikanischen Archäologen an Hand geringer Überreste vollkommen neu aufgebaut (1953–1956).

Auch die Museen haben nach dem Zweiten Weltkrieg eine völlige Neuordnung erfahren. Das gilt sowohl für das Akropolis-Museum als auch für das Archäologische Nationalmuseum, die heute ihre wertvollen Bestände mustergültig präsentieren.

Archäologisches Nationalmuseum

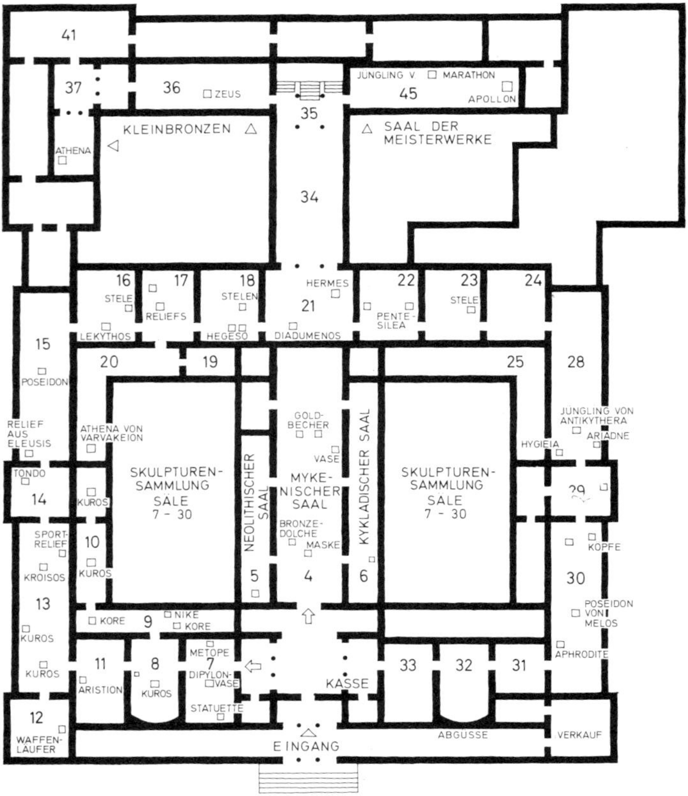

Archäologisches Nationalmuseum, Orientierungsplan

B. DIE KUNSTDENKMÄLER UND MUSEEN

I Archäologisches Nationalmuseum *(zur Baugeschichte vgl. S. 48)*

Lage: Das Museum liegt nördlich vom Omonia-Platz an der »Straße des 28. Oktober« *(Odós Ikosiokto Oktovriou)*, auch *Odós Patission* genannt. Man erreicht es u.a. mit den *gelben* Autobussen (Nrn. 2, 3, 7, 12) oder mit dem Taxi.

Öffnungszeiten: im Sommer 8–13 und 15–18 Uhr; im Winter 9–16 Uhr; an Sonn- und Feiertagen 10–14 Uhr. – Mo geschlossen; So und Do freier Eintritt. – Einige Abteilungen, wie z.B. die Kleinbronzen (Saal 36), der sog. »Saal der Meisterwerke« (Saal 45: Bronzeplastik) sowie Teile der Vasensammlung (1. Stock) schließen nachmittags schon früher (15 Uhr) oder sind überhaupt geschlossen.

Zur mykenischen Kultur (Saal 4) *(Nationalmuseum)*

Benennung nach *Mykene* (Mykenai, lat. Mycenae), Stadt und Burg in der peloponnesischen Landschaft Argolis, etwa 30 km südlich von Korinth. Mykene wurde der Sage nach von König Perseus gegründet, historisch im 2. Jahrtausend v. Chr. Die Hochblüte fällt in die Zeit der *Pelopiden* unter *Agamemnon*, der wohl sicher eine historische Person war. *Homer* nennt Mykene die »goldreiche« Stadt, was sich durch die Ausgrabungen bestätigte: *Schliemann* fand in der Burg bei 17 Leichen mehr als 13 kg Edelmetall, meist Gold.

Bis etwa 1700 v.Chr. verhielten sich die Griechen (die »Achäer«) gegenüber der minoischen Kultur Kretas ablehnend. Dann aber gerieten die Fürsten von Mykene zunehmend in den Bannkreis dieser »ersten europäischen Gesellschaftskultur« mit ihren offenen Palästen, ihrem femininen Geschmack, ihrer lyrischen Grundstimmung und ihrer Freude an heiligen Tänzen, Prozessionen und festlichen Aufzügen. So entsteht im Mykenischen eine »Satellitenkultur«, beginnend mit dem Import von minoischem Schmuck, Goldbechern und Waffen. Als um 1600 v.Chr. ein Erdbeben auf Kreta den Palast von Knossos zerstört und eine Flutwelle die kretische Flotte vernichtet, nehmen die mykenischen Fürsten vorübergehend von Knossos Besitz und holen minoische Künstler nach Griechenland, wo sie für die neuen Herren nach deren Geschmack arbeiten. Charakteristisch dafür sind die Darstellungen von Jagd und Kampf auf Silbergefäßen, Goldringen und Schwertklingen. Zwar wurden die mykenischen Fürsten aus Kreta wieder vertrieben, doch blieb das minoische Element weiterhin wirksam. Schwankend bewegte man sich zwischen der Nachahmung des Fremden und der Pflege der eigenen, sehr viel schlichteren Tradition.

Während eines Zeitraumes von rund 450 Jahren (1600–1150 v.Chr.) hat die mykenische Kultur geblüht. Mykenische Keramik wurde in alle östlichen Mittelmeerländer geliefert. Handelsinteressen standen wohl auch dahinter, »als man Troja den Krieg erklärte, um so die Fahrt durch den Hellespont frei zu bekommen«. Wein und Öl waren die wichtigsten Handelsprodukte.

Ihr Ende findet diese Kultur mit der Zerstörung der mykenischen Burgen um die Mitte des 12. Jh. v.Chr., deren Gründe wir nicht kennen. Nach Schachermeyr war gerade dieser Untergang die Voraussetzung für die geistige Selbständigkeit des späteren Griechentums, da nur so die Abhängigkeit von Kreta überwunden wurde. Das wird deutlich, sobald man bedenkt, daß die mykenische Kultur keine Tempelbauten kennt (nur Kapellen und Kulträume, Palastburgen und Kuppelgräber) und kaum Götterfiguren, während sich umgekehrt die griechische Kultur gerade im klassischen Tempel und im neu geschauten Bild der olympischen Götter manifestiert (Lit. Schachermeyr).

Die ausgestellten Funde stammen aus der Zeit zwischen 1600 und 1200 v. Chr. Sie sind nicht chronologisch, sondern nach Fundorten bzw. nach Sachgruppen geordnet. Die von *Heinrich Schliemann* (1822–1890) in den Jahren 1876 ff. in der Burg von Mykene ausgegrabenen Stücke findet man gleich zu Anfang des Saales in den Vitrinen 1 und 2, 25 und 26 und der ersten Mittelvitrine.

Mittelvitrine mit der berühmten *Goldmaske* (Nr. 624) eines mykenischen Königs aus Grab V in Mykene (Abb. oben links). Schliemann fand auf fünf Leichen jeweils eine solche Maske. Datierung: 1580/1550 v. Chr. Mykenisch ist hier die (von den Kretern abgelehnte) Barttracht. Der Grieche trägt noch bis in die archaische Zeit hinein das Haar mindestens bis auf die Schulter herabhängend. Die »haupthaarumwallten Achaier« Homers sind daher keine dichterische Erfindung, sondern historische Wirklichkeit. Die ornamental gesehenen Ohren kehren bei den frühesten griechischen Kuroi wieder (vgl. Abb. S. 21). Die Maske als solche zeigt die Betonung fürstlicher Macht in der mykenischen Kunst, ein Zug, der dem Minoischen fehlt.

Kleine freistehende Vitrine links: Drei besonders schöne *Bronzedolche* mit Einlegearbeiten aus Gold, Silber und Elektron (16. Jh. v. Chr.), gefunden in den Schachtgräbern innerhalb der Burgmauern von Mykene. »Löwenjagd und Löwen, Antilopen jagend« (Nr. 394); »Löwen in Felsenlandschaft« (Nr. 395); »Entenjagd« (Nr. 765). »Hochdramatische Szenen von großer Kraft, lebendig und einfallsreich in der Komposition«, überzeugend echt auch das Raubtierhafte der mächtigen Löwenkörper, obschon es zu jener Zeit weder in Kreta noch in Griechenland Löwen gegeben hat. Die Vorbilder liegen wohl in Syrien oder Kleinasien. Die Dolche verkörpern mit diesen Darstellungen Mut und Tapferkeit der Fürsten im Kampf um die Sicherheit des Gemeinwesens, »knappe, auf Schönheit der Form bedachte Auseinandersetzungen mit dem Sinn des Lebenskampfes«, in der Unmittelbarkeit ihrer Lebensnähe »mit homerischer Epik verwandt« (Schoder).

Zwei kleine Vitrinen in der Mitte des rückwärtigen Saales: Die berühmten *Goldbecher* aus einem Kuppelgrab in Vaphio bei Sparta (15. Jh. v. Chr.), Höhe knapp 8 cm, nahezu reines Gold. Es handelt sich um *Trinkgefäße*, wie sie wohl von den Fürsten bei Festmälern benutzt wurden. In beiden Fällen ist das Einfangen von Stieren das Thema der Darstellungen. Auf dem einen Becher (Nr. 1758) sieht man ein mächtiges, wild um sich schlagendes Tier in einem zwischen Bäumen ausgespannten Netz gefangen; ein zweiter Stier rast davon; ein dritter hat einen Menschen umgeworfen und spießt einen anderen mit seinen Hörnern auf. Die außerordentliche Qualität (»kraftvolle Realistik«) setzt eine lange handwerkliche Tradition in den agäischen Kulturen voraus. »Stil und Thema sind kretisch, aber die Kraft der Ausführung spiegelt die Dynamik des jungen Griechentums wieder, das sich damals den gesamten Mittelmeerraum zu erschließen begann« (Schoder). Die Bewältigung der Natur und der Kampf des Menschen um seinen Lebensraum ist das eindrucksvolle Thema dieser Kunst. Von den Darstellungen des Parthenonfrieses, wo die Stiere als Opfertiere im Panathenäenzug mitgeführt werden, trennt uns noch ein volles Jahrtausend.

Die sog. *Kriegervase* (Nr. 1426), rechts neben Vitrine 19 (dort auch die Rekonstruktion der Eingangssäulen vom ›Schatzhaus des Atreus‹ in Mykene). Sie wird auf etwa 1200 v. Chr. datiert, entstand also in einer Zeit, als sich die mykenische Kultur durch das Andrängen fremder Völkerstämme schon bedroht sah. Vielleicht ist das Thema nicht zufällig gewählt: Krieger, die in voller Rüstung in die Schlacht ziehen, während links eine Frau den Arm zur Abschiedsgebärde erhoben hat – eine rein mykenische Bildschöpfung, die auf die griechische Vasenmalerei des 7. Jh. v. Chr. vorauszuweisen scheint. Die Kriegervase als solche gehört in die Endphase der mykenischen Kunst.

Mykenische Goldmaske

Kykladisches Marmoridol

Saal 5 (Neolithischer Saal) *(Nationalmuseum)*

Das sog. *Neolithikum*, die *jüngere Steinzeit* (6000–2000 v. Chr.) bringt menschheitsgeschichtlich einen gewaltigen kulturellen Fortschritt. Auf allen Gebieten des Daseins ändern sich die Grundlagen. Der Ackerbau ist nun voll entwickelt (Weizen, Gerste, Mohn, Hirse, Flachs); man züchtet Hund, Rind, Schwein, Schaf und Ziege, kennt Getreidemühlen, Spindel und Webstuhl, feste Häuser, kleinere Siedlungen und erste soziale Gliederungen. Töpferei und Gefäßornamentik blühen auf. An Steingeräten gibt es Beile, Äxte, Meißel, Haken, Lanzen- und Pfeilspitzen, Dolche und Bohrer.

Die ausgestellten Stücke stammen vorwiegend aus der Zeit zwischen 3500 und 2000 v. Chr. Unter den Götterfiguren stehen am Anfang (4. Jahrtausend v. Chr.) fettleibige Fruchtbarkeitsgöttinnen (Vitrine 36), am Ende (um 2000 v. Chr.) mehr schematisierte Figuren, die sich schließlich zu einem geigenförmigen Umriß unter Betonung von Brüsten und Geschlechtsdreieck reduzieren.

Saal 6 (Kykladischer Saal) *(Nationalmuseum)*

Die *Kykladen* (ägäische Inselgruppe) haben ihre geschichtliche Stunde in der frühen *Bronzezeit* (ab 2000 v Chr.). »In erstaunlichem Maße werden die Inseln nun zum Herd einer alles in sich aufnehmenden, alles verbindenden und wieder ausstrahlenden Kraft ... Die Bedeutung der frühkykladischen Schiffahrt (Entdeckung des westlichen Mittelmeeres) ist selbst den späteren Griechen immer in Erinnerung geblieben« (Schachermeyr). Exportartikel waren neben Kupfergeräten, Metall- und Steinerzeugnissen vor allem die *Idole*, ›stehende‹ Figuren, die aber mehr zum Anlehnen gedacht sind (vgl. Abb. S. 19) und bis zu 3/4 Lebensgröße erreichen können. Es handelt sich um einen ›Typus‹. Brüste und Geschlechtsmerkmale bleiben betont, die Hände liegen jedoch nicht mehr an den Brüsten an, auch die Arme erscheinen ohne Betonung eines Fruchtbarkeitsgestus. Irgendwie wirken sie »säkularisiert und entgöttlicht«; auch mangelt es an künstlerischem Eigenleben. Das Auftreten von ›Musikanten‹ (vgl. Abb. oben rechts) deutet darauf hin, daß es sich nicht immer um Göttergestalten handeln muß. Das Erscheinen männlicher Figuren zeigt einen Wandel von der mutterrechtlichen Kultur zu einer mehr vaterrechtlichen Haltung an, wie sie nach 2000 v. Chr. im ganzen ägäischen Umkreis, außer Kreta, zu beobachten ist (Lit. Schachermeyr).

Die Skulpturen-Sammlung des Archäologischen Nationalmuseums

Saal 7

Sog. Dipylon-Vase (V 804), geometrische Grabamphora (Bauchhenkelamphora) vom Kerameikos mit Darstellung einer Totenklage, Höhe 1,55 m, (760–750 v. Chr).

Groß und beherrschend steht die herrliche Vase in der Mitte des Raumes, kein Gegenstand der Kleinkunst oder des täglichen Gebrauchs, sondern ein achtunggebietendes, ernstes und feierliches Monument aus einer Zeit, die noch keine steinernen Tempel oder Großplastiken kannte. Entstanden in einer Welt, deren Lebensstruktur noch einfachen Gesetzen gehorchte, erscheint sie mit ihrer disziplinierten Ornamentik als Ordnungsfaktor – von der Idee her Architektur und Plastik in einem.

Als »hochgeometrisches« Erzeugnis (770–750 v. Chr.) steht sie am Ende einer Epoche, nicht etwa an deren Beginn. Am Anfang der geometrischen Zeit (um 900 v. Chr.) hatte die griechische Kunst begonnen, sich mit einer neuen Ornamentik gegen die unendliche Natur abzugrenzen. An die Stelle bewegter, ungenauer, zufälliger Linien waren Einteilung, Abgrenzung, bewußte Wiederholung und Variation getreten, ein Vorgang, der eine neue, wachere, aktivere Bewußtseinsstufe des Menschen erkennen ließ. Dieser Prozeß ist nunmehr abgeschlossen. Vor uns steht eine Vase, die sich ›aufgerichtet‹ hat, die mit langem, kräftigen Hals sich stolz vom Boden abhebt – sich erhebt, um einen Toten, einen Adligen, einen »Edlen« zu feiern.

Leben und Tod, so schreibt Bernhard Schweitzer, müssen damals in einer Tiefe erlebt worden sein, »wie es nur eine kräftige, ritterliche, hochgemute Gemeinschaft vermag«. Denn die Bilder der Vasen sind erst jetzt zu dem zentralen Thema gelangt: »zum Totenkult und seinen Riten, zu den Ruhmesbildern, zu den Feiern am Grabe«. Schon kündigt sich das griechische Bild vom Menschen an, wenn auch zunächst noch in der einfachen geometrischen ›Proportionsfigur‹, die nur die wichtigsten Merkmale betont: den hohen Wuchs, die Beweglichkeit des Körpers in der Taille, den bärtigen Kopf und den Trauergestus des Klagens. Der Tote selbst ruht auf einer Kline. Seine Angehörigen haben sich um sein Bett versammelt, sie sitzen oder kauern am Boden.

Der Durchbruch zu solchen Darstellungen einer großen keramischen Figurenmalerei vollzog sich zuerst (um 770 v. Chr.) in Athen. Er bedeutete einen unendlichen Gewinn hinsichtlich Vorstellungsvermögen und Individualisierung, hatte aber zwangsläufig auch die Auflösung des geometrischen Ordnungsgefüges zur Folge. Das Vasenbild erobert sich nun immer größere Flächen des Gefäßkörpers (vgl. Abb. S. 20). – Einen ersten Schritt über die »Dipylon-Vase« hinaus zeigt im Abstand von nur wenigen Jahren eine ihr verwandte, noch um 20 cm höhere Grabamphora vom Kerameikos im Saal 1 der Vasensammlung des Nationalmuseums (Nr. 803, erwähnt auf S. 41, unten). Das Vasenbild zeigt schon deutlich die Tendenz zu erzählerischen Details.

Spätgeometrische Monumentalvase, sog. »Dipylon-Vase«

Elfenbeinstatuette einer Göttin (Nr. 776), Höhe 0,24 m (um 750 v. Chr.), ausgestellt in einer Glasvitrine an der mittleren Rückwand.

Dieses kostbare Fundstück aus einem Grab vom Kerameikos steht in zeitlicher Parallele zur »Dipylon-Vase«. Unsere Abbildung zeigt die Statuette (rechts) in Gegenüberstellung mit einem mykenischen Idol (links). Die beiden Werke sind durch mehr als tausend Jahre voneinander getrennt. So wird der Zuwachs an plastischer Gestaltung unmittelbar greifbar. Ein neuer, auf Erkenntnis gerichteter, ordnender Geist ist wirksam. Der Mensch wird sich langsam seiner eigenen Körperlichkeit bewußt und versucht, dies im Bilde zu erfassen.

Zwar handelt es sich zunächst noch um Werke der Kleinkunst, doch drängt die Gestalt gewordene Idee im weiteren Verlauf (Ende 7. Jh. v. Chr.) zwangsläufig auch zur Großplastik (vgl. Abb. S. 21), deren Grundlagen hier gelegt werden.

Verfolgen wir die Anfänge des plastischen Menschenbildes, so sind es in frühgeometrischer Zeit noch unförmige Gestalten mit kugeligen Köpfen, denen Nase, Augen und Mund fehlen. Die frühesten Beispiele hat man in Olympia gefunden, wo wohl auch die ältesten Werkstätten lagen. In einer zweiten Phase unterscheiden die Künstler schon zwischen Unter- und Oberarm, deuten Hände und Kniescheiben an und markieren den Mund durch eine Spalte. Der nächste Schritt bildet die Gewinnung eines zusammenhängenden Konturs. Die Einheit der Figur wird gesucht.

In diesem Sinne ist die hier gezeigte Statuette schon ein Meisterwerk. Die Proportionen sind nicht mehr zufällig, das Haupt und die Nase betonen die Vertikale, die breiten Schultern die Horizontale, Ober- und Unterkörper folgen einer Trapezform; »eine streng gegengleiche Symmetrie der beiden Hälften« ist bestimmend. Diese Grundstruktur wird vor allem in der Vorderansicht deutlich. Man spürt die Tektonik und die geometrische Konzentration. Durch Unterscheidung von Vorder-, Seiten- und Rückansicht dringt die Plastik aber zugleich vor zur dreidimensionalen Körperlichkeit. Gerade in der Seitenansicht zeigt sich Neues, über das Geometrische schon Hinausweisendes: »das märchenhaft zarte, die schlichte Schönheit des schlanken Leibes und ein der Plastik bis dahin noch unbekanntes Leben«.

Der Mäander am Polos der Göttin ist ein Wahrzeichen Athens. »Der Meister der Statuette enthüllt sich dadurch als ein attischer Bürger«. Syrisch beeinflußt sind die hochgezogenen Brauen, »aber die sanften, mandelförmigen Augen des Orients haben sich in einen strahlenden Blick verwandelt« (Lit. Schweitzer).

Saal 7: Fragment vom dorischen Tempel der Burg von Mykene (Nr. 2869), Kalkstein, Höhe 0,40 m, Hera (?) (um 620 v. Chr.).

Statuette und Metopenfragment trennen rund 130 Jahre. Hatte die spätgeometrische Kunst die menschliche Gestalt in ihrer tektonischen Struktur entdeckt, so war die Verschwisterung von Architektur und Plastik, wie sie in früharchaischer Zeit erfolgte, für die Kunst kaum weniger folgenreich. Das wertvolle Stück steht am Anfang der griechischen Architekturplastik, rund 200 Jahre vor der Erbauung des Parthenon.

Seite 19: Links: Kykladisches Marmoridol (2. Jhtd. v. Chr.) ▷
Rechts: Elfenbeinstatuette (um 750 v. Chr.) ▷

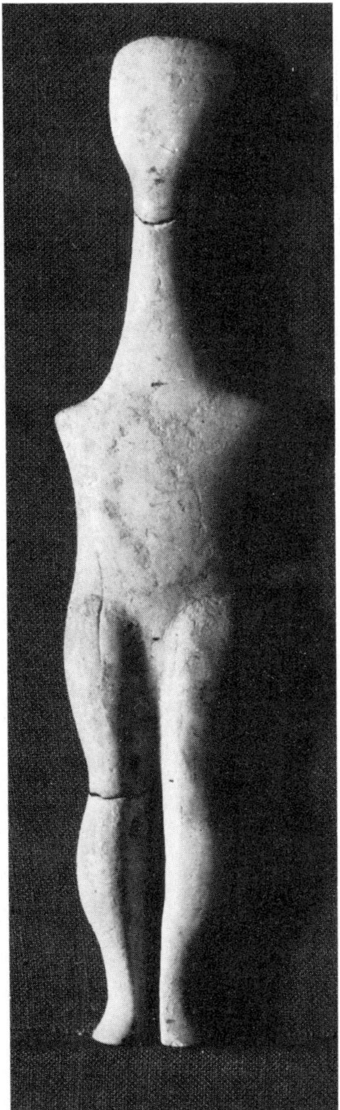

Zum Typus des griechischen Kuros

In der Entstehung der griechischen Großplastik spiegelt sich nicht nur eine neue Bewußtseinsstufe des menschlichen Geistes, sondern auch ein soziologisches Faktum. Angeregt von den Kolossalfiguren Ägyptens und des Orients, die den Griechen erst im 7. Jh. v. Chr. bekannt wurden, formt sich im Typus des Kuros das Leitbild einer *Adelskultur*, die im 8. Jh. v. Chr. in fast allen griechischen Staaten die Königsherrschaft ablöste. In der Wohlgeformtheit der kraftvollen Körper feiert man mit der göttlichen Lebenskraft zugleich die Tüchtigkeit »der Besten«. Es war der griechische *Adel*, dem die Hellenen ihre neue Einheit verdankten (Schachermeyr). Nur der Adel konnte sich über alle Staats- und Stammesgrenzen hinwegsetzen und sich zu einer einheitlichen sozialen Oberschicht zusammenfinden. So sind an der Ausbildung der neuen Großplastik auch alle griechischen Landschaften gleichermaßen beteiligt.

In diesem Zusammenhang ist es wichtig, auf den Unterschied zwischen Großplastik und Vasenmalerei hinzuweisen. Während die Großplastik fast 150 Jahre lang am Leitbild des Kuros festhält, sich also betont konservativ verhält und darin einen allgemeinen Sitten- und Standeskodex repräsentiert, entfaltet sich die Vasenmalerei sehr viel unbefangener, vielgestaltiger und individueller, vergleichbar der zeitgenössischen griechischen Lyrik (*Archilochos*, um 650 v. Chr.), die dem persönlichen Erlebnis nach »Temperament, Lebenslage und Gestimmtheit der einzelnen Meister« breitesten Raum gab (Schachermeyr). In der Vasenmalerei entsteht ein kaum zu überblickendes Experimentierfeld des griechischen Geistes, der sich die überlieferten Inhalte von Mythos und Sage in immer neuen Bildern anzueignen versucht, sie formt und deutet und so am Wandel des Weltbewußtseins arbeitet.

Grabamphora vom Piräus (V 353), Höhe 1,10 m (um 630 v. Chr.).

Um den Vergleich zwischen Großplastik und Vasenmalerei zu ermöglichen, hat man beim Durchgang von Raum 8 zu Raum 11 die schöne »Grabamphora vom Piräus« aufgestellt (Abb. links), die etwa 20 Jahre vor dem »Kuros von Kap Sunion« (Abb. rechts) entstanden ist. Die Amphora zeigt in exemplarischer Weise die neue Bildsprache der Vasenmalerei.

Ein früharchaisches, attisches Werk, bei dem der Gefäßkörper im Vergleich zur spätgeometrischen »Dipylon-Vase« eine neue, überzeugende Gedrungenheit aufweist. Neuartig ist auch die schwarzfigurige Maltechnik, die man kurz zuvor von Korinth übernommen hatte. Die Hauptansicht zeigt in gestaffelter Anordnung zwei Zweigespanne mit Wagenlenkern. (Fortsetzung S. 22)

Saal 8: Überlebensgroßer Kuros (Nr. 2720), auf Kap Sunion gefunden, Marmor, Höhe 3,05 m (um 610 v. Chr.).

Das Werk steht am Anfang der griechischen Großplastik. Aus der Verwendung von Marmor spricht eine neue monumentale Auffassung, die von nun an das Menschenbild der griechischen Plastik bestimmt. Dazu gehört auch die Festlegung auf einen *Typus*, der nun als Leitbild der archaischen Zeit in vielfacher Wiederholung zum Ausdruck einer ganzen Epoche wird.

Der kraftvoll gebildete, aufrechte nackte männliche Körper wird zu einem Sinnbild vitalen Lebens – nicht durch Bewegung oder Aktion, sondern allein durch sein Vorhandensein.

Die Jugendlichkeit, die zu diesem Typus zwingend gehört, darf nicht einfach mit dem jungen Menschen gleichgesetzt werden. Es geht vielmehr um die gestaltgewordene Idee einer alles Seiende durchwaltenden Lebenskraft. Daher kann auch am Anfang der griechischen Großplastik im einzelnen Fall kaum entschieden werden, ob es sich um einen Gott oder um einen konkreten Menschen handelt. Die Grenzen sind fließend, weil aus beiden die vitale Lebensfülle spricht, erlebt doch der archaische Grieche im Wettkampf die Nähe des Gottes.

Da es um die »Bannung von Lebensmacht« geht, kennen diese Figuren auch noch keine Beziehung zur Außenwelt. Nicht unbeeinflußt von Werken des ägyptischen und orientalischen Kulturkreises, verharren sie in archaischer Statik und Größe. Bewegung, Raum und Aktion wären nur dann wichtig, wenn es um die Erfassung der individuellen Erscheinung ginge. Hier aber bleibt noch alles im Allgemeinen und Typischen. Das archaische Menschenbild ist zeitlos.

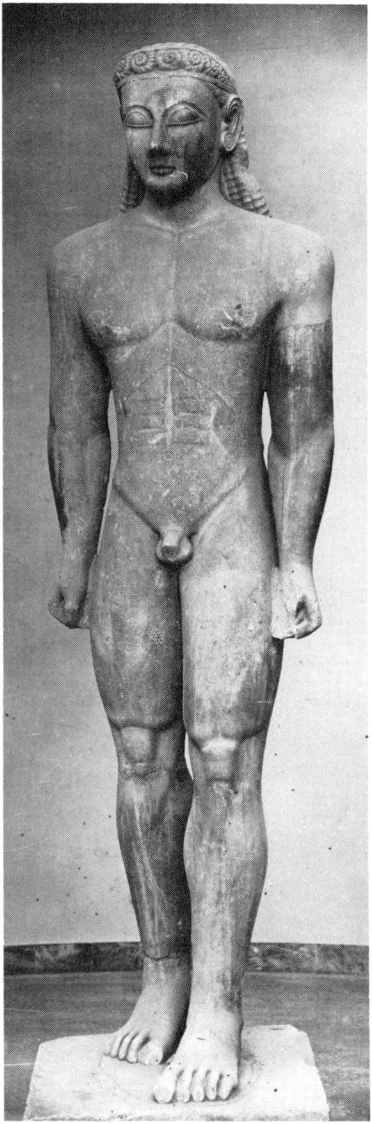

Grabamphora vom Piräus (Fortsetzung von Seite 20)

Rund 120 Jahre nach der »Dipylon-Vase« hat sich die geometrische Ordnung vollkommen aufgelöst, und der Gefäßkörper wird beherrscht von mehreren groß gesehenen Vasenbildern. Die Ornamentik hat ihre tektonische Funktion verloren und existiert nur noch in Restformen. Tatsächlich gehört der bildlichen Darstellung die Zukunft. Was aber als Bereicherung erscheint, ist zugleich auch Erschütterung. Die Veränderungen haben als auslösendes Moment eine neue Welterfahrung der Griechen: einmal die politischen Machtkämpfe bei der Ablösung der Königsherrschaft durch den Adel, zum anderen die nach Ost und West gerichtete Kolonisation, die in bestürzender Weise mit Fremdem und Neuem konfrontierte. In der Auseinandersetzung mit diesen vielfältigen Kräften erwächst die archaische Kunst, die nun zunächst eine Phase des Experimentierens durchläuft, ehe sie zu einer neuen schöpferischen Ordnung findet.

In der Ornamentik beobachten wir eine dynamische Verselbständigung einzelner Motive, die nun keinen festen Ort mehr besitzen, sondern sich im Sinne einer malerischen Sehweise über den ganzen Vasenkörper locker verteilen. Es gibt da spitze, auf Lücke gesetzte Dreiecke, dann Wellenlinien und darüber einen durch Schrägstellung verfremdeten Mäander.

Auch in der Erfassung von Tier und Mensch dominiert zunächst die Einzelbeobachtung, während die Gestalt als Ganzes gleichsam nur eine Idee bleibt. Der Maler betont die Hochbeinigkeit des Pferdes, den horizontalen Leib, die Schwellung der Brust, dann Hufe und Gelenke, Schweif und Mähne und schließlich die Kopfform mit Auge, Ohr und Nüstern. Das bedeutet insgesamt einen erstaunlichen Zugewinn an artifiziellem Können. Die neue Einheit aber schafft erst die nächste Generation.

Saal 9 *(Nationalmuseum)*

Geflügelte Nike aus dem Apollonheiligtum in Delos (Nr. 21), Marmor, Höhe 0,90 m (um 550 v. Chr.). Aufstellung dem Eingang gegenüber, rechts vom Fenster.

Vermutlich handelt es sich um einen *Akroter*, d.h. um einen Giebelschmuck, wie ihn jeder griechische Tempel kannte. Im 7./6. Jh. v. Chr. sind dies zumeist ornamentgeschmückte, runde Scheiben, im 6./4. Jh. v. Chr. Volutengeschlinge mit Palmetten. Zugleich aber erfindet die archaische Kunst auch den figürlichen Akroter, mit dem der Tempel in echt griechischer Weise verlebendigt und in die Gesamtvorstellung von Leben und Mythos hineingestellt wird.

Nike ist nach der griechischen Vorstellung nur die *Überbringerin* des Sieges. Als solche ist sie ein fliegendes Wesen, das mit rascher Bewegung schnell und unerwartet auftaucht. Auch die hier gezeigte Figur besaß einmal große Flügel an den Schultern, kleinere an den Füßen.

Das Thema der Flugbewegung erscheint angesichts der Gebundenheit der archaischen Kunst formal schwierig und gewagt. Schnelligkeit drückt sich hier u. a. dadurch aus, daß der Künstler das rechte Bein nackt aus dem vom Flug zusammengeschobenen Gewand hervorschauen läßt. Im übrigen ist der Aufbau der Figur wie immer im Archaischen ›additiv‹: der Unterkörper ist streng von der Seite gegeben, der Oberkörper aber frontal. »Es geht dem archaischen Bildhauer nicht um die organische Funktion der Teile, sondern um ihre *objektive* Wiedergabe« (Fuchs). Schon aber deuten sich die Ausdrucksmöglichkeiten an, die in der künstlerischen Behandlung der Gewandfalten verborgen liegen. Wir finden sie etwa ab 580 v. Chr. an hocharchaischen Bildwerken als gröbere oder feinere, parallel verlaufende Linien. Mit der allmählichen Auflösung dieses Parallelismus beginnt dann das eigentliche Leben dieser Form. Erste Ansätze dazu läßt unser Beispiel erkennen. Die Falten sind zwar noch sehr flach gehalten, lassen aber schon Dehnung und Zusammenziehung des Stoffes erkennen.

Kore von Delos (Nr. 22), Marmor (Ende 6. Jh. v. Chr.), der »Nike« gegenüber aufgestellt. Anschauliches Beispiel für die besprochenen Ausdrucksmöglichkeiten der Gewandfalten. Wenige Jahre haben genügt, um diese Form zu »spätarchaischem Reichtum« zu führen. Die Spannung zwischen Körper und Gewand tritt als Zweischichtigkeit der Oberfläche deutlich zu Tage.

Säle 9 und 10 *(Nationalmuseum)*

Zwei neuere Fundstücke aus *Markopoulo*, eine herrliche Kore und ein ebenso schöner Kuros, beide in die Zeit um 540 v. Chr. datiert, sind seit 1974 im *Saal 9* (Nr. 4889, Kore) und *Saal 10* (Nr. 4890, Kuros) so aufgestellt, daß man sie gleichzeitig betrachten kann.

Bei der *Kore* handelt es sich vielleicht um eine Tempeldienerin (»das Mädchen im Dienste der Göttin«). Sie ist als *Frasiklea* bezeichnet. *Aristios* ist offenbar der Name des Bildhauers. Einem hocharchaischen Motiv folgend faßt sie mit der Rechten den Peplos. Mit der Linken hält sie als Weihgeschenk eine Lotosblüte vor die Brust. Lotos findet sich auch an den Ohrringen und an der Halskette. Die Gestalt ist feinausgearbeitet und war sorgfältig bemalt, wie zahlreiche Spuren erkennen lassen. Eine senkrechte Borte mit Mäandermotiv setzt sich am Hals fort und verläuft über die Schultern bis zu den Ellbogen. Über dem Peplos (aus Wollstoff) waren Rosetten und Hakenkreuzornamente verteilt. Die Haltung ist aufrecht, noch streng stilisiert, aber geschmeidig. Die Körperformen sind nur wenig betont, der Faltenwurf ist einfach. Das Haar ist über der Stirn in schönen Wellenlinien geordnet, auf der Rückseite zu zwanzig Zöpfen geflochten, von denen in der Vorderansicht je vier den Kopf rahmen, während jeweils drei Zöpfe nach vorne über die Brust fallen. Aus der Gesamterscheinung spricht trotz des beobachteten Schmuckreichtums eine starke innere Sammlung.

Vergleicht man den *Kuros von Markopoulo* (Saal 10, um 540 v. Chr.) mit dem *Kuros von Volomandra* (Saal 10a, Nr. 1906, um 550 v. Chr.), so zeigt sich, was ein einziges Jahrzehnt in der Formentwicklung an feinsten Unterschieden erbringt. Das jüngere Werk (Saal 10) ist freier. Die Arme haben sich vom Körper gelöst und sind stärker abgewinkelt, die Hand ist feiner durchgebildet (Finger, Daumen, Fingernägel), der Brustkorb beginnt zu schwellen, die Übergänge am Schultergelenk sind fließender; der Körper ist im Ganzen organischer.

Saal 11: Grabstele des Aristion (Nr. 29), pentelischer Marmor, Höhe 2,40 m (um 510 v. Chr.), eine hohe, schmale, attische Kriegerstele, vom Künstler mit seinem Namen *Aristokles* signiert. Die figürliche Darstellung verwertet sowohl Erfahrungen der Vasenmalerei (Silhouettenstil) als auch solche der Großplastik. Lederhelm, Panzer, Beinschienen und Langspeer sind ›objektive‹ Kennzeichnungen des Kriegers. In völliger Ruhe steht das Bildnis vor uns, nicht als Charakterisierung einer bestimmten Individualität, sondern als spätarchaischer Ausdruck ritterlicher Lebenshaltung.

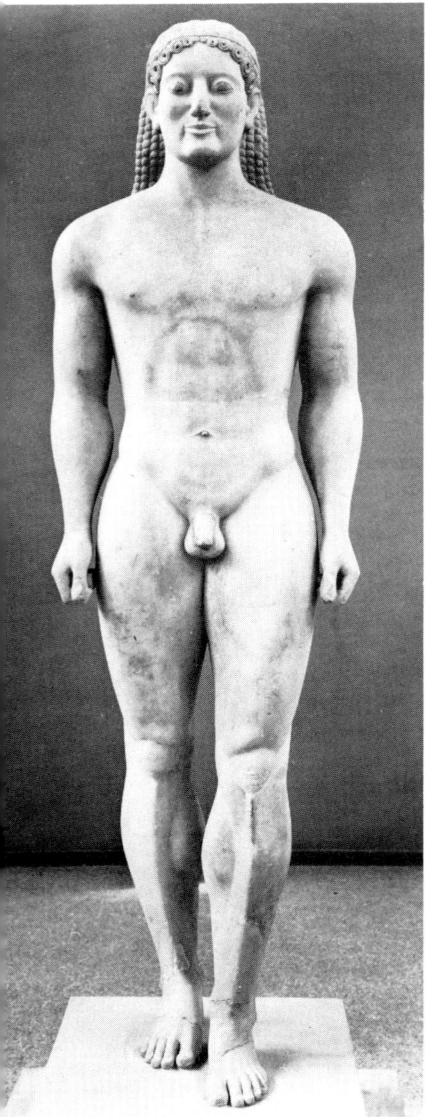

Saal 13: Grabstatue des Kroisos von Anavyssos (Nr. 3851), Höhe 1,94 m, parischer Marmor (um 520 v. Chr.).

Die Statue zählt zu den berühmtesten Werken archaischer Plastik. Aufgrund einer wiederaufgefundenen Basisinschrift kennen wir den Dargestellten als einen jungen Adligen aus angesehener attischer Familie. Kroisos war schon als junger Mann in der Schlacht gefallen. Die Statue feiert somit einen Krieger, doch gibt es keinerlei Attribute, die auf diesen Zusammenhang verweisen. Er ist weder als Krieger noch als Adliger kenntlich gemacht. Ohne Besonderheiten reiht er sich ein in die große Zahl nackter Jünglingsfiguren, deren Wesen allein in ihrem körperlichen Dasein beruht: »pfeilerhafte Gestalten mit einheitlich lebensfroher Stimmung« (Buschor). In einem Sein von zeitloser Dauer verharrt das Bildnis in der Gleichzeitigkeit von Bewegung und Ruhe, von Gehen und Stehen. Nur die natürliche Schwellung der Glieder und der geschmeidige Rhythmus im Gesamtaufbau führen die Figur schon nahe an jene Grenze heran, wo sich das archaisch-traumhafte Fürsich-sein verliert und ein handelnder, von wachem Bewußtsein erfüllter Mensch vor uns steht. Diese Stufe erreicht die griechische Plastik rund 40 Jahre später, um 480 v. Chr. im sog. »Kritios-Knaben« des Akropolis-Museums (Abb. S. 99).

Zwei andere im Saal 13 aufgestellte, spätarchaische Kuroi geben Gelegenheit zu stilistischen Vergleichen. Man wird das Gemeinsame im Grundtypus ebenso erkennen wie die Unterschiede hinsichtlich Proportionierung, Haartracht und anderer Details.

Beim Kuros aus dem Apollonheiligtum in Ptoion (Nr. 12) sind die Arme schon stärker abgewinkelt und lösen sich vom Körper. Der Körper selbst ist deutlich schlanker als bei der »Grabstatue des Kroisos«, und die Stirnhaare umrahmen den Kopf als eine Reihe symmetrischer Spiralen.

Marmorrelief von einer Statuenbasis (um 510 v. Chr.)

Saal 12 *(Nationalmuseum)*

Marmorrelief mit der Darstellung eines Waffenläufers (Nr. 1959), Höhe 1 m (um 510 v. Chr.). Das bekannte Werk wird zumeist als Grabstele bezeichnet, doch handelt es sich nach Fuchs um ein *Weihrelief* für einen Sieg im Waffenlauf. Bewegungsdarstellungen dieser Art sind für die archaische Kunst ein schwieriges Unterfangen. Was uns der attische Bildhauer zeigt, ist zwar anatomisch unmöglich, künstlerisch aber von überzeugender Kraft. In den Beinen wird die Schnelligkeit des Läufers anschaulich, in den abgewinkelten Armen seine Anspannung und Konzentration (ausgenützt für die Bildsymmetrie), während der rückwärts gewandte Kopf anzeigt, daß die Ziellinie überschritten und der Lauf beendet ist. Aus dem abgewinkelten Gesamtumriß spricht daher zugleich auch die Erschöpfung nach äußerster Anstrengung.

Saal 13 *(Nationalmuseum)*

Reliefs von einer Statuenbasis (Nr. 3476), Höhe 0,32 m, Seitenlänge je 0,81 m, pentelischer Marmor (um 510 v. Chr.), spätarchaisch (vgl. Abb. oben).

Nicht zufällig erscheinen hier Darstellungen von sportlichen Übungen an der Basis einer (zu vermutenden) *Grab*statue, denn die Leichenfeiern der Griechen waren häufig mit sportlichen Wettkämpfen verbunden. Wettkampf und Totenkult gehören eng zusammen. Rund 60 Jahre vor diesen Reliefs schildert der Vasenmaler *Sophilos* auf einer *Grab*amphora (um 570 v. Chr.) eine vor Begeisterung tobende Menschenmenge, die bei der Leichenfeier für Patroklos das Wagenrennen verfolgt (vgl. Vasensammlung, 1. Stock, Saal 52, Vitrine 46).

Zu den Sportarten gehörten Wagenrennen, Wettreiten, Kurz- und Langlauf, Waffenlauf, Boxen und Ringen, ferner der Fünfkampf mit Lauf, Sprung, Speer- und Diskuswurf und der Entscheidung im Ringkampf.

Das mittlere Relief zeigt drei verschiedene Übungen. Links sieht man einen Läufer beim Start; rechts einen Speerwerfer, »der die Finger der rechten Hand an die Schlaufe legt und mit der Linken die Spitze oder das Gleichgewicht des Speeres zu prüfen scheint« (Lullies). Der Speer wurde nicht unmittelbar aus der Hand geschleudert, sondern mit Hilfe eines Lederriemens mit Schlaufe.

In der Mitte üben sich zwei Ringer in bestimmten Griffen. Der Rechte hat seinen Gegner mit beiden Händen am linken Unterarm gepackt. Dieser wehrt den Zug ab, indem er sich mit der Rechten gegen die Schulter des Angreifers stemmt. Typisch ist dabei die archaische Bildsymmetrie.

Das linke Relief zeigt sechs Jünglinge beim Ballspiel, je drei von einer Partei. Der Ball wird gerade von links nach rechts geworfen. Jede Partei versucht offenbar, die andere hinter eine bestimmte Linie zurückzudrängen. Es handelt sich um »ein Meisterwerk spätarchaischer Bewegungsstudien. Schon werden Dreiviertelansichten und Rückenansichten gewagt, wenn auch die Köpfe noch strikt im Profil wiedergegeben sind« (Fuchs). – *Das rechte Relief* zeigt vier junge Männer, die sich damit amüsieren, Hund und Katze gegeneinander zu treiben.

Zweierlei ist an diesen Reliefs bemerkenswert. Einmal die Beobachtung, »daß das archaische Neben-einander-stellen der Einzelformen langsam der Absicht Platz macht, die Details einer Gesamtkonzeption unterzuordnen« (Homann-Wedeking), was eine neue Geisteshaltung erkennen läßt. »Aus einer Vielzahl möglicher Momente sind jeweils die besonders typischen und aussagekräftigsten gewählt« (Lullies), die Erzählung erfolgt »pointiert« und es kommt zur »Gruppenbildung«, für die gerade die Jahre um 500 v.Chr. (am Übergang vom Spätarchaischen zum Frühklassischen) entscheidend waren (Fuchs). – Die zweite Beobachtung betrifft das Alter der Athleten. Es sind »ephebenhafte Gestalten«, die 200 Jahre lang (bis tief in die Parthenonzeit hinein) das »Wunschbild des Knabenhaften« (Buschor) verkörpern, geprägt vom Ideal des »vollkommenen« Menschen.

Saal 14 *(Nationalmuseum)*

Relieftondo mit weiblichem Kopf (Nr. 3990), Höhe 0,32 m, parischer Marmor (um 460 v.Chr.), auf der Insel Melos gefunden, Aphrodite darstellend.

Die schöne Erscheinung des feingeschnittenen Profils über schlankem, anmutigem Hals gehört der frühklassischen Stufe an. Wie beim gleichzeitigen »Poseidon vom Kap Artemision« (Abb. S. 28) begegnen wir einem menschennahen, unmittelbar ansprechenden Götterbild. Aphrodite ist ursprünglich eine Fruchtbarkeitsgöttin aus dem Geschlecht der Titanen gewesen. Dieses Bild wandelt sich. Doch erst im 5. Jh. v.Chr. findet die Kunst zur »Göttin der Anmut und der Schönheit, der Liebesbeziehung und der Verführung« (Walter).

Saal 15 *(Nationalmuseum)*

Großes Weihrelief aus Eleusis (Nr. 126), Höhe 2,20 m, pentelischer Marmor (um 440 v.Chr.), ein schon im Altertum hochgeschätztes Werk.

Dargestellt sind: links *Demeter*, die Göttin des Ackerbaus; rechts *Persephone*, ihre Tochter; in der Mitte *Triptolemos*, der Sohn des Königs von Eleusis. Die Göttin reicht Triptolemos Weizenähren (die ursprünglich in Gold oder Bronze vorhanden waren) und erteilt ihm den Auftrag, auf einem von Schlangen gezogenen Wagen den Erdkreis zu befahren, Korn auszustreuen und die Menschen den Ackerbau zu lehren.

»Die Verehrung von Demeter und Persephone mit ihrem symbolischen Wissen vom Ackerbau war seit 3000 Jahren lebendig, seit in neolithischer Zeit die Kenntnis vom Pflügen, Säen und Schneiden des Getreides zum ersten Mal das griechische Festland erreicht hatte. An Triptolemos, den mythischen ersten Pflüger, Persephone, den Geist der in der Erde verborgenen Saat, und Demeter, die Göttin des gereiften Weizens – an sie alle erinnerte man sich in Eleusis noch, und ihre Gabe an die Menschheit wurde in einem geheimnisvollen Maskenspiel gefeiert, das periodisch wiederholt wurde in Anwesenheit derer, die in ihren Kult eingeweiht waren« (Carpenter).

Das Bildwerk entstand in zeitlicher Parallele zum Parthenon-Ostfries, unterscheidet sich aber von diesem durch einen bewußt hieratischen Stil. Die Haltung ist feierlich-streng, aber ohne Härte. Es entsteht genügend Raum zwischen den Figuren, um eine tiefe Beziehung spürbar werden zu lassen.

Bronzestatue des Poseidon vom Kap Artemision (Saal 15)

(Br. 15161), bei Kap Artemision, an der Nordspitze Euböas, im Meer gefunden. Höhe 2,09 m, Spannweite der Arme 2,10 m (um 460 v. Chr.), frühklassisch.

Poseidon ist im griechischen Mythos (Homer) der Beherrscher des Meeres. Sein Palast liegt in der Tiefe des Meeres, mit seinem Wagen fährt er über die Wogen, und Meerwesen bilden sein Gefolge; oft erscheint er im Mythos auch in Pferdegestalt, vielleicht in Erinnerung an einen uralten Tierkult.

Poseidon vom Kap Artemision (um 460 v. Chr.)

Mit diesem berühmten Bildwerk hat die griechische Kunst die archaische Gottesvorstellung endgültig überwunden. Aufbauend auf den Erfahrungen, die die Großplastik während eines Zeitraumes von mehr als 150 Jahren an den nackten Jünglingsfiguren gewinnen konnte, formt sich nun die Gestalt des Gottes zur organischen Einheit, erfüllt von einem einzigen großen Bewegungszusammenhang und einer neuen Energie, die als die entscheidenden Merkmale genannt werden müssen. Poseidon wird zu einem *handelnden Gott*. »Alles ist nun angespannte, beherrschte Kraft« (Fuchs). Während der linke Arm mit einer weit in den Raum ausgreifenden Gebärde das Ziel anvisiert, ist die Rechte zum Wurf erhoben und bereit, den Dreizack gegen den Feind zu schleudern. Mit federnder Spannung nimmt der ganze Körper an diesem Vorgang teil.

Poseidon wurde erst für die seefahrenden Ionier zum Meeresgott. Wie schon sein Name sagt, dachte man sich ihn ursprünglich viel umfassender als den »Gatten der Erde«. Erst in der olympischen Gottesvorstellung tritt er hinter Zeus zurück, und es wird ihm als Herrschaftsbereich das Meer zugewiesen. Homer schildert den »dunkelmähnigen Gott«, wie er aus der Salzflut auftaucht, das Meer durchwühlt und Sturm sendet. Aber Poseidon ist nicht einfach das Meer selbst oder dessen Verkörperung, sondern ein Herrscher und Gebieter, also eine individuelle, personhaft gedachte Kraft, »eine geistige Person« (Walter).

Wenn uns in der klassischen Zeit gerade dieses Bild entgegentritt, so mag sich dabei für die Griechen die Erinnerung an den Untergang der persischen Flotte vor der Nordwestspitze Euböas verbunden haben. Damals, 480 v. Chr., hatte ein Unwetter den persischen Angriff auf Griechenland zunichte gemacht. Das Ereignis lag erst 20 Jahre zurück, und wie Herodot berichtet, wurde Poseidon seitdem »der Retter« genannt.

Griechische Bildkunst hat dieser Vorstellung vollendeten Ausdruck verliehen. Es ist »die Ehrfurcht vor der übermenschlichen Größe und Macht dieses Gottes« (Schoder), die aus dem Bildwerk spricht. Das Göttliche aber zeigt sich gerade darin, daß keinerlei Leidenschaft die Gesichtszüge prägt. »Nirgends dringt die innere Erregung nach außen. Bei aller Verwandtschaft zum Menschen steht Poseidon *jenseits* der menschlichen Psyche, scheinbar unberührt von menschlichen Empfindungen« (Walter). Dieser klassische Gott ist aber zugleich auch *schön*, mit klaren ebenmäßigen Gesichtszügen, die sich aus großen einfachen Formen aufbauen. Das Haar ist sorgfältig modelliert und wird über der Stirn durch verknotete Zöpfe in Ordnung gehalten. Während das Haupthaar eine geschlossene Masse bildet, aktiviert sich die eigentliche Gesichtspartie, wo Kinn- und Backenbart mitsprechen, zu einem energischen Ausdruck, der das Gebieterische und Willensmäßige des Gottes betont. Man vgl. damit den »Wagenlenker« von Delphi (Abb. S. 139), um den prinzipiellen Unterschied zu sehen.

Der Poseidon vom Kap Artemision entstand rund zwanzig Jahre nach dem »Wagenlenker« und nach dem »Kritios-Knaben« der Akropolis (Abb. S. 99). Man spürt, wie sich nun das Götterbild immer mehr dem Bild des natürlichen Menschen nähert. Wir erkennen darin eine neue Bewußtseinsstufe des griechischen Menschen. Die frühe Naturreligion ist überwunden, doch stehen die neuen Bildwerke zugleich an der Schwelle eines langsam aufkeimenden Zweifels an den Göttern. Seit etwa 460 v. Chr., also genau zu jener Zeit, als das hier gezeigte Bronzebildnis entstand, wurde Athen mit *Anaxagoras* und *Euripides* zu einem Zentrum der griechischen Aufklärung, und die Frage nach der wahren Natur von Göttern und Menschen begann die alten Überlieferungen zu erschüttern.

Kopf des Poseidon vom Kap Artemision (um 460 v. Chr.)

Saal 16 *(Nationalmuseum)*

Große Lekythos der Myrrine (Nr. 4485), Höhe 2,62 m (420 v. Chr.). – Monumentaler Vasentypus, wie er erst in spätklassischer Zeit (etwa ab 420 v. Chr.) auf Gräbern Verwendung findet. Er leitet sich ab von den in Athen üblichen kleinen Ölkannen mit engem Hals und trichterförmiger Mündung. Der Reliefschmuck zeigt Hermes, den Seelenführer, wie er eine junge Frau (Myrrhine) zum Ufer des Acheron (dem Fluß der Unterwelt) führt, von wo aus Charon (der Totenfährmann) sie in das Reich des Hades fahren wird.

Grabstele eines Jünglings aus Salamis (Nr. 715), pentelischer Marmor, Höhe 1,09 m (um 420 v. Chr.). – Die hohe Qualität läßt auf einen Meister schließen, der am Parthenonfries mitgearbeitet hat (Wegner). Körper und Gewand des stehenden Jünglings sind von klassischer Bildung, die Gesamterscheinung von schönster Ruhe und Gelassenheit. Auch das Verhältnis zum Tod ist noch geprägt von tiefer griechischer Gläubigkeit. Der Verstorbene erscheint unangefochten im Bilde eines zeitlosen, von Leben erfüllten Daseins. Daneben aber dringt nun auch die Empfindung der Trauer gestalthaft in die Darstellung ein. Als würde der Sinn der Stele sonst nicht mehr verstanden, ›bereichert‹ der Künstler seine Aussage durch einen Knaben, der ermattet und wie träumend vor sich hinblickt.

Saal 17 *(Nationalmuseum)*

Die allmähliche Auflösung der klassischen Form zeigen zwei Weihreliefs aus der Zeit um 400 v. Chr. Das ruhige Sein und die schöne körperliche Erscheinung gehen langsam verloren. Es dominieren statt dessen erzählerische Momente, die vom Betrachter ›erlebt‹ werden können.

Das Theaterrelief (Nr. 1500) zeigt Dionysos auf einer Kline liegend, neben ihm die ›Schauspielkunst‹ und Schauspieler mit Masken und Schminkpaletten.

Das zweite Relief (Nr. 1783) hat eine mythologische Entführungsszene zum Gegenstand. Auch sie spielt sich nicht ›objektiv‹ ab, sondern beim Entführer im Gefühl des Triumphes, bei der Entführten »in traurig-geknickter Haltung« (Fuchs). Diese nur scheinbar geringfügigen Abweichungen vom klassischen Kanon leiten eine neue Seh- und Erlebnisweise ein, in der das subjektive Moment mehr und mehr an Gewicht gewinnt.

Saal 20: Die Athena von Varvakeion (Nr. 129), römische Marmorkopie nach dem berühmten Kultbild der »Athena Parthenos«, einem klassischen Werk des *Phidias*. Die Kopie (Höhe 1,05 m) kann nur einen ungefähren Eindruck geben. Das Original (447 bis 438 v. Chr.) war mehr als zwölf Meter hoch. Als *offizielles Bildnis der Staatsgöttin* stand es im Inneren des Parthenon. Athena war gekennzeichnet als siegreiche und Sieg verleihende Kämpferin (Schild, Speer und Nike), als Burggöttin (Schlangen), als Göttin der Kunst (Säule) und als Streiterin gegen die dunklen Mächte der Giganten (dargestellt auf der Außenseite des Schildes).

Zur Aufstellung des Standbildes im Inneren des Parthenon vgl. den Längsschnitt auf S. 77.

Grabstele der Hegeso

Saal 18 *(Nationalmuseum)*

Grabstele der Hegeso (Nr. 3624), 1870 im Kerameikos am ursprünglichen Aufstellungsort gefunden, pentelischer Marmor, Höhe 1,49 m (um 400 v. Chr.).

Dieses bekannte Werk, vielleicht das schönste attische Grabmal, das wir kennen, verkörpert in seiner Schlichtheit wie in seiner Qualität wesentliche Merkmale griechischer Grabmalskunst. »Immer wieder werden die gleichen Typen (hier die sitzende Frau mit der vor ihr stehenden Dienerin) variiert und manchmal, wenn bedeutende Meister sie aufgreifen, weiterentwickelt und gesteigert«. Auch die architektonische Rahmung gehört zum Typus. »Sie bedeutet nicht etwa das Haus der Toten, sondern ist einfach der Abschluß des Reliefs, den das künstlerische Empfinden der Griechen nicht entbehren konnte« – wobei die »Akrotere«, die vermutlich mit Palmetten bemalt waren, dem Umriß die Härte nehmen.

»Die Verstorbene ist dargestellt, wie sie im Leben war; nichts von Heroisierung, keine Andeutung des Todes, des Jenseits, des Schmerzes. Wie sie zu Lebzeiten im Hause waltete, mit der Dienerin zusammen, am Schmuck sich erfreuend, sitzt sie im Bilde vor uns«.

»Der Unsterblichkeitsglaube im späteren Sinn, mit der Hoffnung auf ein Wiedersehen, ist in dieser Zeit noch nicht existent. Wer hier begraben lag, hatte das ›Ziel seines Lebens‹ erreicht, und was man ihm noch darbringen konnte, war im Grunde nur das treue Gedenken.« Auch die porträthafte Wiedergabe liegt noch nicht in der Absicht des Künstlers. Die geistige Sphäre, in der diese Bilder stehen, ist von allgemeinerer Art.

Die Züge der Trauer kommen vor allem in der Neigung des Hauptes zum Ausdruck. Gleichsam in sich selbst versunken, läßt die Frau noch einmal ein Schmuckstück (einst gemalt, heute verloren) durch ihre Hände gleiten, ein Gegenstand, der an die Tage der Schönheit erinnert. Vielleicht muß die Szene so gedeutet werden, daß die Verstorbene jetzt ›die Braut‹ des Hades, dem Herrscher des Totenreiches, ist (Fuchs).

Stilgeschichtlich bezeichnet die Stele ungefähr die Grenze zwischen Klassik und Spätklassik. Es überwiegt noch ein strenger, gebundener Reliefstil (der Kopf im Profil, der Oberkörper leicht dem Betrachter zugewandt). Der Gegensatz zwischen Leben und Tod kommt durch die beiden Reliefschichten stark zum Ausdruck: in der vorderen Schicht das stimmungsvolle Lebensbild mit den fließenden Formen in Stofflichkeit und Haltung der Figuren; in der zweiten Schicht die harte rechtwinklige Rahmung mit der großen leeren Fläche dazwischen. Plastische Fülle und unbestimmte Tiefe stehen sich unerbittlich gegenüber. (Lit. Buschor, Fuchs, Kaschnitz-Weinberg).

Grabstele des Ktesileos und der Theano (Nr. 3472), links neben der »Stele der Hegeso«; Marmor, Höhe 0,93 m (kurz nach 400 v. Chr.). – Kaum mehr als ein Jahrzehnt trennt dieses Grabmal von der Stele der »Hegeso« und doch ist Entscheidendes anders geworden. Die Figuren treten stärker nach vorne, die Sprache der Gewänder ist lebhafter und in geringerem Maße geordnet (sie sind auch schwerer und führen gleichsam ein Eigenleben). Im Psychischen aber hat sich das Moment der Trauer verstärkt. Die überkreuzten Beine des Mannes, die ineinandergelegten Hände, die deutliche Neigung des Körpers beim Aufstützen auf einen Stab – das alles sind Einzelheiten, die nicht einfach aus dem Alltag genommen sind, sondern *mehr* besagen wollen.

Die Geste der Frau ist eine ›Entschleierung‹. So entschleiert sich am Parthenonfries Hera vor Zeus und hier die verstorbene Gattin »dem Gatten und Hades zugleich«: es wird der Abstand bewußt zwischen dem Toten und dem Lebenden und ebenso das unterschiedliche Sein (Lit. Buschor).

Grabstele mit Vater, Mutter und Tochter (Nr. 717), auf der Rückseite der Hegeso-Stellwand, Höhe 1,48 m (um 400 v. Chr.). – Beispiel einer Familienszene mit drei Personen. In der Ausführung gröber; das Relief sehr viel höher und kräftiger. Der Eindruck des Klassisch-Zeitlosen will sich hier nicht mehr einstellen. Dazu ist die Aussage zu direkt. An die Stelle einer nur angedeuteten Trauer tritt eine regelrechte Abschiedsszene. Die Tochter reicht der verstorbenen Mutter (sitzend) die Hand; der Vater schaut liebevoll auf die Tochter. Das ist im Psychischen gut erfaßt, wird aber sehr direkt ausgesagt. So geht auch das Gleichgewicht zwischen Figur und Architektur und damit das Spannungsverhältnis zwischen beiden verloren.

Zur Orientierung über die weitere Raumfolge

Die Räume 19 und *20* sind von *Raum 17* aus zugänglich. Die Marmorkopie der »Athena Parthenos« nach einem Werk von Phidias (Abb. S. 30) befindet sich am Ende von *Raum 20*. Von dort muß man wieder zurück in den *Raum 17*.

Im *Raum 21* trennen sich die Wege. Unter chronologischen Gesichtspunkten müßten sofort die *Räume 22–30* folgen. Praktischer ist es, unserer Anordnung zu folgen und zuerst die *Räume 34, 45, 36, 37* zu besuchen, danach die *Räume 22–30*. – Der Aufgang zur *Vasensammlung* (1. Stock) befindet sich am Ende von *Raum 34/35*. Die Besprechung der Vasensammlung beginnt auf Seite 40.

Saal 21: Hermes von Andros (Nr. 218), römische Marmorkopie der frühen Kaiserzeit nach einem Original des 4. Jh. v. Chr., wohl aus der Schule des *Praxiteles*, Höhe 2 m.

Man könnte an einen jungen Griechen denken, vielleicht an einen Schüler der Akademie. Die Haltung ist nachdenklich, ohne erkennbare Aktion. Die Statue meint aber keinen Jüngling, sondern einen Gott. Das zeigt, wie sich das Götterbild im 4. Jh. v. Chr. verinnerlicht. *Hermes* erscheint nicht mehr als rastloser Götterbote, der Nymphen und Musen anführt, Herakles auf den Olymp bringt und die Helden in die Schlacht begleitet. Der Gott scheint vielmehr zu zögern. In lässiger Haltung, mit über die Schulter geworfenem Mantel, steht er vor uns, ein Gott, der sich auf sich selbst zurückzieht und seine Seinsmächtigkeit verloren hat. Lebendig ist er nur noch als Vorstellung.

Saal 21 *(Nationalmuseum)*

Statue des Diadumenos aus Delos (Nr. 1826), römische Marmorkopie des 1. Jh. n. Chr. nach einem verlorenen Bronzeoriginal des *Polyklet* aus der Zeit um 420 v. Chr., Höhe 1,87 m. – Dargestellt ist ein junger Athlet, der sich nach dem sportlichen Wettkampf den Siegespreis, ein Diadem, um die Stirn legt. Will man die Wandlung gegenüber der archaischen Zeit erfassen, so ist es »von tiefer Bedeutung, daß hier nicht von Nike oder einem Dritten dem Sieger die Ehrung zuteil wird, daß er vielmehr *selbst* das Bekränzen vollzieht« (Wegner): ein sinnfälliger Ausdruck dafür, daß er sich seiner eigenen Tüchtigkeit bewußt ist. Zwar ist das Bildwerk noch frei von jeder Überheblichkeit und somit der Dank an die Götter in ihm noch gegenwärtig, aber die Grundstimmung ist doch geprägt vom Bewußtsein der eigenen Vortrefflichkeit – im Sinne der griechischen Klassik, die im Schönen zugleich das Gute sah.

Das neue Selbstbewußtsein kommt in vollendeter Weise im Standmotiv zum Ausdruck. Mit dem von Polyklet gefundenen *Kontrapost*, bei dem das Gewicht des Körpers nur noch auf dem einen, belasteten Bein ruht, während das andere in freiem Spiel zurückgesetzt wird und den Boden kaum mehr berührt, wird eine neue Vorstellung »vom Menschen als Ganzem« realisiert (vgl. Abb. S. 37). Im Kontrapost wird der Mensch gleichsam auf sich selbst gestellt (Klassik), während das archaische Bildnis einer festen und allgemeinen Ordnung folgt. Künstler wie Polyklet sehen den Menschen sehr viel differenzierter. Sie wissen um die widerstreitenden Kräfte im Menschen, um Gewicht und Gegengewicht, Bewegung und Gegenbewegung (in physischem wie in geistigem Sinne) und sie versuchen, diese Kräfte in Einklang zu bringen. Was sie erstreben, ist die »Harmonia«, die »reine Gestalt« als »Formel für beherrschtes Leben« – weil sie anders als noch der archaische Bildner von den Gegensätzen, Spannungen und Disharmonien des Daseins wissen.

Die hier ausgestellten Werke bilden innerhalb des Museums eine selbständige Gruppe. Sie stammen zum Teil von einem sensationellen Fund, den man 1959 bei Straßenarbeiten im Piräus machte. Es handelt sich um eine Reihe von Bronzewerken, die vermutlich im 1. Jh. v. Chr. »für einen Schiffstransport nach Italien bereitgelegt waren, aber bei ungünstigen Zeitverhältnissen in Vergessenheit gerieten und dann verschüttet wurden« (Homann-Wedeking).

Apollon vom Piräus, Höhe 1,92 m (um 520 v. Chr.), aufgestellt an der Stirnseite des Saales. – Es handelt sich um die älteste, derzeit bekannte griechische Großbronze und zugleich um das erste und bisher einzige Stück, das uns von der spätarchaischen Großplastik auf *peloponnesischem* Gebiet eine Vorstellung vermittelt. Die Darstellung weicht vom üblichen Typus der Kuroi dadurch ab, daß das *rechte* Bein vorgesetzt wird und beide Arme abgewinkelt sind. Apollon trug in der rechten Hand eine Schale, mit der Linken den Bogen (geringe Reste erhalten). »Die Schale in der Hand des Gottes deutet wohl an, daß ihm Opfer gebühren, der Bogen in seiner Linken verkündet die rächende Gewalt des Sühnegottes« (Fuchs).

Die Figur ist einerseits sehr fortschrittlich empfunden, wie sich an der Beinstellung zeigt, folgt aber im Körperbau spätarchaischen Gewohnheiten, während Antlitz und Haartracht merkwürdig konservativ bleiben. Diese Widersprüchlichkeiten haben eine unterschiedliche Deutung erfahren. Während Homann-Wedeking »eine gewisse Schwere in den einzelnen Formen, ja eine Schwermütigkeit im Ausdruck« mit gewissen technischen Schwierigkeiten des damals noch neuen Hohlgußverfahrens in Verbindung bringt (die Wandung der Bronze ist noch sehr dick), glaubt Fuchs an eine spätarchaische Nachbildung eines älteren Kultbildes, das vielleicht ursprünglich in Holz geschnitzt war. Wie dem auch sei, das Bildwerk beeindruckt durch seinen großen Ernst. Noch ist Apollon durch seinen Bogen als der rächende Gott ausgewiesen und doch erscheint er schon als geistige Gestalt, vor der man sich den allmählichen Wandel zum Gott der Musen, wie ihn dann die klassische Kunst des 5. Jh. v. Chr. vornehmlich sieht, gut vorstellen kann.

Der Jüngling von Marathon (als Apollon oder Hermes gedeutet), Höhe 1,30 m (um 340 v. Chr.), 1925 im Golf von Marathon gefunden; vielleicht ein Originalwerk des Praxiteles; aufgestellt gegenüber der Fensterseite, Mitte.

Vergleicht man den »Jüngling von Marathon« mit dem »Apollon vom Piräus« so ist leicht zu erkennen, daß die Kunst des 4. Jh. v. Chr. (beide Werke trennen etwa 190 Jahre) aus einer völlig anderen Lebensstimmung heraus gestaltet. Der alte Götterglaube ist längst durch Aufklärung und Skeptizismus unterhöhlt, und es ist weniger das *Kultbild* als vielmehr das *Kunstwerk*, dem die Wertschätzung gilt. Es entstehen nun Kabinettstücke an schlanken, eleganten, anmutig wirkenden Figuren. *Praxiteles* ist zugleich »der erste griechische Bildhauer, der den Reiz des nackten Frauenkörpers plastisch gestalten konnte« (Fuchs).

Die Deutung der Figur ist noch immer offen. Um das Gleichgewicht herzustellen, muß auf der vorgestreckten Hand ein größerer Gegenstand vorausgesetzt werden. Fuchs sieht in der Statue *Apollon* und denkt an eine Opferplatte. Walter erkennt die Figur als *Hermes* und versteht die Darstellung als »eine Szene aus der Kindheit des Gottes, wie er die Schildkrötenleier erfindet und dazu eine Schildkröte, die er auf der flachen Hand hält, mit einem Pfeil tötet und den Rückenpanzer des Tieres als einen Teil des Instrumentes verwendet.«

Wie schon beim »Hermes von Andros« (Saal 21) ist auch hier wieder festzustellen, daß die Verbindung zwischen dem Gott und den Menschen verlorengeht. Der Gott hat gleichsam keine Aufgabe mehr, »die Götterfigur wendet sich ihrem eigenen Inneren zu« (Walter).

◁ *Abbildung links* (Saal 45): Kopf des »Apollon vom Piräus«, Bronzeplastik (um 520 v. Chr.), ausgestellt im »Saal der Meisterwerke«. Man vgl. damit den »Poseidon von Kap Artemision« (um 460 v. Chr.), um die gewaltige Spanne zwischen dem spätarchaischen Kopf hier und dem frühklassischen Bildwerk dort zu ermessen. Beide Werke trennt ein Abstand von rund 60 Jahren.

Kleinbronzen

(Saal 36 und Saal 37)

Die umfangreichen Bestände umfassen die sog. Sammlung Carapanos (Saal 36) und Funde von der Akropolis (Saal 37).

◁ *Abbildung links* (Saal 36, Vitrine 5): *Blitzeschleudernder Zeus* (Nr. 16546), Bronzestatuette (um 450 v. Chr.).

Der Vergleich der Statuette mit dem »Poseidon vom Kap Artemision« (Abb. S. 27) zeigt, wie Kleinkunst und Großplastik durch die gleichen Grundschemata verbunden sind. Schon in spätarchaischer Zeit, um 530 v. Chr., finden wir an einer nur 12 cm hohen Herakles-Statuette, heute in New York, die Schrittstellung, den nach vorne geneigten Oberkörper, den ausgestreckten linken Arm und den Wurfgestus der Rechten vorbereitet. Dazwischen liegen rund 80 Jahre. Greift dann die Großplastik solche Formen auf und bringt sie zur höchsten Vollendung, so wirkt sie ihrerseits wieder auf die Werke der Kleinkunst zurück.

Saal 37 (letzte Vitrine rechts):

◁ *Bronze-Statuette der Athena Promachos* (Nr. 6447), von der Akropolis, Höhe 0,29 m (um 480 v. Chr.). – Man staunt über die formale Kraft und Energie dieses kleinen Werkes, das man sich ohne weiteres in die Großplastik umgesetzt vorstellen kann. Die kostbare Statuette war das Weihgeschenk einer Athener Frau namens *Meleso* an die Göttin auf der Akropolis. Der zeitliche Ansatz rückt das Bildwerk in die Nähe der Schlacht von Marathon. Es mag dieses Erlebnis gewesen sein, das zu einer neuen Auffassung von der Göttin geführt hat. Sie erscheint dynamischer und ernster als noch am Westgiebel des Aphaia-Tempels von Ägina, rund zwanzig Jahre zuvor (vgl. Abb. S. 162).

Saal 22: u.a. *Marmorskulpturen* aus dem Tempel des Asklepios in Epidauros (um 380 v.Chr.), und zwar (Nr. 157) links vom Eingang, eine *Amazone*, und ihr gegenüber, bedeutender, (Nr. 136) *Penthesilea*, die Amazonenkönigin, in kurzer Tunika, auf einem Pferd, ehemals mit zum Stoß erhobener Lanze, aus der Giebelmitte. Spätklassische Bildwerke, die dem Künstler die Kombination von Pferd und weiblicher Figur erlauben (der Amazonenkampf historisch wohl die Auseinandersetzung mit matriarchalischen asiatischen Stämmen).

Saal 23: u.a. *Grabmal eines Jünglings vom Ilissos* (Nr. 578), Höhe 1,68 m (um 340 v.Chr.), wohl aus dem Atelier des *Skopas.* – Vergleicht man die Stele mit derjenigen der »Hegeso« (Abb. S. 33), so zeigt sich ein grundlegender Wandel im Selbstverständnis des Menschen. War die »Hegeso-Stele« (um 400 v.Chr.) erfüllt von einer leisen, nur angedeuteten Trauer, bei der die Verstorbene gleichsam lautlos in die Schatten des Todes zurücktrat, so stellt sich jetzt, zwei Generationen später, der Dahingeschiedene frontal zur Schau, »ein fast vergöttlichter Heros«. Die Bewunderung, die dem Verstorbenen gilt, drückt sich in der Haltung des Vaters aus, der seinen Sohn wie ein Denkmal betrachtet. »Der Tote ist zum Greifen nah und doch völlig entrückt« (Wegner). Ein neues, *tragisches* Verständnis des Todes wird sichtbar: »Zwischen der Welt der Lebenden und der Toten klafft jetzt ein Abgrund, kein Beisammen- und Miteinander ist mehr möglich«. Die Vergänglichkeit des Irdischen wird stärker erlebt als noch in hochklassischer Zeit.

Jüngling von Antikythera (Saal 28) *(Nationalmuseum)*

(Nr. 13396), Bronzestatue, um 1900 im Meer bei Antikythera, zwischen der Peloponnes und Kreta, gefunden; Höhe 1,94 m (um 340 v.Chr.).

Weder der Künstler noch die Thematik des Bildwerkes sind uns bekannt, doch haben wir es mit einem Meisterwerk der Zeit um 350/330 v.Chr. zu tun, in dem sich »das griechische Ideal eines leiblich und geistig gleich harmonisch entwickelten Menschen« verkörpert. Es entstand vermutlich in den Jahren nach Platons Tod (347 v.Chr.) und gehört von seiner Idee her in den geistigen Umkreis dieses Mannes und seiner Tugendlehre – ein Gegenbild zur Untergrabung der Autoritäten durch die Sophisten.

»Dieser kraftvoll gebaute Körper zeigt keinerlei Übertreibungen, keine Verherrlichung physischer Stärke. Der Kopf ist männlich edel und besitzt klare, wohlgebildete Züge. Das Haar ist zwanglos gelockt und ergibt doch ein bestimmtes Muster« (Schoder).

Dennoch ist diese Figur kein klassisches Werk mehr. Wohl erinnert sie in manchem an die Kunst des *Polyklet*, vor allem an dessen berühmten »Speerträger« (um 440 v.Chr.), doch gibt es noch einen anderen Bezug. Denn der leichte Stand und die schöne Erscheinung rücken die Figur zugleich in die Nähe des *Praxiteles* (tätig um 370/320). Von ihm sagt Bernhard Schweitzer, er habe Frauen- und Jünglingsgestalten von einer bezaubernden Schönheit geschaffen, »die aber nicht mehr von der tiefen Wirklichkeit der hochklassischen Figur erfüllt gewesen seien«.

So steht der »Jüngling von Antikythera« in einer Übergangszeit. »Jetzt erst meldet sich die Schönheit als ein Eigenwert in der Kunst«, zugleich aber entsteht als Gegenpol dazu die neue Gattung des Porträts, in der das »Wahre und Charakteristische« gesucht werden. Damit wird ein Schritt in die Wirklichkeit einer bloß menschlichen Existenz getan. In Parallele dazu erobert sich die Plastik durch große ausgreifende Gebärden zugleich den Raum, die dritte Dimension (so im Werk des *Lysippos*), die nun aber ein völlig irdischer Wirklichkeitsraum geworden ist. Als Gegenbild zum ›schönen‹ Menschen erscheint daher im 4. Jh. v.Chr. der ›heroische‹ Mensch (so bei *Skopas*).

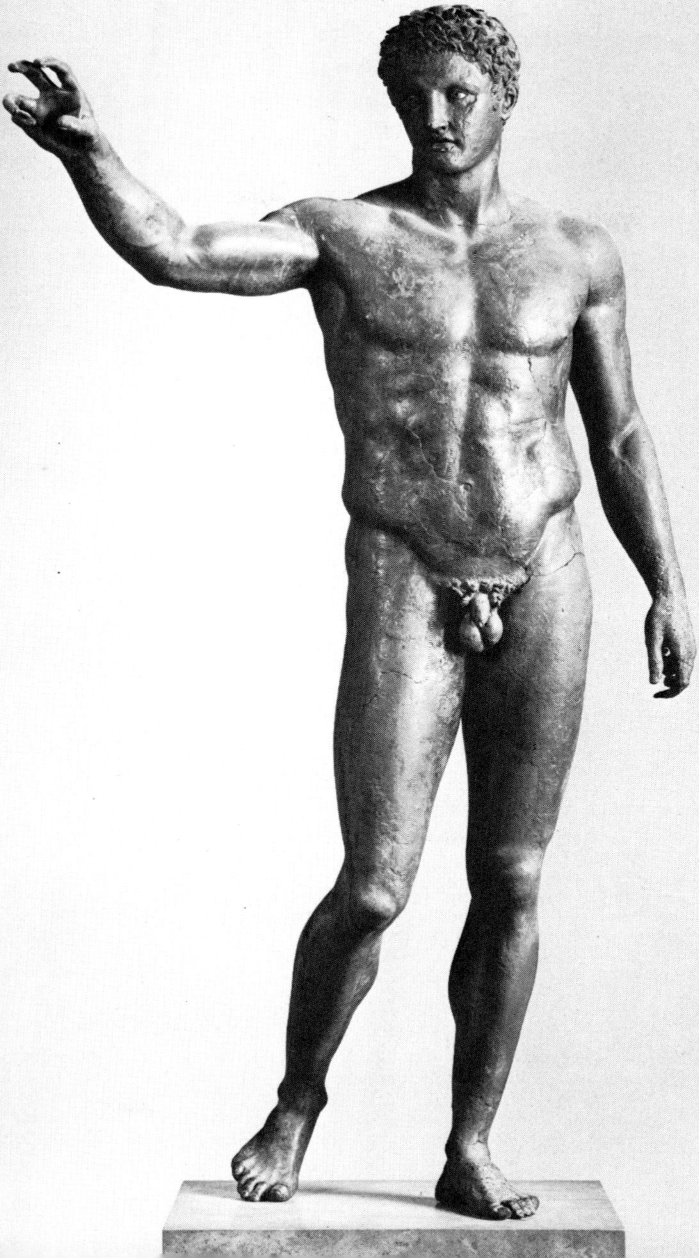

Saal 28: Kopf der sog. Hygieia von Tegea (Nr. 3602), Höhe 0,28 m (um 370 v. Chr.).

Mit diesem schönen Kopf besitzen wir gleichsam das weibliche Gegenstück zum »Jüngling von Antikythera«. Eine verwandte Geisteshaltung verbindet beide Werke. »Alles ist auf eine ideale Harmonie der Linien angelegt«, doch so, daß das Wesen der Schönheit in durchaus individueller Prägung erscheint. Spätklassisch an diesem Werk ist der »seelische Ausdruck«.

Kopf der Ariadne (Nr. 182): Um 1878 südlich von der Akropolis gefunden. Eindrucksvoll im tragischen Ernst seines Ausdrucks. Schicksalsbild der von Theseus verlassenen Geliebten. Qualitätvolles Werk, vielleicht von *Skopas.*

Saal 29 *(Nationalmuseum)*

Relief mit dem Wettstreit zwischen Apollon und Marsyas (Nr. 215), links. Dem Stil zufolge aus der Werkstatt des Praxiteles. Das Formideal ist hier nicht die Handlungsdichte der klassischen Bildkunst, sondern die dekorative Gesamtwirkung der locker verteilten Figuren, von denen jede für sich mit einem schönen Umriß zur Geltung kommt.

Zur Handlung: Athena hatte die Flöte erfunden, sie aber weggeworfen, weil das Flötenblasen das Gesicht entstelle. Marsyas hob die Flöte auf, übte sich im Spiel und forderte schließlich Apollon zum Wettstreit heraus, da er sich ihm überlegen glaubte. Er unterlag aber und wurde schwer bestraft. – Hinter dieser Erzählung steht wahrscheinlich als Motiv die Verherrlichung griechischer Musik gegenüber der asiatischen. – *Myron*, ein attischer Bronzegießer, der als einer der ersten heftige körperliche oder seelische Bewegungen darzustellen versuchte, schuf um 460 v. Chr. für die Akropolis eine berühmte Gruppe, die Athena und Marsyas zeigte. Wohl um die fremde Musik verächtlich zu machen, gab Myron dem Marsyas die Gestalt eines Silens.

Auch das Relief des Nationalmuseums betont den Gegensatz der beiden Kontrahenten. Schön gekleidet sitzt Apollon in feierlicher Haltung auf einem Felsen. Bedeutungsvoll hebt sich sein Instrument, die Lyra, vor dem Reliefgrund ab. Marsyas erscheint nackt, in heftiger Bewegung, offenbar vor und zurückspringend, mit struppigem Haar, doch schon deutlich in die Verteidigung gedrängt, ja wie entschlossen zu fliehen.

Saal 30 *(Nationalmuseum)*

(a) *Kopf eines Faustkämpfers* (Nr. 6439), rechts aufgestellt (um 330 v. Chr.)
(b) *Kopf eines Philosophen* (Nr. 13400), links aufgestellt (um 240 v. Chr.)

Porträtbüsten kennt erst die römische Kunst. Der Grieche verlangt die ganze menschliche Gestalt. Auch die hier gezeigten Köpfe gehörten ehemals zu Statuen. Vom »Philosophen« z. B. besitzt man noch den rechten Arm, die linke Hand und die Füße. Doch geben uns die Köpfe wertvollen Aufschluß über die geistige Situation der Zeit. So tritt im 4. Jh. v. Chr., nach dem Peloponnesischen Krieg, neben das Idealporträt immer häufiger das realistische Bildnis, das die innere Situation des Menschen widerspiegelt, wobei sich nun in auffallender Weise etwas Mürrisches, Qual- und Leidvolles in den Gesichtszügen bemerkbar macht. Skepsis und Resignation scheinen das Lebensgefühl zu bestimmen. – Das Porträt des Faustkämpfers steht noch der Spätklassik nahe und läßt mit seiner Symmetrie einen gewissen verbindlichen Typus durchscheinen. Das Bildnis des Philosophen dagegen ist schon ganz augenblickshaft, spontan und individualisiert. Beide Werke sind durch rund 90 Jahre voneinander getrennt.

Fast alle hier gezeigten Werke gehören einer sehr späten Stilstufe an (4./2. Jh. v. Chr.). Schon die Vielfalt der Themen zeigt an, daß sich die Plastik die Alltagswelt erobert. So finden wir auch reizende Kinderbildnisse, wie das Kind mit der Gans (Nr. 2772) oder das Kind mit dem Hund (Nr. 3485).

Die Großplastik kennt nach wie vor das Götterbild und strebt monumentale Wirkungen an, aber immer häufiger ist das Ergebnis wenig überzeugend, und es dominiert die leere Pose. Ein Beispiel dafür ist der *Poseidon von Melos* (Nr. 235), vom Ende des 2. Jh. v. Chr. Blickt man von hier zurück zum »Poseidon vom Kap Artemision« (Abb. S. 27), so wird der Verlust an Seinsmächtigkeit sofort klar.

Aphrodite, Eros und Pan (Nr. 3335): Die in Delos gefundene Plastik vom Ende des 2. Jh. v. Chr. zeigt die typischen Merkmale eines Spätwerkes. Aphrodite ist ganz nackt gegeben, von Pan überrascht, der sie beim Arm zu sich herzieht. Die Abwehr der Göttin ist mehr ein kokettes Spiel als eine wirkliche Verweigerung. Sie hat zwar eine Sandale in der Hand, um Pan zu drohen, aber da ist auch schon Eros, der beide eher zusammenführt als daß er sie trennt. Die Durchbildung des weiblichen Aktes erfolgt nun immer naturalistischer, vermutlich unter Verwendung eines Modells. Der große klassische Rhythmus geht verloren zugunsten erstaunlicher Details.

Marmorrelief, »Wettstreit zwischen Apollon und Marsyas« (330/320 v. Chr.)

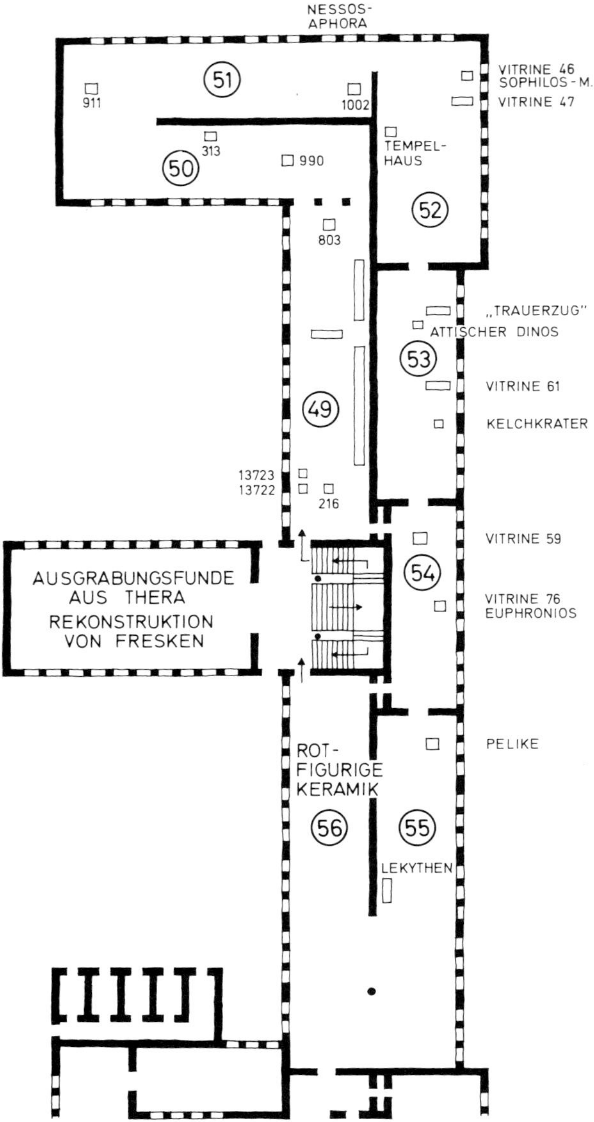

Archäologisches Nationalmuseum, Orientierungsplan zur Vasensammlung (1. Stock)

(1. Stock, Saal 49 bis Saal 56)

Die Sammlung ist chronologisch geordnet und reicht mit ihren umfangreichen Beständen von der bronzezeitlichen Keramik des 3./2. Jahrtausends über die minoisch-mykenische Zeit und die geometrische Keramik bis zur attischen Vasenmalerei des 6. bis 4. Jh. v. Chr.

Rundgang: Auf unserem Rundgang behandeln wir nur ganz wenige, herausragende Stücke. Für eine eingehendere Betrachtung empfehlen wir den farbig bebilderten Führer von *Varvara Filippaki* »Vasen des Archaeologischen Nationalmuseums von Athen« (Verkauf in der Eingangshalle des Museums), der rund 50 Ausstellungsstücke nennt und Ausschnitte aus den Vasenbildern reproduziert.

Raum 1 (Saal 49) *(Nationalmuseum)*

Zur bronzezeitlichen und mykenischen Keramik in den Vitrinen an der rechten Wand vgl. die Ausführungen auf den Seiten 13–15. Wichtig ist die *Spiralornamentik* bei den mykenischen Arbeiten, die noch keine Strukturierung des Gefäßes nach Horizontale und Vertikale kennen. Erst im Vergleich mit diesen erkennt man die außerordentliche Kraft der *protogeometrischen* Kunst, die ordnend und präzisierend die Grundlagen einer im eigentlichen Sinne griechischen Vasenmalerei schuf. Der entscheidende Wandel erfolgte im 10. Jh. v. Chr. (führend war hier Athen), als es gelang, die fließenden Formen des Submykenischen zu überwinden und ein Gefühl für das Aufrechtstehen der Vasen zu entwickeln. Die Ornamentik konzentriert sich dabei auf wenige Motive, hauptsächlich Kreise, Rauten und Schraffuren. Ein schönes Beispiel aus dem 9. Jh. sieht man in der ersten Vitrine gleich beim Eingang.

Geometrische Amphora des 9. Jh. v. Chr. (Nr. 216): Auf der Schulter konzentrische Kreise in quadratischen Feldern, die durch vertikale Mäander gerahmt sind. Die Horizontale wird unten durch Zickzacklinien, oben durch einfache Parallellinien betont. Erst jetzt beginnt man auch zwischen Vorder- und Rückseite zu unterscheiden. Es wächst nun zunehmend das Gefühl für die Proportionierung der Gefäße, so daß man archäologisch zwischen *Fuß*, *Bauch*, *Schulter* und *Hals* (so die Fachausdrücke) unterscheidet. – Interessant der Gegensatz zu *zwei mykenischen Vasen*, links, unterhalb der Fenster (Nr. 13722 und Nr. 13723), deren Dekor, minoisch beeinflußt, Lilien und Papyrosstauden zeigt.

Zur Ornamentik der geometrischen Vasen in Saal 49: Waren Kreise, Rauten und Schraffuren Merkmale des Protogeometrischen, so macht sich in der Ornamentik der nachfolgenden Zeit (900–700 v. Chr.) eine neue Welterfahrung bemerkbar. Wir beobachten, wie sich nun der Mensch sein Dasein visuell, im Vasenbild, vergegenwärtigt. So finden wir Tierfriese, Wagenrennen, Kriegsszenen und mythologische Themen, gerahmt und zusammengehalten von einer mehr oder weniger strengen, flächenfüllenden Ornamentik. Die Gefäßformen werden zunehmend straffer, die Gefäße selbst größer, bis hin zu monumentalen Gebilden, die der »Dipylon-Vase« verwandt sind (so Nr. 803, am Ende des Saales).

Spätgeometrische Grabamphora vom Kerameikos (Nr. 803): der »Dipylon-Vase« (Abb. S. 17) eng verwandt und wie diese am Kerameikos gefunden (Höhe 1,75 m), doch zeitlich etwas später und nicht ganz von derselben Qualität. Der Gefäßkörper ist weniger präzis umrissen, die Ornamentik von geringerer ›Dichte‹ und der Gesamteindruck ›labiler‹. Auch das Mittelbild ist weniger monumental. Die erzählerischen Details (der Tote auf einem von Pferden gezogenen Wagen) dominieren, das Feierlich-Strenge geht verloren.

Raum 2 (Saal 50) *(Nationalmuseum)*

Monumentaler Krater vom Kerameikos (Nr. 990), freistehend (um 740 v.Chr.): Bei der erwähnten Grabamphora im Saal 49 waren die beiden Figurenfriese noch schmal und getrennt, eingebettet in den übergreifenden Zusammenhang des Gesamtdekors. Jetzt erreichen die Friese stattliche Höhe, rücken eng zusammen und formen so eine *Bildzone*, die fast die Hälfte des Gefäßkörpers beansprucht und die Vase visuell beherrscht, während die geometrische Dekoration auf Restzonen zurückgedrängt ist und sowohl an Feinheit der Ausführung wie an Gewicht verliert. Von der Auflösung des Geometrischen trennen uns nur noch wenige Jahrzehnte (vgl. nächstes Beispiel).

Hydria von Analatos, Attika (Nr. 313), Höhe 0,53 m (um 700 v.Chr.), aufgestellt an der Innenwand, der Fensterseite gegenüber. Das Gefäß ist ein wichtiges Beispiel für den *frühattischen Stil*, der aus der Auflösung des Geometrischen hervorgeht. Das Geometrische ist nun nicht mehr »Wahrheit«, sondern »dekorativer Schein und bloßer Augeneindruck« (Schweitzer), in meist flüchtiger Ausführung oder bloßer Andeutung auch handwerklich vernachlässigt. »Ornament und Bild gehen von jetzt an verschiedene Wege«. Die Zukunft gehört dem Bild. In anfangs noch derber, aber einprägsamer Zeichnung werden kräftige, große Figuren erfunden, deren Umriß schon auf das Archaische vorausweisen. Gegenüber der geometrischen »Proportionsfigur« haben sie an Substanz gewonnen und sind im Umriß und in der Erfassung des Körpers präziser und geschmeidiger. An Mensch und Tier beobachtet man eine neue Gespanntheit in lebhafter Aktion. Beide heben sich deutlich vom aufgehellten Grund ab und werden zu großen selbständigen Bildern.

Raum 3 (Saal 51) *(Nationalmuseum)*

Großer kykladischer Krater (Nr. 911), Höhe 0,97 m (um 640 v.Chr.), aufgestellt an der Schmalwand des Raumes, die mittlere von drei Monumentalvasen: Von der »Hydria des Analatos« trennen den Krater rund 60 Jahre. Die Kunst hat sich nun noch weiter vom Geometrischen entfernt, und besonders im ionischen Raum werden von Kleinasien her orientalische Einflüsse wirksam. Ionisch ist vor allem eine neue Art des Ornaments. Große Rankenvoluten stehen wie Pflanzen zwischen den Figuren, kleinere Palmetten und Rosetten sind wie Blumen über die Fläche verstreut, Kennzeichen eines neuen ›Naturgefühls‹. Das Ornament ist nun ganz in den größeren Bildzusammenhang integriert, während das Bild selbst den Vasenkörper absolut beherrscht und dessen Rhythmus bestimmt.

Das Gefäß diente als Grabdenkmal. Daher auch die Bedeutung der figürlichen Szenen. Am Vasenhals sieht man den Kampf zweier Krieger abgebildet, vermutlich eine Anspielung auf die Tapferkeit des Toten. Das Hauptbild darunter zeigt die Rückkehr Apollons (mit der Leier) in das Heiligtum von Delos, wo ihn seine Schwester Artemis erwartet. Auch wenn wir den Zusammenhang nicht kennen, der den Vasenmaler gerade diese Szene hat wählen lassen, so ist doch seine Darstellung des mythologischen Geschehens beeindruckend. Dem Viergespann gibt er eine Charakterisierung, die weit über das hinausgeht, was geometrische Kunst zu leisten vermochte. Das Ausschreiten der Tiere und ihre machtvolle Erscheinung ist mit einfachsten Mitteln vorzüglich erfaßt. Aus orientalischem Formengut, von den Hethitern übernommen, stammt die strenge Sichelform der Flügel. Was noch nicht recht gelingen will, ist die Staffelung der vier Pferde. Der Maler begnügt sich hier mit parallel geführten Linien. Dagegen sind schon vier Köpfe zu sehen, wenn auch nur mit drei Mähnen. Solche Unstimmigkeiten lassen erkennen, daß der Künstler noch mit der Bewältigung der Wirklichkeit ringt. Er verfügt aber schon über erstaunliche malerische Mittel und verwendet Goldbraun für die Körper der Männer, Weiß für die der Frauen.

Sog. »Nessos-Amphora« (um 620 v. Chr.)

Die »Nessos-Amphora« (Nr. 1002), Höhe 1,22 m, frühattisch, schwarzfigurig (um 620 v. Chr.), aufgestellt rechts vom Durchgang in Saal 52. – Rund zwanzig Jahre nach dem kykladischen Krater hat die Bildwelt der Vasenmaler weiter an Mächtigkeit zugenommen. Die mythischen Vorgänge dringen mit überwältigender Unmittelbarkeit auf den Menschen ein und bedrängen seinen Geist. Fast immer geht es um die Niederringung der dunklen, unheimlichen, erdgebundenen Mächte, wie hier, wo *Herakles* sein Schwert in den Rücken eines um Gnade flehenden Kentauren stößt. In der Gestalt der *Kentauren* lebt die Erinnerung an primitive Bergstämme des nördlichen Griechenlands, die einem vorgeschichtlichen Pferdekult anhingen. Auch die entsetzlichen *Gorgonen* (unteres Vasenbild), die mit weit aufgerissenen Augen dahinrasen und deren eine durch Perseus enthauptet wird, haben einen religionsgeschichtlichen Hintergrund. In der Enthauptung spiegelt sich die Überwindung eines der Mondgöttin geweihten Kultus durch die Hellenen wider. – Vasenbilder dieser Art sind somit keine »Dekorationen«, sondern Formen der geistigen Auseinandersetzung. »Dämonen gehören wie die Götter zum frühgriechischen Glauben. Wenn sie nebeneinander existieren, so kann die Aufforderung an den Menschen nur lauten, sich von den Dämonen abzuwenden und sich dem Schutze der Götter zu empfehlen« (Walter). – Herakles war für die Griechen der Prototyp männlicher Kraft und gleichsam ein Leitbild im Kampf gegen Naturungeheuer und vorzeitliche Mächte. Sein hier gezeigtes Bild entstand etwa zur selben Zeit wie der griechische Kuros-Typus (Abb. S. 21), und wie im Kuros-Typus der griechische Mensch im Vollbesitz seiner jugendlichen Kräfte *nackt* erscheint und der griechische Jüngling zum Wettkampf *nackt* antritt (Abb. S. 25), so kämpft auch Herakles noch bis zum Ende des 6. Jh. v. Chr. nackt und ohne sein Löwenfell, das erst später zu seinem Attribut wird.

Saal 52: Modell eines spätgeometrischen Tempelhauses aus dem Heraion von Argos (8. Jh. v. Chr.) – Der griechische Tempel hat drei Wurzeln: »die ländlichen *Ovalhütten*, die *Rechteckform des geometrischen Hauses*, mit Anknüpfung an das mykenische Fürstenhaus, in dessen Inneren sich Thron und Opferherd befanden, und die langgestreckten *geometrischen Herrenhäuser*« (Schweitzer). Gemeinsame Merkmale sind die Vorhalle mit Holzstützen, das Steildach und die Stützenordnung im Inneren, wo das Kultidol aufbewahrt wurde. Älter noch als das Tempelhaus ist der »heilige Bezirk« mit dem Opferaltar.

Raum 4 (Saal 52) *(Nationalmuseum)*

Fragmente vom Sophilos-Maler (Vitrine 46, beim ersten Fenster der Langseite): Sophilos (tätig zwischen 590 und 570 v. Chr.) ist der früheste attische Vasenmaler, dessen Namen wir kennen. Er hat seine Vasen signiert und beschriftet. Seine Qualität als Töpfer und Bildner hat dazu geführt, die Vormachtstellung Korinths zu brechen. Schon in der nächsten Generation konnte Athen mit Kleitias, Lydos, Amasis und Exekias Korinth verdrängen und sich selbst an die Spitze der Keramikherstellung stellen. Sophilos steht stilgeschichtlich in einer Übergangsphase. Noch spielt das Ornament eine große Rolle. Ornamentfries *über* und Tierfries *unter* dem Bildstreifen bilden zusammen mit der figuralen Komposition eine Einheit. Im Spätwerk beansprucht das figurale Bild dann immer mehr Raum. – Berühmt ist die hier ausgestellte Scherbe mit einer *Szene aus dem Wagenrennen* anläßlich der Leichenspiele für den gefallenen Patroklos. Auf einer zehnstufigen Tribüne verfolgt eine leidenschaftliche Zuschauermenge die Vorgänge mit lebhaften Gesten und Zurufen. Die übrigen Scherben zeigen Pferde, Löwenköpfe, Sphingen, Flügelformen und Ornamentteile – eine ganze Welt von Motiven, die man gerade in ihrer bruchstückhaften Isolierung vortrefflich studieren kann (Lit. Marwitz).

Krater vom Sophilos-Maler (Vitrine 47): Kampf zwischen Herakles und Nereus. – *Korinthische Keramik des 7./6. Jh. v. Chr.* (Vitrine 49): u.a. Votivgaben an Hera aus ihrem Heiligtum in Perachora. Vgl. für den korinthischen Vasenstil (umlaufende Tierfriese und Punktrosetten bei dichter, gleichmäßiger Flächenfüllung) auch Vitrine 42 (Saalende, rechts). – *Arbeiten aus Sparta* (Vitrine 50): Verwendung von Elfenbein und Blei. – *Bemalte Terrakotta-Metopen* (an der Schmalwand), korinthisch, um 630 v. Chr. – *Bronzearbeiten* (Vitrine 43, 44, Saalmitte): Fundstücke aus Perachora und von der Akropolis in Sparta.

Raum 5 (Saal 53) *(Nationalmuseum)*

Terrakottadarstellung eines Trauerzuges (Vitrine beim zweiten Fenster): Klagende Frauen umstehen auf einem Wagen den Sarg, ein Reiter begleitet den Zug. Das Kind auf der Decke des Toten bedeutet vielleicht dessen Seele (7. Jh. v. Chr.). – *Attischer Dinos*, Mischgefäß (freistehend): Griechen und Trojaner kämpfen um einen gefallenen Krieger (um 570 v. Chr.). Man vgl. die 50 Jahre spätere Darstellung auf dem Siphnierfries in Delphi (Abb. S. 135) und für die Pferde die großartige Scherbe in *Vitrine 61* (»Achill«). – *Kelchkrater* (Fensterseite): Neuaufstellung, allererste Qualität, dem Amasis-Maler nahestehend (drei Krieger über einem Gefallenen; zwei Löwen schlagen ein Tier; Viergespann von vorn mit zwei Männern; seitlich, über den Henkeln, Weinlaub).

Raum 6 (Saal 54) *(Nationalmuseum)*

Athena und Iolaos als Wagenlenker (Vitrine 76): Hervorragende Scherbe vom Ende der schwarzfigurigen Malerei (Ende 6. Jh. v. Chr.). – *Athena Promachos* (Vitrine 76): Scherbe mit Athena als Schutzherrin, in voller Rüstung, der Schild verkürzt wiedergegeben, die Einzelheiten sorgfältig ausgeführt, das Weiß der Hautfarbe gut erhalten (attisch, um 510 v. Chr.). – *Scherbe vom Euphronios-Maler* (Vitrine 76): Euphronios (um 510/500 v. Chr. tätig) malte in der neuen rotfigurigen Technik, die eine feinere Durchzeichnung von Körper und Gewand ermöglicht, ohne daß durch Strichhäufung ›helle‹ Stellen entstehen. Auch vielfältigere Kompositionen werden möglich, ohne daß die Klarheit der Bildaussage darunter leidet.

Raum 7 (Saal 55) *(Nationalmuseum)*

Umfangreiche Sammlung von Lekythen, hellgrundige, beim Totenkult verwendete Gefäße; eine späte Vasenform (5./4. Jh. v. Chr.), deren weißgrundige Fläche einen neuen Zeichenstil ermöglichte. Die schönsten Beispiele in den Hängeschränken 84/86 und den Vitrinen 99/100 (dort mit Beispielen *farbiger* Zeichnung). – *Attische rotfigurige Pelike* (freistehend), Höhe 0,34 m, ein für Wein und Öl benutztes Gefäß (um 470 v. Chr.), äußerst qualitätvoll, vermutlich vom »Pan-Maler«, mit einer Herakles-Szene von erstaunlicher Lebendigkeit.

Raum 8 (Saal 56): Rotfigurige Keramik (5./4. Jh. v. Chr.), zahlreiche Kratere, Teller mit »Paris-Urteil« (420 v. Chr.), Tanagra-Figuren, Pelike mit Goldauflage.

Ausgrabungsfunde aus Thera *(Räume gegenüber der Haupttreppe)* **Nr. 1**

Ausgestellt sind die aufsehenerregenden Funde der Jahre 1970ff., die auf der südlichen Kykladeninsel *Thera* (Santorin) gemacht wurden. Neben einer umfangreichen Fotodokumentation der Ausgrabungsvorgänge und einem Raum mit Keramik werden vor allem die rekonstruierten *Wandmalereien* gezeigt, die das Kernstück dieser Entdeckungen bilden. Durch ihren rein minoischen Charakter beweisen die Fragmente eine von Kreta ausgegangene Kolonisation der Insel. Es handelt sich somit um *kretische Malerei auf griechischem Boden.* Die Qualität ist erstklassig und mit den besten Arbeiten in Knossos vergleichbar. Ähnlich wie in Pompei hat ein Vulkanausbruch (um 1550 v. Chr.) das Leben auf Thera zerstört, doch die Kunst in bedeutenden Resten bewahrt.

(1) *»Frühling«:* In naiver Daseinsfreude schildert der Maler eine phantastische Felsenlandschaft, auf der er, unbekümmert um Maßstabverhältnisse, Lilien in leuchtend roter Farbe aufblühen läßt; darüber fliegen Schwalben. Die Motive dürften mit einem Frühlingskult in Zusammenhang stehen. (2) *»Boxende Kinder«:* ›Lyrismus‹ prägt auch die Alltagsszenen, wie diese kämpfenden Kinder zeigen. Haltung und Bewegung sind durchaus realistisch erfaßt, aber die Gesamtstimmung ist die des schönen Spiels. (3) *»Die blauen Affen«:* Moderne Kopie, das Original dient Studienzwecken. (4) *»Die beiden Fischer«:* Wiedergabe des nackten Körpers, was der minoischen Kunst sonst fremd ist. (5) *»Antilopen«:* Hervorragende Erfassung des Tierkörpers. (6) *»Haus der Damen«:* Aufschlußreiches Zeugnis zur Haartracht und modisch-aufwendigen Kleidung der minoischen Frau. (7) *»Seefahrt«:* Figurenreiches Fresko in einer Länge von mehr als sechs Metern, mit einer Küstenlandschaft, mit Schiffen und Städten; sog. ›Miniatur-Stil‹, wie er auch vom Palast in Knossos bekannt ist.

Spezialsammlungen des Archäologischen Nationalmuseums **Nr. 1**

Hingewiesen sei auf die weltberühmte *Münzensammlung* (Numismatisches Museum) mit einem Bestand von rund 260000 Sammlungsstücken aus den verschiedensten Ländern und Epochen, vor allem aus griechischer, römischer und byzantinischer Zeit sowie (einzigartig in ihrem Umfang) aus der Zeit der Ptolemäer.

Der *Zugang* zur Numismatischen Sammlung wie auch zum Epigraphischen Museum befindet sich am Ende des rechten Flügelbaues in der *Odós Tositsa.* Vgl. für die Öffnungszeiten beider Sammlungen die Seite 183.

Zur Baugeschichte des Archäologischen Nationalmuseums

Der klassizistische Museumsbau entstand während einer Bauzeit von mehr als 30 Jahren (1866–1889) auf der Grundlage privater Geld- und Grundstücksstiftungen sowie staatlicher Unterstützung (ab 1874) nach Plänen von *Ludwig Lange* (1808–1868), einem aus Darmstadt gebürtigen Münchener Akademieprofessor (von ihm auch die älteren Teile des Leipziger Kunstmuseums). Zunächst (nämlich seit 1834) waren die Sammlungen im Hephaistos-Tempel der Agora und in Teilen der ehemaligen Hadriansbibliothek untergebracht gewesen. Nach dem Tode von Lange setzte *Ernst Ziller* die Arbeiten fort (Änderungen hinsichtlich Fassade, Ostteile und Hauptsaal). Das Museum wurde zwischen 1925 und 1939 erweitert. Für das 1832 selbständig gewordene Griechenland war es das erste repräsentative Museum. Inzwischen hat es Weltruf erlangt.

2 Omonia-Platz

Diese ›Drehscheibe‹ des Athener Stadtverkehrs mit strahlenförmig ausgehenden Straßen war nach Lage und Funktion schon in der Stadtplanung von 1832ff. festgelegt. Dem städtebaulichen Gedanken von einst (breite, vornehme Straßen mit nur zweistöckiger Bebauung) nehmen heute hohe Büro- und Geschäftshäuser viel von seiner Schönheit und ›Idealität‹. Gleichwohl sind die Grundzüge der Planung noch zu erkennen: zwei parallel geführte ›Achsen‹ zielen nach Süden, geradewegs auf die Akropolis zu; andere führen zum Syntagma-Platz, zum Keramaikos sowie in das ehemals offene Land nach Westen, Norden und Nordosten.

Das National-Theater liegt fünf Minuten vom Omonia-Platz entfernt in der nach Westen führenden *Aghiou Konstantinou* auf der rechten Seite.

◁ *Abbildung linke Seite:* Akademie der Wissenschaften, Universität, Nationalbibliothek.

Abbildung rechts: ▷ Die Villa des deutschen Archäologen *Heinrich Schliemann* (1822–1890), dem Ausgräber von Troja, Mykene und Tiryns. In Erinnerung daran hieß das Haus ›Palast von Ilion‹ *(Iliu Melathron)*. Säulen der Loggia aus pentelischem Marmor.

Nationalbank, Hauptpost und Rathaus liegen fünf Minuten südlich des Omonia-Platzes, rund um den *Kotzia-Platz*, der mit seinen Straßencafés zu den charakteristischen Treffpunkten der Stadt gehört.

3 Das Gebiet um die Nationalbibliothek und die Universität

An der Universitätsstraße *(Odós Panepistimiou)*, auch *Leoforos Venizelou* genannt, die als breite Verkehrsader den Syntagma-Platz mit dem Omonia-Platz verbindet, liegen rechter Hand drei klassizistische Gebäude des 19. Jh., die ideell und baukünstlerisch das Zentrum des ›neuen‹ Athen bildeten: die *Akademie der Wissenschaften* (1859–1885) von dem dänischen Architekten *Theophil Hansen* im ›ionischen‹ Stil errichtet (mit »Athena« und »Apollon« auf hohen Freisäulen); die *Universität* (1839–1849) von *Christian Hansen*, dem Bruder von Theophil (mittleres Gebäude); links die *Nationalbibliothek* (1888–1902) nach Plänen von *Ernst Ziller*, der auch am Archäologischen Nationalmuseum mitgearbeitet hat.

Zwischen Syntagma-Platz und Universität liegt rechts das *Schliemann-Haus* (siehe oben), daneben das Gebäude der *Griechischen Archäologischen Gesellschaft*. Danach folgt die römisch-katholische Kirche *»St.-Dionysius«* (1853–1887), erbaut von dem in München wirkenden *Leo von Klenze* (1784–1864). – Weiter in Richtung Omonia-Platz erreicht man das *Deutsche Archäologische Institut* (nach der Nationalbibliothek die zweite Querstraße rechts: Odós Trikoupis, Ecke Odós Phidiou, linke Seite).

4 Klafthmonos-Platz und Kolokotroni-Platz

Klafthmonos-Platz: Die Kirche *Aghii Theodori* (zwischen 1050 und 1075 n. Chr.) ist eine der ältesten von Athen (zum Typus vgl. S. 57). Am *Außenbau* sind die ornamentierten Tonplatten mit kufischen Schriftzeichen bemerkenswert (älteste Form der arabischen Schrift). Der Gesamteindruck massig, die Kreuzarme relativ hoch, der Glockenturm später hinzugefügt. Im *Inneren* ruht die Kuppel nicht auf Säulen, sondern auf vorgezogenen Mauern auf. Ausstattung modern.

Kolokotroni-Platz: Der Platz wird beherrscht vom *alten Parlamentsgebäude* (1871), erbaut nach Plänen des französischen Baumeisters *Boulancher* (neugriechischer Stil). Davor das *Reiterstandbild für Kolokotroni* (1770–1843), einem griechischen Freiheitshelden aus den Türkenkämpfen (1821 ff.).

Historisches Nationalmuseum (Sammlungen zur Geschichte des modernen Griechenlands, vor allem der Freiheitskriege): im oben genannten Gebäude.

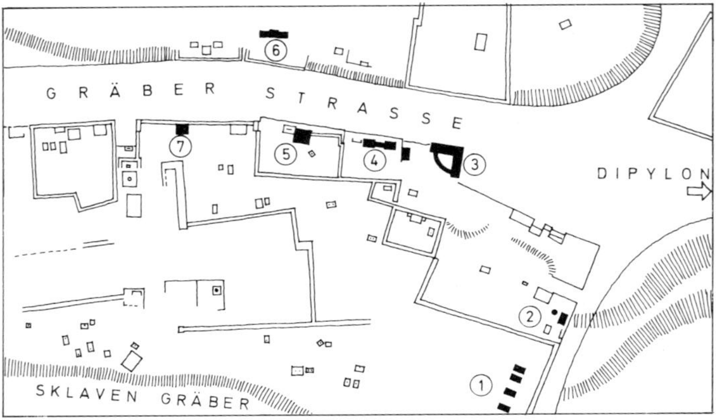

Kerameikos, Gräberstraße

5 Kerameikos – Dipylon – Pompeion

Anfahrt: Bus Nr. 16 oder Piräusbahn bis Station »*Thission*« (von dort 10 Min.). *Öffnungszeiten:* Grabbezirk und Museum ab 8 Uhr (im Winter ab 9 Uhr) bis Sonnenuntergang; das Museum schließt um 17 Uhr (im Winter um 16 Uhr). Sonntags (Museum und Grabbezirk): 10–13 und 15–18 Uhr (im Winter 10–13 und 14^{30}–17 Uhr).

Kerameikos-Museum: Auf kleinstem Raum finden sich hier sehr wertvolle Stücke (Beschriftung auch in Deutsch), u.a. figürliche Grabmäler, vor allem aber *Vasen der protogeometrischen Zeit* (10. Jh. v. Chr.). »Im 10. Jh. v. Chr. entscheiden sich die Geschicke der griechischen Kunst zum ersten Mal in Athen«: Überwindung der fließenden Formen des Submykenischen, »Empfinden für das Aufrechtstehen der Vase«, Unterscheidung von Vorder- und Rückseite, Konzentration auf wenige Motive (Kreise, Rauten, Schraffuren). Im 9. Jh. v. Chr. *(frühgeometrisch)* wächst das Gefühl für Proportionierung; man unterscheidet jetzt Fuß, Bauch, Schulter, Hals. Die Höhe der Vasen nimmt zu, der Gebrauchszweck tritt hinter der Form zurück. »Diese Idealität bedeutet zugleich Monumentalität«. Im *Hochgeometrischen* (770–750 v. Chr.) erreichen die Vasen Manneshöhe. Das Grabgefäß wird zum Grabmal, so bei der »Dipylon-Vase« (S. 17) des Nationalmuseums (Zitate nach Schweitzer).

Der Kerameikos (benannt nach *Keramos*, dem Schutzpatron der Töpfer): hier lagen von altersher die keramischen Werkstätten. Von hier aus führte eine *Gräberstraße*, »Kerameikos« genannt, bis zur *Akademie:* 39 m (!) breit und 1,5 km lang.

Die Ausgrabungen erfolgten seit 1863 durch griechische, seit 1907 durch deutsche Archäologen. In einer Schicht bis zu 10 m fand man vielfach übereinanderliegend Bestattungsanlagen, die bis ins 12. Jh. v. Chr. zurückreichen (die neueren Funde im Kerameikos-Museum). Das heutige Bild des Ausgrabungsbereichs bestimmen ausschließlich *Grabmäler aus klassischer Zeit* (5./4. Jh. v. Chr.), meist in Abgüssen wiederaufgestellt. Man erkennt Einzelgräber, Grab*bezirke* und Grab*terrassen* und lernt die Grab*formen* kennen: einfache Plattengräber, Grabtische, Sarkophage, Grabvasen (z. B. die sog. *Luthrophoros*, ein für das Wasser des Brautbades bestimmtes, langhalsiges Gefäß, das im Totenkult das Grab eines unvermählt Verstorbenen anzeigt), ferner Stelen und Grabreliefs sowie Säulenstümpfe als Sklavengräber. Dieser Vielfalt machte das Gesetz gegen den Gräberluxus (317 v. Chr.) ein plötzliches Ende.

Rundgang

Grabbezirk: (1) Plattengräber und Grabtische, auf denen einst Lekythen standen: längliche Ölfläschchen mit stabartigem Hals. (2) Kopie der Stele der Demetria und Pamphile; daneben eine *Lutrophoros*, Grabvase einer Unvermählten. (3) Ein Grab*bezirk* mit über Eck gestellten Reliefs und mehreren Stelen. (4) Typische Gruppenbildung: eine hohe Stele als Mitte, rechts das Relief des Mannes, links das kleinere der Gattin; weitere Reliefs und Lekythen sind zu ergänzen. (5) Kennzeichnung eines Grabplatzes durch einen lebensgroßen Stier. (6) Eine Säule zwischen zwei Grabreliefs, das linke eine Kopie des berühmten *Reliefs der Hegeso* (Abb. und Beschreibung des Originals S. 31). (7) Grabbezirk mit hoher Mauer und Bildwerken, u.a. Relief mit *Charon*, dem Fährmann der Toten.

Stadtmauern und Heiliges Tor: Die Stadtmauern (479/478 v. Chr.) wurden unter *Themistokles* nach der Schlacht von Platää (Sieg über das persische Landheer) in höchster Eile errichtet. Jedes verfügbare Material fand Verwendung, auch Grabmäler der nächsten Umgebung. So fand man hier u.a. den berühmten »Kopf vom Dipylon«. Die *Themistokleische Mauer* erkennt man an den kleinen Quadern der untersten Lage, die im 4. Jh. v. Chr. erfolgte Verstärkung der Befestigung (u.a. Wassergräben) an den großen *polygonalen* Steinen. – Das *Heilige Tor* glich in der Anlage dem Dipylon (Abb.): hier verlief die *Heilige Straße nach Eleusis*, parallel zum *Eridanos* (später überwölbt).

Dipylon (Abb.): zwingerartig angelegtes Verteidigungstor mit je zwei Innen- und Außentürmen. Auf der Stadtseite Brunnenhaus und Altar.

Pompeion: Ein Bauwerk des 4. Jh. v. Chr. mit Propylon, großem Innenhof, umlaufenden Säulenhallen und rückwärtigen Festräumen (von Sulla 86 v. Chr. zerstört). Hier versammelte sich alljährlich der *Panathenäenzug* (vgl. S. 80), um über die Agora hinauf zur Akropolis zu ziehen. Das erklärt auch die ›Würdeform‹ eines marmornen Säulenvorbaues mit einer breiten Rampe für die Durchfahrt der Festwagen. Nach Beendigung des Festzuges fand im Pompeion der Festschmaus statt: für die höchsten Beamten und einen ausgewählten Personenkreis in den Festräumen, für alle anderen im offenen Hof, verbunden wohl mit der Verteilung der *Preisamphoren* an die Sieger der Wettkämpfe (Hoepfner).

Kerameikos, südöstliches Teilgebiet
Dipylon-Tor und Pompeion
(Rekonstruktion nach Hoepfner)

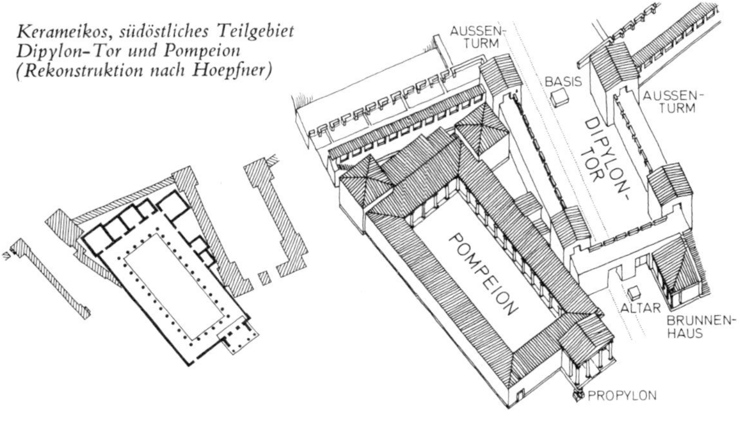

Das Ausgrabungsgebiet der Agora

6 Die Agora *(Agora-Museum S. 58ff.)*

Öffnungszeiten: Di–So ab 8 Uhr (im Winter ab 9 Uhr) bis Sonnenuntergang. Mo geschlossen. So und Do freier Eintritt.

Allgemeines

Das Agoragelände muß in frühester Zeit ein *Begräbnisplatz* gewesen sein. Bei den Ausgrabungen stieß man auf mykenische Kammergräber (auf der Seite zum Areopag), späthelladische, submykenische und protogeometrische Gräber (im Gebiet der späteren Attalos-Stoa) sowie solche aus geometrischer Zeit (Westseite). Eine einschneidende Veränderung scheint gegen 600 v. Chr. eingetreten zu sein. Die Bestattungen hören auf, und die Agora tritt als politisch-topographischer Begriff ins Bewußtsein. Wie es scheint, hat der berühmte *Solon*, der Athen auch seine ersten Gesetze gab (594 v. Chr.) diesen Platz ausgewählt (»Agora« war in der älteren Zeit einfach die Bezeichnung für die Volksversammlung; später kam in Athen die Bezeichnung »ekklesía« auf).

»Bis ins 1. Jh. v. Chr. ist das besondere Charakteristikum der athenischen Agora *der große freie Platz;* dieser muß von Anfang an vorhanden gewesen sein, also möglicherweise schon zur Zeit Solons. Hier lag die *Orchestra*, der erste (kultische) Tanzplatz für die dionysischen Chöre, verwendet auch für musische und andere Wettkämpfe (»Agone«). Wahrscheinlich ist hier (534 v. Chr.) die erste attische Tragödie des *Thespis* aufgeführt worden« (Zschietzschmann).

Mit den Reformen des *Kleisthenes* (507 v. Chr.) wird die Bebauung der Agora auf eine neue Grundlage gestellt. Es werden Grenzsteine aufgestellt, das Gelände geebnet und Terrassen angelegt, auch leitet jetzt ein *Kanal* die vom Areopag kommenden Wassermassen in den *Eridanos*. Die Bauten, die nunmehr im Süden, Westen und Norden entstehen, wurden 480 v. Chr. von den Persern zerstört. Sämtliche Bauwerke, die das Modellfoto auf S. 54 zeigt, sind Nachfolgebauten der klassischen Zeit (5./4. Jh. v. Chr.). Sie entstehen teilweise in zeitlicher Parallele zum Parthenon, teilweise erst in nachperikleischer Zeit (Lit. Zschietzschmann).

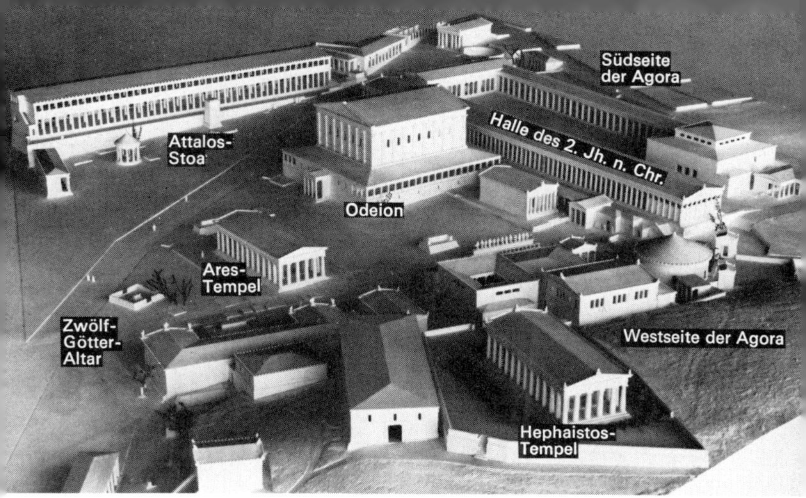

Agora, Rekonstruktion

Unser Modellfoto zeigt eine Rekonstruktion der Agora in ihrem baulichen Zustand am Ende des 2. Jh. n. Chr. Links oben erkennt man den langgestreckten Gebäudekomplex der *Attalos-Stoa*, die König Attalos II. von Pergamon, ein Gönner und Wohltäter Athens, 159 bis 138 v. Chr. errichten ließ. Man hat sie 1953/56 aufgrund von wiederaufgefundenen Architekturresten rekonstruiert und wiederaufgebaut. Die zweigeschossige Halle hat eine Länge von 116 m und ist rund 13 m hoch. Ihre Außenerscheinung bestimmt die dorische Ordnung, darüber die ionische; in der zweigeteilten unteren Halle wieder die ionische, während die mittlere Säulenreihe des zweiten Geschosses sog. persische Kapitelle aufweist. Heute beherbergt dieses Gebäude die amerikanische Schule für archäologische Studien in Athen sowie das *Agora-Museum*.

Diagonal verläuft die *Panathenäen-Straße*, auf der sich alle vier Jahre der Festzug, vom Dipylontor am Kerameikos kommend, zur Akropolis hinaufzog.

Das große Gebäude in der Mitte der Agora ist das *Odeion des Agrippa*, ein römisches Bauwerk und eine der spätesten Hinzufügungen in der langen Reihe von Stiftungen, die das architektonische Bild der Agora in spätantiker Zeit so nachhaltig verändert haben. Das Odeion, etwa 20 v. Chr. von Agrippa, dem Schwiegersohn Kaiser Augustus', errichtet, war ein konstruktiv kühnes Bauwerk, das bis zu 1000 Menschen Platz geboten haben soll; ein Haus für Konzerte und Vorträge, in dessen Inneren 18 Sitzreihen, im Halbkreis ansteigend, von einer freitragenden Decke überspannt waren. Nach einer ersten Zerstörung durch Erdbeben (Mitte 2. Jh. n. Chr.), dem Wiederaufbau und abermaliger Kriegszerstörung (267 n. Chr.) richtete man hier ein Gymnasium ein, wobei nun an Stelle des mittleren Gebäudeteiles ein offener Hof trat.

Die rechts (nach Süden) an das Odeion anstoßenden Gebäudekomplexe stammen aus sehr verschiedener Zeit. Die erste Halle aus dem 2. Jh. n. Chr., das Parallelgebäude aus dem 2. Jh. v. Chr. Dahinter erkennt man noch das kleine *Brunnenhaus* des 6. Jh. v. Chr., mit dem die Bebauung der Agora als öffentlichem Platz begann. Von diesem Brunnenhaus aus erstreckte sich die erste Stoa (5. Jh. v. Chr.) in leichter Schräge nach vorne (vgl. Grundriß). In klassischer Zeit lag das Schwergewicht der Agora auf der Süd- und Westseite, vor allem rechts und links vom Hephaistos-Tempel.

◁ *Römische Agora und Hadriansbibliothek*

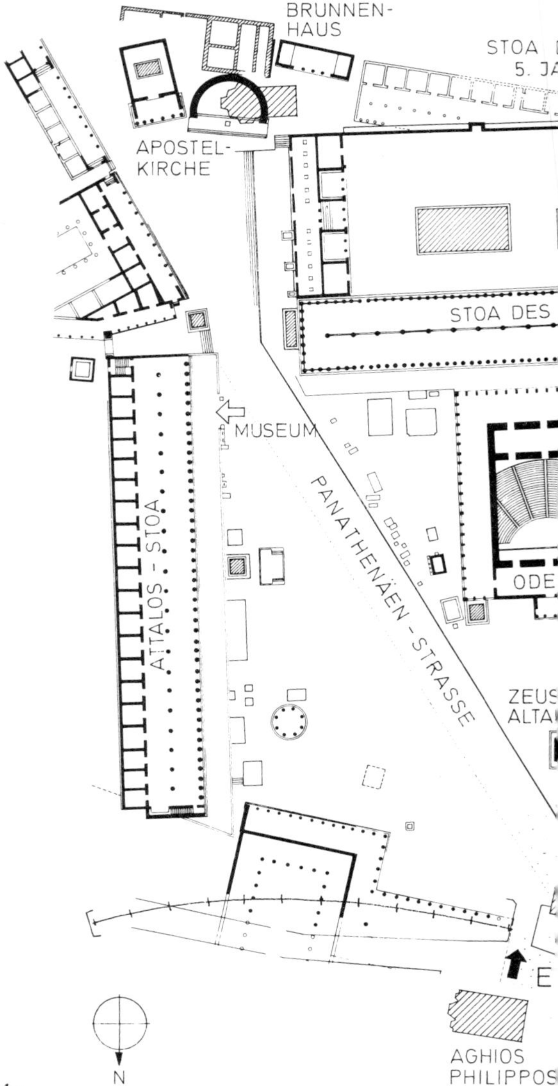

Agora, Orientierungsplan

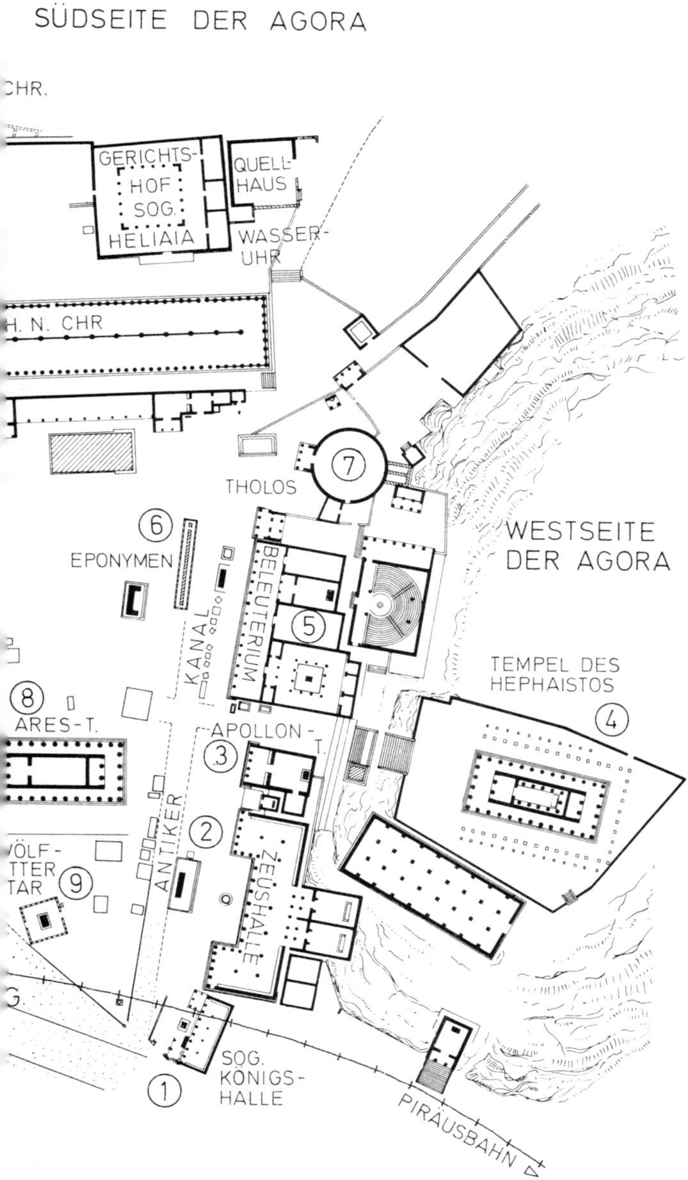
SÜDSEITE DER AGORA
CHR.
GERICHTS-HOF SOG. HELIAIA
QUELL-HAUS
WASSER-UHR
H. N. CHR
THOLOS
7
6
EPONYMEN
BULEUTERION
5
KANAL
WESTSEITE DER AGORA
TEMPEL DES HEPHAISTOS
4
8
ARES-T.
APOLLON-T.
3
ANTIKER
2
ZEUSHALLE
WÖLF-
TTER
TAR
9
SOG. KÖNIGS-HALLE
1
PIRÄUSBAHN

Die Westseite der Agora

Nr. 6

[1] *Die sog. Königshalle* (nach 480 v. Chr.): Pausanias erwähnt sie als Sitz des Archon Basileus. Titel und Lage (der Panathenäenstraße am nächsten) verweisen zurück in die Zeit der Königsherrschaft. In historischer Zeit ist der *Archon Basileus*, der »König«, ein jährlich gewählter Beamter. Er bewahrt die sakrale Funktion des Königtums, zu der insbesondere der Vorsitz in Religions-, Mord- und Totschlagprozessen gehört. So soll sich hier auch der Prozeß gegen *Sokrates* abgespielt haben. Unmittelbar vor der Schmalseite der sog. Königshalle verlief nach rechts in Richtung Dipylontor und Kerameikos die Panathenäenstraße.

[2] *Die Zeus-Halle* (um 430 v. Chr.): Dieser spätklassische Bau verband wie die Propyläen (437–432 v. Chr.) die dorische Ordnung (Außenbau) mit der ionischen (innere Säulenreihe). Tatsächlich lassen die wiederaufgefundenen Bauteile auf denselben Architekten, nämlich *Mnesikles*, schließen, was zugleich ein Qualitätsurteil bedeutet. Auffallend ist die Betonung von Symmetrieachsen durch die seitlich vorspringenden Gebäudeteile, deren tempelartige Fronten sich spiegelbildlich entsprachen. Das weist bereits auf die ›klassizistische‹ Verfestigung der griechischen Architektur in hellenistischer Zeit voraus.

Die Halle war *Zeus-Eleutherios*, also dem die Stadtfreiheit schützenden Zeus geweiht, dessen Standbild sich über einer runden Basis vor der Mitte der Halle erhob. Die Zweckbestimmung des Gebäudes ist nicht eindeutig zu klären. Pausanias, der sie noch gesehen hat, berichtet, daß die Innenwände durch Malereien geschmückt waren, und nennt als Themen die Darstellung der zwölf olympischen Götter, dann Theseus, ferner einen Reiterkampf aus der Schlacht von Mantinea (362 v. Chr.). Diesem Datum zufolge lagen die Malereien zeitlich sehr viel später als das Bauwerk. Auch konnte man archäologisch eine Mauer nachweisen, die eigens zum Schutze der Gemälde errichtet wurde, um das Eindringen von Feuchtigkeit zu verhindern. – In römischer Zeit erfolgten an der Rückseite ferner zwei Anbauten, bei denen es sich offenbar um Kulträume für *Augustus* und *Hadrian* handelte, zwei Kaiser, die man mit Zeus-Eleutherion gleichsetzte.

Agora, Rekonstruktion der Westseite mit Hephaistos-Tempel

[3] *Der Tempel des Apollon Patroos:* Der kleine Tempel entstand im 3. Viertel des 4. Jh. v. Chr., rund 70 Jahre nach der Zeus-Halle. Er war dem *Apollon* als Vater des Ion geweiht, dem Stammvater der Ionier, zu denen auch die attischen Stämme gehörten. Seine Frontseite kennzeichneten ionische Säulen. Offenbar hatte das Gebäude mehr die Funktion eines ›Schatzhauses‹, dem staatliche Aufgaben zukamen, denn in einem kleinen Anbau wurde das älteste *Personenstandsregister* geführt.

[4] *Der Tempel des Hephaistos* (»Theseion«): Der 449 v. Chr. begonnene Hephaistos-Tempel entstand in zeitlicher Parallele zum Parthenon in der Glanzzeit Athens unter Perikles. Dieser dorische Tempel besaß reichen Skulpturenschmuck, wobei wie beim Schatzhaus der Athener in Delphi *die Taten des Herakles* (Metopen der Vorderfront) und die von *Theseus* (Nord- und Südseite) die Thematik bildeten. Von Theseus berichtete auch der Fries der Vorhalle, während auf der Rückseite des Tempels der *Kampf der Lapithen und Kentauren* dargestellt war. Die merkwürdige Gestalt der Kentauren (mit Pferdeleib und Menschenkopf) erklärt sich aus der Erinnerung an einen vorgeschichtlichen Pferdekult, der von primitiven Bergstämmen im nördlichen Griechenland gepflegt wurde. Im Kampf zwischen Lapithen und Kentauren spiegelt sich der Kampf zweier Bergvölker.

Der Tempel des Hephaistos gehört zu den am besten erhaltenen Tempeln dorischer Ordnung, doch kann er in der Qualität nicht mit dem Parthenon verglichen werden. Mit seinen sechs Säulen an den beiden Schmalseiten und seiner länglichen Gesamterscheinung repräsentiert er einen konservativeren Typus und ist letztlich ›altertümlicher‹. Im Verhältnis zum Parthenon gilt hier der Satz von Fritz Schachermeyr, »daß das geringste Nochnichterreichen und die geringste Abweichung vom Optimalen schon eine gewaltige Niveausenkung bedeutet«. Tatsächlich ist der Hephaistos-Tempel nicht annähernd von der gleichen Wirkung wie der Parthenon. Wenn das Gesamtgefüge nicht dieselbe konzentrierte Straffung und die plastische Dichte des Parthenon erreicht, so liegt das außer an den anderen Proportionen vor allem daran, daß hier der Abstand zwischen den Säulen und der Cellawand proportional größer ist und die zum Markt hin gerichtete Vorhalle tiefer.

Ein *Maßvergleich* zwischen Hephaistos-Tempel und Parthenon zeigt folgendes Bild: Die Säulenhöhe mißt hier knapp 6 m gegenüber 10,43 m beim Parthenon, die Gesamtbreite des Bauwerks hier rund 13 m gegenüber 31 m dort, die Gesamtlänge hier 32 m gegenüber 70 m. Diese Maße bestimmen den ›Normaltypus‹ des dorischen Tempels klassischer Zeit, während der Parthenon eine Ausnahmestellung einnimmt. Es zeigt sich somit, daß die griechische Architektur gerade auf ihrem Höhepunkt keine maßstäbliche Übersteigerung kennt. Am Hephaistos-Tempel kann man denn auch feststellen, daß die Metopen ›wie in greifbare Nähe‹ gerückt sind. Sie sind gut ablesbar und fügen sich dem Bauwerk wie selbstverständlich ein.

Im *Inneren* des Hephaistos-Tempels standen nebeneinander auf gemeinsamem Sockel die Standbilder von *Athena* und *Hephaistos*. Hephaistos steht im griechischen Mythos nicht im Rang der anderen Gottheiten. Erst die Kunst des 5. Jh. v. Chr. macht aus ihm eine edle, vornehme Gestalt. Wenn er hier in einem großen Bronzebildwerk erscheint und neben Athena tritt, so zeigt sich darin die zunehmend hohe Bewertung des Kunsthandwerks im Athen des 5. Jh. v. Chr. Auch Athena gilt im 5. Jh. v. Chr. als ›kunstfertige Göttin‹. Sie vertritt mehr den erfinderischen Sinn, Hephaistos mehr das handwerkliche Können. So war Hephaistos im Tempel im Handwerkergewand und mit der Handwerkermütze dargestellt.

Als in Athen das *Christentum* die Vorherrschaft antrat (5. Jh. n. Chr.), hat man auch den Hephaistos-Tempel (wie den Parthenon, das Erechtheion und die Propyläen) in eine Kirche des byzantinischen Ritus umgewandelt. Damals erfolgte die Entfernung der inneren Säulenreihe zugunsten eines neu einzuziehenden Tonnengewölbes, die Schaffung einer Apside, die Entfernung der Wand zwischen Vorhalle und Cella und der Durchbruch von Türen.

[5] Das *Buleuterion* war das ›Rathaus‹ der Stadt. Die frühesten Anfänge gehen wohl zurück bis in die Zeit Solons (594 v. Chr.). Später folgten mehrfach Umbauten, Veränderungen und Erweiterungen, doch besitzen wir bis heute kein klares Bild dieser Vorgänge. Das Innere soll (wohl in seiner spätesten Form) 500 Männern Platz geboten haben. Der rechte Teil des Rathauses bildete das *Staatsarchiv* (Metroíon).

[6] *Denkmal der Eponymen:* Wie immer in Griechenland haben wir uns Heiligtümer und öffentliche Plätze von zahlreichen Statuen und Denkmälern besetzt vorzustellen. Eines dieser Denkmäler bestand in der Aufstellung von zehn, dann zwölf Statuen über einem gemeinsamen Sockel, unmittelbar vor dem Rathaus. Die Figuren stellten Heroen dar, jene, nach deren Namen *Kleisthenes* (508 v. Chr.) die Einteilung der Bevölkerung vorgenommen hatte. Man könnte sie als ›Schutzheilige‹ dieser Verwaltungseinheiten bezeichnen. Der Denkmalsockel ist heute noch zu sehen. Die Stelle ist bezeichnet. Davor verläuft ein antiker *Kanal*, der die vom Areopag kommenden Regenwasser ableitete.

[7] Die *Tholos:* Dieses Gebäude, um 470 v. Chr. errichtet, das wegen seiner Rundform stets besonderes Interesse hervorruft, von dessen Aussehen wir aber kein genaues Bild haben, war eine Art *Senatorensitz* (Prytanen). Die Einrichtung umfaßte etwa 50 Mitglieder, von denen stets ein Drittel anwesend sein mußten und zwar Tag und Nacht. Die Diensthabenden wurden hier auch verpflegt und schliefen hier. Der Innenraum war durch 6 Säulen abgestützt.

[8] Der *Ares-Tempel.* Als Baudatum wird die Zeit um 440 v. Chr. genannt, nur soll sich der Tempel damals im Gebiet der späteren römischen Agora befunden haben; das spätere Gebäude errichtete man im 1. Jh. v. Chr.

[9] Der *Zwölfgötteraltar*, von *Peisistratos* errichtet (522/521 v. Chr.), war gleichsam der Mittelpunkt Athens und hatte die Funktion eines zentralen *Meilensteins*. Von hier aus maß man die Entfernungen zu den anderen griechischen Städten, z. B. nach Delphi oder Olympia.

Die Apostelkirche *(Aghii Apostoli)* **Nr. 6**

Lage: Agora, SO-Ecke; die Kirche liegt am Ende der wiederaufgebauten Attalos-Stoa, rechts, auf leicht ansteigendem Terrain. *Bauzeit* zwischen 1000 und 1025 n. Chr. Restaurierung 1954/56 (vgl. Schautafel im Vorraum).

Grundsätzliches zum byzantinischen Kirchenbau in Athen: Nach seinem politischen Niedergang im 4. Jh. v. Chr. konnte Athen seine geistige Kraft in seinen Philosophenschulen und deren berühmten Lehrern bis ins 4. nachchristliche Jahrhundert bewahren. Mit der Zerstörung von Eleusis (396 n. Chr.) und der Schließung der platonischen Akademie (529 n. Chr.) durch Kaiser Justinian endet aber seine Rolle als Zentrum geistiger Bildung. Das Christentum hatte schon im 5. Jh. n. Chr. seine Vorherrschaft angetreten, doch kam es angesichts der geschwächten Kraft der ehemals so blühenden Stadt zu keinen nennenswerten Sakralbauten. Man begnügte sich mit dem Umbau von Parthenon und Erechtheion, von Teilen der Hadriansbibliothek sowie der Veränderung des Hephaistos-Tempels (Agora) und gab sich so auf die einfachste und billigste Weise christliche ›Kirchen‹. Das war die Lage, als sich Athen in seiner dunkelsten Epoche (7./9. Jh. n. Chr.) dem Einbruch der Slawen, den Vorstößen der Bulgaren und den Piratenzügen der von Kreta aus operierenden Araber ausgesetzt sah. Zu Ende des 9. Jh. n. Chr. aber wurde Athen Bischofsstadt, im 10. Jh. n. Chr. schließlich zeichnete sich vor dem Hintergrund der Befreiung Kretas (961 n. Chr.) und der Balkanhalbinsel (1018 n. Chr.) die Wende ab. 1019 n. Chr. zieht der byzantinische Kaiser im Triumphzug auf die Akropolis, wo die orthodoxen Feierlichkeiten im Parthenon, der Athener ›Bischofskirche‹, stattfanden.

Der Rückgriff auf die antiken Bauwerke hat somit in Athen die Ausbildung einer eigenständigen christlichen Großarchitektur verhindert. An Neubauten entstanden zumeist kleine, von Privatleuten finanzierte Kirchen, Martyrien oder Baptisterien. Im 9. und 10. Jh. n. Chr. waren dies noch einfache, holzgedeckte, kuppellose Bauten. Das Auftreten der Kuppel im 11. Jh. n. Chr. bezeugt demgegenüber schon einen entschiedeneren Willen zur prägenden Form und vor allem die Festlegung auf einen *Typus:* in der Regel steht die Kuppel über der Mitte zweier sich kreuzender Tonnengewölbe, die im Außenbau mit Satteldächern in Erscheinung treten, so daß sich von der Baumasse her eine Kreuzform abzeichnet (Kreuzkuppelkirche).

Im Inneren wird die Kuppel entweder durch vier Wände gestützt (einfachste Lösung) oder durch zwei Wände und zwei Säulen, oder aber wie hier bei der Apostelkirche durch vier Säulen (reichste Form).

Den Außenbau errichtete man fast stets aus Muschelsteinquadern, die schichtweise mit horizontalen Lagen flacher Ziegelsteine abwechseln, was eine schöne Farbwirkung erzeugt. Breitere Ornamentstreifen, ebenfalls aus Ziegelsteinen, rahmen die Fenster, bilden Schmuckfelder über den Türen und umziehen den Baukörper als waagrechte Bänder. Der antike Sinn für die geometrischen Muster scheint noch einmal aufzuleben.

Inneres der Apostelkirche: Das Aufruhen der Kuppel auf vier Säulen läßt das Raumgefüge leicht und weit erscheinen, eine Lösung, die relativ kleine Abmessungen voraussetzt. Zur Weiträumigkeit tragen auch die Apsiden und Wandnischen bei, die den Raummantel gleichsam dehnen und zugleich runden und zentralisieren (vermutlich handelt es sich um eine ehemalige Taufkirche). Man hat jedoch zu berücksichtigen, daß die östlichen, um eine Stufe erhöhten Raumteile, wie bei allen byzantinischen Kirchen durch die Bilderwand *(Ikonostasis)* teilweise verdeckt wurden. Auch der farbliche Gesamteindruck war ursprünglich viel dunkler und damit ernster. Malerei überzog sämtliche Wände. Die heutige helle Tönung ist irreführend. Die Kapitelle stammen von antiken Bauten. – Die Fresken der Vorhalle (Narthex) gehörten zu der 1939 abgetragenen benachbarten Spiridon-Kirche (um 1700 n. Chr.).

Das Museum befindet sich im Erdgeschoß der wiederaufgebauten Attalos-Stoa, Eingang an der Südseite. Die ausgestellten Funde stammen ausschließlich von der Agora und vom Nordhang der Akropolis.

Öffnungszeiten: im Sommer 9–17 Uhr; im Winter 9–16 Uhr; an Sonn- und Feiertagen 10–14 Uhr. – Mo geschlossen; So und Do freier Eintritt.

Vitrinen 1–32

An Hand der ausgestellten Keramik kann man sich relativ rasch einen Überblick über die Entwicklung der Gefäßformen sowie der Vasenmalerei von ihren Anfängen im Neolithikum (3000 v. Chr.) bis zur schwarz- und rotfigurigen attischen Vasenmalerei des 6. und 5. Jh. v. Chr. verschaffen.

(1–8) Nach den ersten Anfängen keramischer Gestaltung im Neolithikum hebt sich die mykenische Keramik (1600–1100 v. Chr.) deutlich als eine schon hochentwickelte Stufe künstlerischer Formgebung heraus. Doch ist sie letztlich nur Teil einer »Satellitenkultur« (Schweitzer) in Abhängigkeit von ihrem großen minoischen Vorbild, der im eigentlichen Sinne schöpferischen Kultur Kretas. Die Ornamentik verwendet hier wie dort Motive des pflanzlichen Lebens, Spirale, Wirbel, Seetiere und Wellen, und gibt dem Vasenkörper einen labilen, bauchigen oder hochfüßigen Charakter. Erst der Untergang der mykenischen Kultur (um 1150 v. Chr.) führt zu einem Bruch mit der minoischen Tradition und in der Folge zu einem Neubeginn der eigentlich erst jetzt ›griechischen‹ Produktion. Nun erst entwickelt sich schrittweise ein Gefühl für die Tektonik des Gefäßes.

(9) An einer Aschenurne für einen gefallenen Krieger (900 v. Chr.) beobachtet man, wie sich nun der Vasenkörper aufzurichten beginnt, ein neues Standmotiv gefunden wird, sich der Hals mit den Henkeln deutlicher absetzt und das Ornamentband die Gefäß*mitte* bezeichnet und so das Gefäß festigt.

(11) In der sog. protogeometrischen Keramik des 10. Jh. v. Chr., zu der auch schon die Aschenurne gehört, erkennen wir eine geistige Konzentration auf wenige, ordnende Ornamentmotive: Konzentrische Kreise, Zickzack- und Schachbrettmuster, Schraffuren und im Wechsel auftretende Dreiecke; sie schaffen die Grundlage, auf der sich alles Spätere aufbaut.

(13/14) Beispiele für das Auftauchen von Tierformen im Spätgeometrischen sowie Beispiele für die Ordnungsfunktion des *Mäanders*, einem wichtigen Leitmotiv dieser Keramik. (15) Im Spätgeometrischen wird allgemein das Ornament reichhaltiger. Es entstehen jetzt ›Felder‹ und damit abgegrenzte Bezirke, die zum Teil schon mit figürlichen Motiven, Tier- und Menschenformen gefüllt werden.

(18) Ein frühes Beispiel für eine homerische Kampfszene zeigt hier eine spätgeometrische Vase. Die Bilder der Dichtung (Homer, um 800 v. Chr.) dringen nun zunehmend in die Gefäßmalerei ein. Pferde und Streitwagen erscheinen, dazwischen die sog. Füllornamente, die aber nicht willkürlich, sondern so verteilt werden, daß eine gleichmäßige Hell-Dunkelwirkung entsteht. Die Ornamente schaffen den Ausgleich gegenüber den Silhouetten der Figuren. – Für die frühattische Vasenmalerei des 7. Jh. v. Chr. findet man Beispiele in Vitrine 19.

(30) Die hier ausgestellten Stücke der attischen schwarz- und rotfigurigen Vasenmalerei sind durch fast 200 Jahre von der Keramik in Vitrine 18 getrennt. Ein gewaltiger Zuwachs an künstlerischer Erfahrung wird deutlich; Athen ist nun in der Keramikherstellung Griechenlands absolut führend (auch Korinth ist völlig in den Hintergrund getreten), und der schwarzfigurige Stil erreicht bereits seinen Höhepunkt, ja sein Ende.

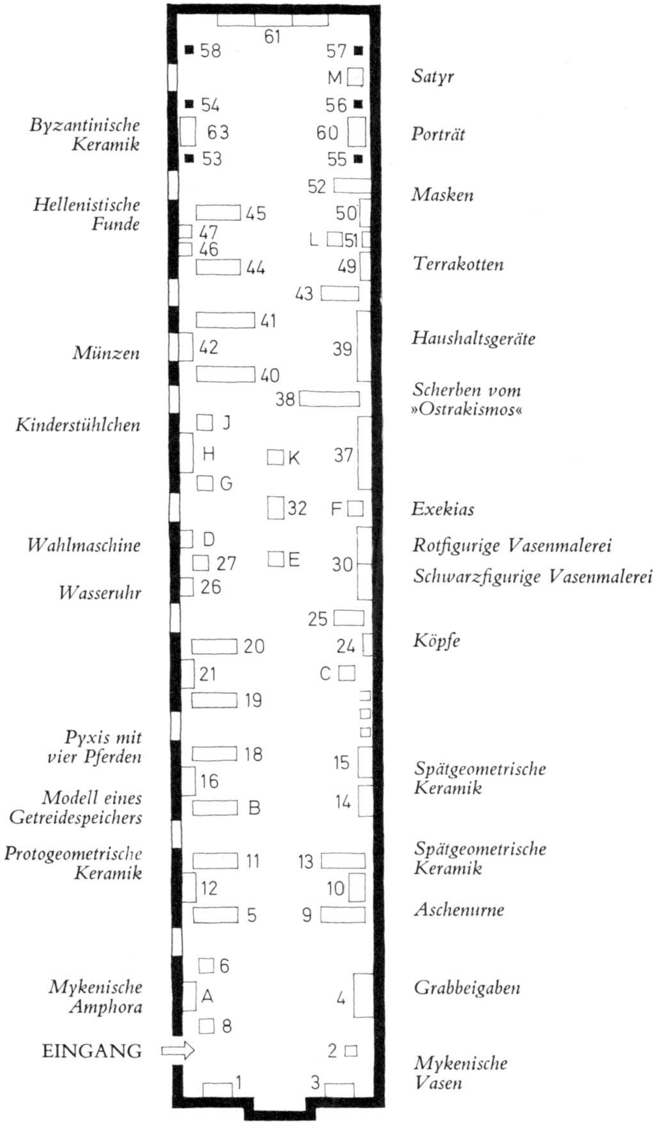

Orientierungsplan zum Agora-Museum

(F) Einer der ganz großen attischen Meister des schwarzfigurigen Stils war *Exekias* (tätig zwischen 550 und 510 v. Chr.), ungewöhnlich erfindungsreich und durchdrungen von den großen Bildern des Mythos. Berühmt sind seine »Dionysos-Schale« in der Münchner Antikensammlung und die nach ihm benannte »Exekias-Amphora« im Vatikan. Das Agora-Museum besitzt von ihm ein kostbares *Bruchstück von einem Kelchkrater* (530/520 v. Chr.) mit der Darstellung (links beginnend) von *Apollon*, *Artemis*, *Poseidon* und *Hermes*. Das 6. Jh. v. Chr. (die hocharchaische Zeit) schaut gebannt auf die Welt des Mythos, die für den Griechen jener Zeit die Seinsgrundlage bildet. Um die geistige Auseinandersetzung, die sich in solchen Bildern abspielt, zu verstehen, muß man sich erinnern, daß die griechische Religion im 3. und 2. Jahrtausend v. Chr. eine Naturreligion war und daß sie diese Züge nie ganz abgestreift hat. Um so eindrucksvoller ist es, zu sehen, wie sich der griechische Götterglaube immer mehr personifiziert und als eine lichte Welt vor Augen tritt. Wenn sich die Götter, wie hier auf dem Vasenfragment, zum Festzug formieren, um Herakles in den Olymp zu führen, so wird ihre Erscheinung zum strahlenden Bild, das den Menschen erhebt. Vasenmaler wie Exekias verfügen über die künstlerischen Mittel, dem innerlich Geschauten Ausdruck zu verleihen. In kostbare Gewänder gehüllt stehen Apollon, Artemis, Poseidon und Hermes in einem ›objektiven‹ Sinne vor uns. Seelisches dringt noch nicht in die Darstellung ein. Es genügt das bloße ›Sein‹. Die Kraft liegt in eindrucksvollen Gesten: Hermes, wie er die Hände überkreuzt und die Götter zum Aufbruch ermahnt; Poseidon, wie er rückwärts schaut, parallel zu Artemis; Apollon, wie er zwischen Pferd und Wagen als hochaufgerichtete Gestalt erscheint. In der äußerst feinen Zeichnung erreicht hier die schwarzfigurige Malerei ihren Höhepunkt; sie ist noch im kleinsten Ornament, in der Parallelschraffur, in zügig entworfenen Konturen voll elastischer Spannkraft.

In den Jahren 520/510 v. Chr. erfolgt mit dem *Andokidesmaler*, einem Schüler des Exekias, der Wechsel zur *rotfigurigen* Vasenmalerei (linke Hälfte der Vitrine 30), die der Malerei neue Darstellungsmöglichkeiten eröffnet: die Zeichnung mit dunklem Strich vor hellem Grund. Der ornamentale Charakter der Vasenbilder wird dadurch zurückgedrängt, die Körper gewinnen an ›Substanz‹, es werden vielfältigere Kompositionen möglich, und der Gesamteindruck ist geschlossener und zugleich freier. – In Vitrine 30 (linke Hälfte) findet man eine ganze Reihe hervorragender Beispiele dieses neuen Stils, vor allem als Innenbild von Schalen, u. a. »Faustkämpfer«, »Satyr auf einem Esel reitend«, »Athena vor einem Altar«, »Nacktes Mädchen vor einem Altar«, »Dahineilende Mänade mit Thyrsosstab«, »Amphorenträger«.

Zweite Raumhälfte

Die hier ausgestellten Funde ergänzen in vielfacher Hinsicht unser Bild vom antiken Leben. Haushaltsgeräte, Münzen, Terrakotten, Inschriften, Gewichte und eine Wasseruhr bilden ein weites Spektrum. Erwähnt sei noch die *Wahlmaschine* (D), die ins 3./2. Jh. v. Chr. datiert wird. In den senkrechten Reihen von Schlitzen steckten Namenstafeln für je 50 Kandidaten. In einen Trichter warf man 49 schwarze und 1 weiße Kugel, die nacheinander durch eine Röhre nach unten fielen. Für jede schwarze Kugel wurde von oben beginnend ein Namenstäfelchen entfernt. Kam die weiße Kugel, so war derjenige, dessen Täfelchen zuoberst steckte, gewählt.

In der letzten der drei mittleren Vitrinen ein vorzüglicher *Bronzekopf* einer Nike (um 430 v. Chr.), der Kunst des Phidias nahestehend. – Am Ende des Saales rechts die Statuette eines *Satyrs*, eine römische Kopie des 3. Jh. n. Chr. nach einem hellenistischen Werk: eine ländliche Gottheit voll Übermut und animalischer Lebensfreude. Die Kunst ist hier nicht mehr erhaben; sie wird zur Posse, zum Satyrspiel; eine Welt, die dem Spaß dient.

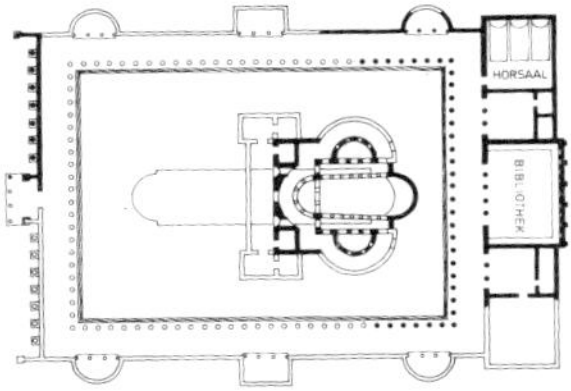

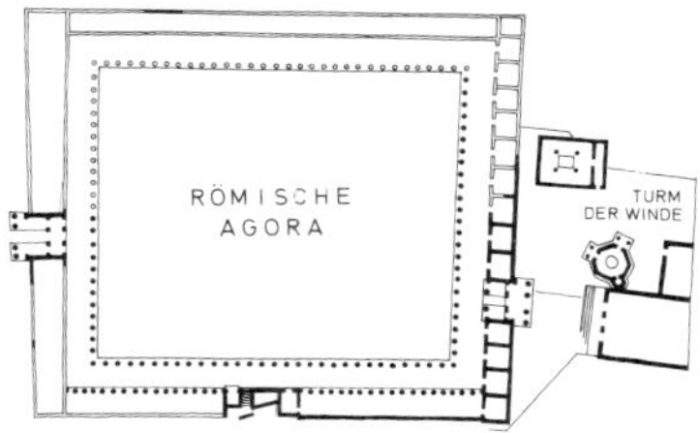

Römische Agora und Hadriansbibliothek. – Links: Rekonstruktion der Bibliothek

7 Römische Agora – Turm der Winde – Hadriansbibliothek

Römische Agora: Wie die Könige von Pergamon (Attalos II.) im 2. Jh. v. Chr., so haben später die römischen Caesaren Athen durch prunkvolle Bauten bereichert und der griechischen Stadt ein römisch-imperiales Gepräge zu geben versucht. Schon zur Zeit von *Caesar* und Kaiser *Augustus* wurde mit einer römischen Agora begonnen, die allerdings erst unter Kaiser *Trajan* (98–117) und seinem Nachfolger *Hadrian* (117–138) zum Abschluß kam. Den Ausbau der offenen, hofartigen Marktanlage (Außenmaße 111 × 98 m) haben wir uns wohl stufenweise vorzustellen. An der Westseite gab es schon früh einen prächtigen, heute noch teilweise aufrecht stehenden Eingangsbau (Propyläen) mit dorischen Säulen und einer Statue, die L. Caesar, einen Adoptivenkel des Augustus, zeigte. Das Osttor, beim Turm der Winde, mit seinen ionischen Säulen (heute nicht mehr existent) entstand wohl erst unter Kaiser Hadrian. Auch die umlaufenden Säulenhallen, die der Agora erst ihren eigentlichen Glanz gaben, sind das Werk Hadrians.

Der Turm der Winde (Höhe 12,8 m), außerhalb der Agora gelegen, entstand als Stiftung eines Privatmannes aus Makedonien, *Andronikos aus Kyrrhos*, um die Mitte des 1. Jh. v. Chr. (Zschietzschmann). Der Turm hatte die Funktion einer *öffentlichen Uhr*. Das aus Marmor errichtete Oktogon ist nach der Windrose orientiert und hatte ehemals an seinen Außenwänden acht Sonnenuhren. Nachts und bei schlechtem Wetter ersetzte diese Aufgabe im Inneren des Gebäudes eine Wasseruhr, die ihren Zufluß von der Akropolis erhielt. Das Bauwerk verband einen praktischen Zweck mit einem bildlich-symbolhaften. Denn an den acht Seiten des Oktogons sind in großen Reliefs die acht Windarten dargestellt (vier bärtige, vier ohne Bart), die man nach ihrer Wirkung unterschied. So bringt der Ostwind Früchte und Ähren, der Südwind den Regen, der Südwest günstige Bedingungen für die Schiffahrt, und der Westwind streut als Zephir Blumen aus.

Die Hadriansbibliothek (Entstehung nach 132 n. Chr.) schloß sich nördlich an die Agora an. Sie war eine von Hadrian ins Leben gerufene ›Akademie‹, der Hof mit genau 100 Säulen. Der Bibliotheksbau, von dem die Anlage ihren Namen hat, lag an der östlichen Schmalseite; er war seitlich eingefaßt von zwei Hörsälen. Ihm gegenüber bildete eine echt römische ›Fassadenarchitektur‹ die prunkvolle westliche Eingangsseite, mit einem viersäuligen Portikus als Mitte. Nach beiden Seiten folgten je sieben korinthische Säulen, die der Umfassungsmauer rein dekorativ vorgeblendet waren. Der linke Teil steht heute noch aufrecht. – Die Mitte des Hofes zierte ein langgestrecktes Wasserbecken. Hier hat man offenbar in späterer Zeit Veränderungen vorgenommen. Heute sieht man dort die Reste eines kleinen quadratischen Bauwerks mit halbkreisförmig vorspringenden Säulenstellungen, vielleicht ein Nymphaeum aus dem 5. Jh. n. Chr. Im 7. Jh. n. Chr. war es in eine dreischiffige christliche Kirche umgewandelt worden.

8 Monastiraki-Platz – Plaka – Moschee

Die Plaka: Der Monastiraki-Platz (U-Bahn-Station »Monastirion«) bezeichnet die Grenze zwischen den modernen Geschäftsvierteln, die sich in Richtung Omonia-Platz erstrecken und der sog. *Plaka*, der Altstadt von Athen, die sich nach Süden bis an den Nordhang der Akropolis heranschiebt. In einem schmalen Gürtel zwischen Hadriansbibliothek, römischer Agora, Akropolis-Nordseite und Lysikrates-Denkmal hat sie noch ihren ursprünglichen Charakter wahren können. Hier liegen nicht nur die Basarstraßen und eine große Zahl von Lokalitäten (zum Teil touristisch beeinflußt), sondern hier kauft, trinkt und feiert auch die Athener Bevölkerung, und es herrscht noch immer ein lebendiges Lokalkolorit mit leicht orientalischem Einschlag.

Die Moschee (heute Museum für griechische Volkskunst) ist am Monastiraki-Platz das markanteste Bauwerk, eine späte Schöpfung des 18. Jh. mit Kuppel und offener Vorhalle. Eine Inschrift von 1759 nennt einen *Mustafa Aga* als Bauherrn. Gezeigt werden hier Trachten, Silberschmuck und kirchliche Kunst.

Auf der rechten Seite schließt an die Moschee die sog. Hadriansbibliothek an; weiter links liegt die *Pantanassa-Kirche*, die einmal zu einem Frauenkloster des 10. Jh. gehört hat; eine dreischiffige Kirche von bescheidenem Zuschnitt.

Die Kapnikarea-Kirche *(Odós Ermou)* — Nr. 8

Die aus dem 3. Viertel des 11. Jh. stammende Kirche liegt im Schnittpunkt der vom Syntagma-Platz zum Kerameikos führenden Odós Ermou. Innerhalb des byzantinischen Denkmälerbestandes von Athen kommt ihr wohl einige Bedeutung zu, doch handelt es sich um ein kleines, in einfachsten Formen errichtetes Bauwerk (zum Byzantinischen vgl. S. 57). Hervorzuheben ist die Ostseite mit den drei Apsiden. Hier wird bei kleinstem Maßstab eine gute, fast monumentale Wirkung erzielt. An der Nord- und Westseite haben Anbauten des 17. Jh. das ursprüngliche Bild ungünstig verändert. – *Das Innere* erhielt im 19. Jh. eine historisierende, ›byzantinische‹ Ausmalung. – Den Abriß der Kirche verhinderte König Ludwig I. von Bayern.

Mitropoleos-Platz – Große Metropolis *(Kathedrale)* — Nr. 8

Die am Mitropoleos-Platz gelegene *Große Metropolis* ist die Bischofskirche des Metropoliten von Athen. Sie wurde 1840 von *Schaubert*, einem deutschen Architekten, begonnen und in der Folgezeit (bis 1855) mehrfach verändert. Das Bauwerk ist stilistisch uneinheitlich und wenig ansprechend. – *Das Innere* erinnert mit seinen historisierenden Formen an S. Marco in Venedig.

Dieses zierliche Bauwerk (12. Jh. n. Chr.), das wie ein Architekturmodell (11 × 7 m) am Rande des heutigen Mitropoleos-Platzes ein unscheinbares Dasein führt, stellt unter den byzantinischen Kirchen Athens eine Besonderheit dar. Das Gebäude erhebt sich über einem alten antiken Kultplatz. In seiner ursprünglichen Weihung an den *Hl. Eleutherios* wird die Absicht deutlich, die Schutzfunktion der hier verehrten antiken Gottheiten über Frauen, Gebärende und Kinder auf einen christlichen Heiligen zu übertragen.

Der enge Bezug zur Antike zeigt sich auch in den verwendeten Materialien und gewissen Detailformen. Zwar folgte man in der Grundanlage dem byzantinischen Typus der Kreuzkuppelkirche, verwendete aber Marmorblöcke und Porossteine, die man ›heidnischen‹ Bauten entnahm und durch Anbringung von Kreuzeszeichen auch äußerlich zum Zeugnis des neuen Glaubens machte.

Erstaunlich ist die Unbefangenheit, mit der man hier ans Werk ging. »Dieser unbekannte Klassizist des 12. Jh. n. Chr., der sonntags zum Gottesdienst zum Parthenon hinaufstieg, hat nichts imitiert, aber er hat freizügig die Ideen und Materialien benutzt, die er ringsum wahrnahm« (Chatzidakis). Wir nennen einzeln:

Am Türsturz des Haupteingangs das christliche Kreuzeszeichen zwischen zwei Löwen. – Darüber einen Rundbogen mit dreigeteilter Archivolte, wie es antiker Regel entspricht. – Rechts neben dem Bogen zwei orientalische, heraldisch angeordnete Sphingen in Verbindung mit einem Lebensbaum. – Anschließend ein ziemlich grob gearbeitetes Relief mit Pfauen, Schlangen und geflügelten Wesen. – Ganz ähnliche Darstellungen finden sich auch auf der Seite links vom Eingang. – Generell läßt sich beobachten, daß die Platten annähernd symmetrisch verteilt sind. Das beweist bei aller Naivität in der Verwendung der zusammengetragenen Stücke doch einen architektonischen Sinn. Dazu gehört auch die Einfügung von Kapitellen an den Gebäudeecken, wo sie als tektonische Restform (ohne dazugehörige Pfeiler) ein Zwischendasein führen, halb Architektur, halb Ornament. – Von einem antiken Bauwerk des 4. Jh. v. Chr. stammt das dazwischen eingefügte Gebälk, das sich durch seinen feinen Zahnschnitt, durch Ornamentik und Figurenfries auszeichnet und von einem sorgfältig gearbeiteten Gebäude stammen muß. Dargestellt sind offenbar die Feste des attischen Jahres. So findet man neben den Tierkreiszeichen Hinweise auf die Weinlese, die dionysischen Spiele, die Panathenäen.

Auch die anderen drei Gebäudeseiten sind mit eingelassenen Reliefplatten geschmückt, die teilweise von Metopen, teilweise von antiken Grabstelen stammen. – Das Innere weist keine Besonderheiten auf. Die Kuppel tragen heute vier Pfeiler, ehemals vier Säulen.

Die Gründung der Kirche ist wesentlich älter als das heutige Bauwerk. Sie fällt ins 7. Jh. n. Chr. und steht im Zusammenhang mit dem Kloster des Hl. Nikolaus. Die an die Kirche anschließenden Klostergebäude, in denen seit dem 18. Jh. der Metropolit von Athen seinen Sitz hatte, wurden 1827 im Befreiungskrieg zerstört.

9 Bauten unterhalb des Nordhanges der Akropolis

Bei einem Streifzug durch die malerischen Gassen unterhalb der Nordseite der Akropolis stößt man auf drei wenig beachtete Bauten, die wenigstens genannt seien: (a) in der Odós Erechthéos die *Aghios-Ioannis-Theologos-Kirche* (12. Jh.) mit römischen Kapitellen, (b) in der Odós Tholou (Nr. 5) das sog. *Kleanthis-Haus*, die erste Universität von Athen, (c) unterhalb des Akropolis-Felsens die *Metamorphosis-Kirche* (14. Jh.) mit einem antiken Kapitell als Altar.

10 **Die Akropolis** *(Akropolis-Museum S. 88ff.)*

Öffnungszeiten: Im Sommer täglich von 8 Uhr bis Sonnenuntergang, im Winter von 9 Uhr bis Sonnenuntergang. So und Do freier Eintritt.

Die Akropolis, ein aus bläulichem Kalkstein bestehender, steil aufragender Tafelberg mit natürlichen Wasserquellen und Höhlen, die zu Heiligtümern wurden, war schon in neolithischer Zeit besiedelt. Als mykenischer Herrschersitz ist die Akropolis im 14./13. Jh. v. Chr. von ›kyklopischen‹ Burgmauern umgeben, die eine Mauerstärke von 4 bis 6 m aufweisen und im Bereich der späteren Propyläen bis zu einer Höhe von fast 10 m aufragen. Das von den Mauern umschlossene Areal war mit 35000 qm größer als die vergleichbaren Burgbezirke in Mykene und Tiryns. So konnten hier im Kriegsfall bis zu 2000 Menschen Zuflucht finden (Kirsten-Kraiker). Im Westen, wo das Felsplateau etwas flacher abfällt, lag der natürliche Zugang. Dort aber, wo heute das Erechtheion steht, stand in mykenischer Zeit ein Königspalast mit Wohnbauten, Wirtschaftsräumen und Höfen (durch Grabung erschlossen). Für die Zeit bis hin zum Geometrischen und Archaischen bestätigen uns Scherbenfunde die Kontinuität der Besiedelung. Auch muß es eine rege Bautätigkeit gegeben haben, doch ist die Architektur der archaischen Zeit im Persersturm des Jahres 479 v. Chr. untergegangen. Die Athener hatten damals ihre Stadt verlassen, und die Zerstörung durch den eindringenden Feind war nahezu total. Beim späteren Wiederaufbau wurde das Burgterrain durch neue Mauern *(Kimonsche Mauer)* vergrößert, der Burgfelsen dadurch monumentalisiert und das Gelände mit den Trümmern der vorangegangenen Zeit aufgefüllt. Hier, im sog. *Perserschutt* (so die Bezeichnung der Archäologen) fand man jene Bildwerke und Architekturreste, die sich heute im Akropolis-Museum befinden. Sie geben uns Auskunft über eine große archaische Vergangenheit, namentlich unter dem Geschlecht der *Peisistratiden* (560–510 v. Chr.). Zu den Bauten jener Zeit gehörte der ältere Athena-Tempel (529–520 v. Chr.), der nach dem Persersturm durch das Erechtheion ersetzt wurde, und der sog. Urparthenon, an der Stelle des heutigen Parthenon. Hinzu kommt eine erstaunliche Zahl von Bildwerken, die als Weihgeschenke an die Göttin Athena im Freien aufgestellt waren, so die *Koren* oder der weithin bekannte ›*Kalbträger*‹ sowie der ›*Reiter Rampin*‹, das »erste Reiterstandbild der europäischen Kunst«.

Nahezu alle bedeutenden baulichen Überreste, die wir heute auf der Akropolis vorfinden, stammen aus der Zeit *nach* dem Persersturm und sind somit Zeugnisse der klassischen Epoche griechischer Kunst, nicht mehr der archaischen. Der Wiederaufbau der Akropolis erfolgte allerdings nicht sofort, sondern erst nach dem entscheidenden Land- und Seesieg von 467 v. Chr., den *Kimon* (damals Stratege) am Eurymedon in Pamphylien, an der Südküste Kleinasiens, gegen die Perser erfochten hatte.

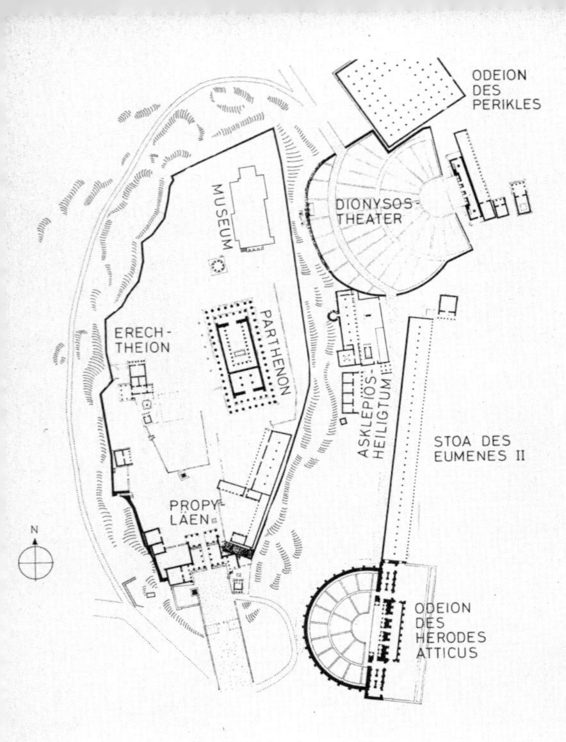

Plan zur Akropolis

Daten zu den Bauten auf der Akropolis

490	Schlacht bei Marathon. Erster Parthenon (sog. »Urparthenon«) begonnen, dessen Säulentrommeln 480 in der Nordmauer der Akropolis verbaut wurden.
480/479	Zerstörung der Akropolis durch die Perser (sog. »Persersturm«) Niederlage der Perser in der Schlacht bei Salamis
468–450	Baubeginn des zweiten Parthenon unter Kimon nach Plänen des Kallikrates (Fundament und Säulen des heutigen Bauwerks)
462	Kimons Sturz (461 Verbannung, 452/51 Rückkehr)
450	Kimons Tod
448	Baubeginn des dritten Parthenon unter Perikles nach Plänen des Iktinos
438/437	Der Parthenon baulich vollendet (Weihe) Die Arbeit der Bildhauer setzt sich noch bis 432 fort.
437–432	Propyläen nach Plänen von Mnesikles
431–404	Peloponnesischer Krieg
429	Tod des Perikles
427–426	Nike-Tempel (nach früheren Plänen des Kallikrates)
421–406	Erechtheion (Architekt unbekannt)

Akropolis, Rekonstruktionsmodell

Zur obigen Abbildung

Unser *Modellfoto* zeigt eine Rekonstruktion der Bauten auf der Akropolis, wie sie zum größten Teil unter Perikles, vereinzelt auch in der Zeit nach ihm, entstanden sind. Entgegen dem heutigen Eindruck war die Akropolis relativ dicht bebaut und bot das typische Bild eines griechischen Heiligtums, bei dem eine Vielzahl von Einzelbauten, Tempeln und Hallen, Altären, Terrassen und Standbildern das Ganze zu einem vielgestaltigen Gebilde sich gegenseitig abgrenzender Bezirke macht. Der freie Blick auf Bauten und Bautengruppen ist nur heute, nach der Zerstörung des Gesamtgefüges, möglich.

Der Gedanke an große optische Achsen und symmetrische Entsprechungen ist dem Griechen der perikleischen Zeit noch weitgehend fremd. Propyläen und Nike-Tempel, Parthenon und Erechtheion stehen zueinander in keinem rechtwinkeligen Bezugssystem. Falls es optische Beziehungen gegeben hat, waren sie von anderer Art als die uns gewohnten. Im Grunde wird jedes Bauwerk für sich gesehen, als ein körperhaftes Gebilde, bei dem Form und Volumen erst in der Über-Eck-Stellung voll zur Geltung kommen. Auch das berühmte, von *Phidias* geschaffene Standbild der »*Athena Lemnia*« (Mitte links), eine Stiftung der attischen Kolonisten von Lemnos, war gegenüber der Mittelachse der Propyläen leicht nach links versetzt.

Dieser großartige Portalbau, der in seinen Abmessungen weit über alle praktischen Erfordernisse hinausgeht, gehörte von Anfang an zur perikleischen Gesamtplanung von 456 v. Chr. Die relativ späte Inangriffnahme dieses aufwendigen Festtores erklärt sich aus dem absoluten Vorrang, den der Parthenon vor allen anderen Bauaufgaben hatte. Erst als der Parthenon 438 v. Chr. baulich abgeschlossen war, seine Weihe stattgefunden und nur die Arbeit der Bildhauer noch fortgesetzt wurde, standen die Steinmetzen und Bauhandwerker für eine neue Aufgabe zur Verfügung.

Als Architekt kam allerdings Iktinos, der Erbauer des Parthenon, nicht mehr in Frage, da er einen sehr viel kühneren Auftrag in Eleusis angenommen hatte. So übertrug man die Propyläen seinem ersten Mitarbeiter, dem bis dahin wenig hervorgetretenen *Mnesikles.* Vielleicht hat Iktinos noch an der Planung mitgewirkt. Charakteristisch ist in jedem Fall die enge Beziehung zwischen Propyläen und Parthenon, die sich nicht nur in der Verwendung der dorischen Ordnung, sondern vor allem in einer ähnlichen Proportionierung und in verwandten Konstruktionsmerkmalen zeigt.

Die Frage, warum die Propyläen nicht zu Ende geführt wurden, findet (nach Carpenter) ihre Beantwortung in des Perikles Tod (429 v. Chr), der kurz nach dem Ausbruch des Peloponnesischen Krieges der Pest erlegen war, was einen Zusammenbruch der Volkspartei nach sich zog.

Die nunmehr wieder zur Macht gekommene aristokratische Minderheitsopposition der Kreise um Kimon (Kimon selbst war schon 450 v. Chr. gestorben) ließ die Propyläen, ein Bauwerk ihrer politischen Gegner, unvollendet liegen und errichtete statt dessen den Nike-Tempel, den Kallikrates und damit die kimonsche Partei, rund zwanzig Jahre

Grundriß der Propyläen

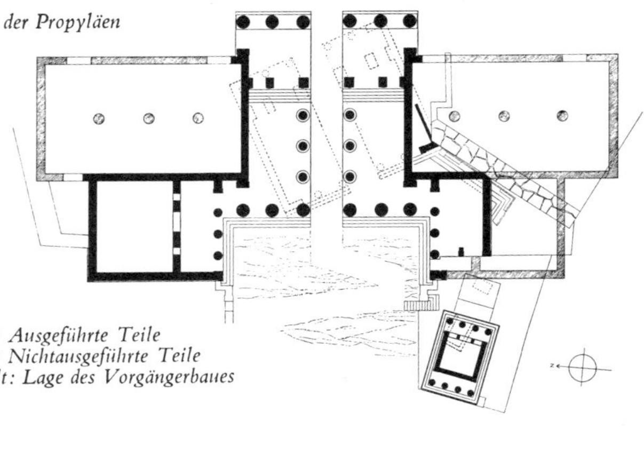

Schwarz: Ausgeführte Teile
Hellgrau: Nichtausgeführte Teile
Gestrichelt: Lage des Vorgängerbaues

Propyläen, Luftaufnahme

zuvor geplant hatten, dessen Ausführung aber Perikles zugunsten seiner eigenen Propyläenplanung zu verhindern gewußt hatte. Der Vorgang beleuchtet anschaulich den Machtwechsel in Athen. Die Propyläen, als Bauwerk der ›Volkspartei‹, kommen zum Erliegen, während sich der Nike-Tempel, ein Werk der Aristokraten, in strahlender Schönheit und auf vorgeschobener Bastion erhebt.

Zum Baukünstlerischen: Die Propyläen (437–432 v. Chr.), aus pentelischem Marmor errichtet, sind ihrer Idee nach ein monumentalisiertes Portal, das über den praktischen Zweck hinaus dem Zugang zur Akropolis einen sakralen Charakter verleiht. Im Grunde handelt es sich um eine Bautengruppe, denn die seitlichen Hallen sind nach Lage und Form vom eigentlichen ›Propylon‹ durchaus unterschieden, sind niedrigere, gleichsam nur angeschobene Teile.

Die Gesamtanlage wie die Einzelheiten haben wohl ihre Bedeutung im Zusammenhang mit dem Panathenäenzug. Gerade das Moment des festlichen Einzugs in den geweihten Bezirk und das Bewußtsein, hier eine Grenze zu überschreiten, kommt in den Propyläen architektonisch zu schönstem Ausdruck: Nach dem steilen Anstieg über die von der Agora zum Burgfelsen führenden Wege erreichte der Festzug die dorische Front des Propylon, umschlossen schon von den hohen Mauern der Nebengebäude. Dann folgten die ersten Stufen und im Inneren der Formwechsel vom Dorischen zum Ionischen, gleichzeitig auch die Scheidung der Wege, wobei die mittlere Rampe mit ihren niedrigeren Stufen für die Opfertiere gedacht war. Nur an den Festtagen waren auch die drei großen Tore geöffnet, an den übrigen Tagen des Jahres wohl nur die kleineren Türen. Hatte man die Propyläen durchschritten, so gebot eine zweite Vorhalle noch einmal Einhalt, verlangsamte gewissermaßen den Schritt, bevor der Festzug seinen Weg zu Parthenon und Erechtheion fortsetzte.

Zum ionischen Kapitell der Propyläen

Die Propyläen sind nicht das erste griechische Bauwerk, an dem wir neben der dorischen Säule auch die ionische verwendet sehen. Wohl aber tritt uns hier das ionische Kapitell zum ersten Mal in seiner *klassischen* Form entgegen, offenbar als Schöpfung des *Mnesikles*. Die Vorformen reichen weit in die archaische Zeit zurück, wie uns das Kapitell in Delphi (um 560 v.Chr.) von der Sphinx der Naxier (vgl. S. 136) zeigt. Der Gegensatz zwischen Vorder- und Seitenansicht, der sich fast zwangsläufig aus dem Motiv des eingerollten ›Polsters‹ ergibt, wird erst jetzt, auf der klassischen Stufe, überwunden. Die Geschmeidigkeit der Linienführung und die sorgfältige Einmuldung des Steines, der sich zur ›Schnecke‹ hin kelchförmig verbreitert, verleihen dem ganzen Kapitell eine schwingende Bewegung von schöner Elastizität, ohne daß dabei die Einzelformen angetastet oder verunklärt würden. Zwei Jahrzehnte später bringen die Kapitelle des Erechtheion zwar eine Bereicherung im Ornamentalen (vgl. Abb. S. 87), doch keine Steigerung der Gesamtform.

Der Nike-Tempel Nr. 10

Die Errichtung eines Tempels für Athena Nike, der »siegverheißenden Athena«, bestimmte ein Dekret von 450/448 v.Chr. Welches Motiv stand dahinter? Das Datum dieses Beschlusses fällt annähernd zusammen mit der Rückkehr des Kimon aus seiner Verbannung (452/451 v.Chr.), mit dessen Tod (450 v.Chr.) sowie dem mit Persien getroffenen Friedensschluß, den Kimons Schwager Kallias 449 v.Chr. zustandegebracht hatte. Alle drei Daten deuten darauf hin, daß der Tempel für Athena Nike von den Anhängern Kimons beschlossen worden ist und als Denkmal für dessen militärische Leistungen sowie für Kallias' diplomatischen Erfolg gedacht war. Perikles aber, der zu jener Zeit schon die Geschicke Athens bestimmte, wußte die Ausführung dieses Monumentes zu verhindern, das seinen größten politischen Gegner verherrlicht hätte. Umgekehrt hat dann nach dem Tode des Perikles (429 v.Chr.) die wieder zur Macht gekommene Aristokratenpartei die Propyläen unvollendet liegen lassen und ihrerseits mit dem Bau des Nike-Tempels nachgeholt, was schon zwanzig Jahre vorher beschlossen worden war. – Um 410 v.Chr. erhielt der Tempelbezirk als Weihgeschenk eine etwa 1 m hohe Marmorbalustrade mit Reliefs (vgl. Abb. S. 107).

Südmauer der Akropolis mit Parthenon

Nike-Tempel

Zur Architektur: Der zierliche Tempel, erbaut nach den Plänen des *Kallikrates*, ist für uns ein wertvolles Beispiel ionischer Bauformen. *Die ionischen Kapitelle* stehen denen der Propyläen nahe (das Erechtheion war damals noch nicht errichtet). Auf eine formale Schwierigkeit der ionischen Ordnung stößt man bei den Eckkapitellen, wo gleichsam zwei Einrollungen aufeinanderstoßen und sich zur Diagonalstellung vereinigen. Die dorische und die korinthische Ordnung kennt dieses Problem nicht. – Auffallend sind auch die *Säulenbasen*. Mit ihrem Wechsel von Hohlkehle und Wulst (hier noch mit unbefriedigenden Proportionen), sind sie ein wichtiges Zwischenglied auf dem Wege zur ›klassischen‹ attischen Basis, wie sie sich bald darauf an der östlichen Vorhalle des Erechtheion auszubilden beginnt und dann an den Säulenbasen der Nordhalle in gültiger Ausprägung vorliegt. – Der *Figurenfries*, ein weiteres Merkmal der ionischen Ordnung, zeigt auf der Ostseite eine Götterversammlung mit Zeus, Athena und Poseidon. An den Längsseiten sind offenbar die Kämpfe der Griechen gegen die Perser dargestellt, an der Westseite die Kämpfe gegen Böotier und Thessalier, die beide die Perser unterstützten. – Eine Besonderheit sind die schmalen, vierkantigen *Pfeiler* an der Eingangswand der Cella, die hier an die Stelle der sonst üblichen Säulen treten. Eine Erklärung dafür hat sich bisher nicht gefunden.

◁ *Zur Abbildung links:* Erst die gewaltigen Mauern, die *Kimon* 465 v. Chr. begann (zwei Drittel der jetzigen Höhe) und die *Perikles* fortführte (oberstes Drittel), haben den Akropolisfelsen in seiner jetzigen Form monumentalisiert. Das gesamte Gelände zwischen Südmauer und Parthenon ist künstlich aufgeschüttet.

Maßangaben: Unterbau, rund 72,5 × 34 m, die *Südseite* durch eine bis zu 10 m hohe, 6 m breite Mauer abgestützt. – *Säulenverhältnis* 8 × 17, beim Kimonschen Parthenon hätte es 6 × 16 betragen (altertümliche Proportionen). – *Säulenhöhe* 10,43 m (Hephaistos-Tempel, Agora, nur knapp 6 m). – *Säulendurchmesser* unten 1,90 m, oben 1,48 m. – *Besonderheiten:* Alle horizontalen Bauglieder weisen eine leichte *Krümmung* auf (Planmäßigkeit durch Messung erwiesen). Differenz an den Langseiten 12 cm. Ferner sind alle Säulen zur Cella hin geneigt (Lotabweichung 7 cm). Das gilt auch für die Cellawand, die nur mit ihrer Innenseite im Lot steht.

Inneres: Ursprünglich in zwei getrennt zugängliche Räume aufgeteilt, die Zwischenwand beim Umbau in eine orthodoxe Kirche (6. Jh. n. Chr.) entfernt. Im Inneren des östlichen Kultraumes verlief an drei Seiten eine zweigeschossige Säulenreihe (vgl. Ägina, Abb. S. 161). Hier stand das 12 m hohe, von Phidias geschaffene Bildwerk der »*Athena Parthenos*« (vgl. Abb. S. 30), aus Holz, Elfenbein und Gold gefertigt. – Im Westraum, ›*Parthenon*‹ genannt (Bedeutung ungeklärt), wurde vermutlich der Staatsschatz aufbewahrt.

Grundsätzliches zum griechischen Tempel

Die griechische Religion war im 3. und 2. Jahrtausend v. Chr. eine Naturreligion. »In schattigen Hainen und an wundertätigen Quellen, in geheimnisvollen Grotten und dunklen Höhlen, an ausgezeichneten Punkten, in sonderbaren Naturformen glaubten die Griechen die Götter anwesend« (Walter). Wie aber entstanden die Tempel? Das hat seine Vorgeschichte in Kultstätten, »wo jemand ein Holz von seltsamer Form fand und in ihm das Bild des Gottes erkannte«. Das Bild des Gottes, anfangs aus Holz geformt, später umgesetzt in den kostbareren Stein, ist die Voraussetzung des Tempels. Nicht das Gebäude, sondern die Statue steht am Anfang. Das Gebäude wird errichtet, um die Statue zu schützen. Dem Gott wird ein Haus gebaut. Und auch hier geht der Holzbau dem Steinbau voraus.

Verfolgen wir die Frühformen dieser kultischen Gebäude, so führen uns die Spuren zurück bis in die geometrische Zeit. Hier finden wir im Anschluß an das ländliche Ovalhaus schon im 9. oder 8. Jh. v. Chr. Tempelhäuser mit einer von Doppelsäulen getragenen Vorhalle. Der rechteckige Typus fällt in die spätgeometrische Zeit, ein anderer, langgestreckter Typus knüpft an das Herrenhaus der geometrischen und mykenischen Zeit an. Aus der anfänglichen Stütze im Inneren wird eine Stützenreihe, aus der Vorhalle mit nur wenigen Säulen eine Säulenstellung, die den ganzen Tempel umzieht.

So muß der griechische Tempel von innen nach außen gesehen werden. Das eigentliche Kernstück und der ideelle Ausgangspunkt ist das Kultbild, die Verkörperung des Gottes, der in seinem Bilde als gegenwärtig gedacht wird. Gerade diese Gegenwart ist es, die dem Blick des Menschen entzogen werden muß. So bildet die Cella eine fensterlose Hülle um den Gott, der damit seinen eigenen Raum, sein Haus, seine Stätte besitzt. Zutritt hat hier nur der Priester, während das Opfer außerhalb des Tempels, im Freien, auf einem Altar vollzogen wird.

So hätte also die Cella einer Säulenstellung überhaupt nicht bedurft. Ihre Errichtung wurzelt in einer baukünstlerischen Idee, die uns die gedankliche Tiefe des griechischen Formgeistes erkennen läßt. Es war der Wille, dem Haus des Gottes eine allseitig ausstrahlende Würdeform zu geben, die als schützende und Abstand erzwingende Aura der Größe des Göttlichen Ausdruck verlieh. Auch die Sockelstufen, die ja gerade keine Treppen sind, rücken das Bauwerk in eine eigene Sphäre und schaffen so eine im Sakralen begründete Distanz.

Parthenon, Nord-West-Seite

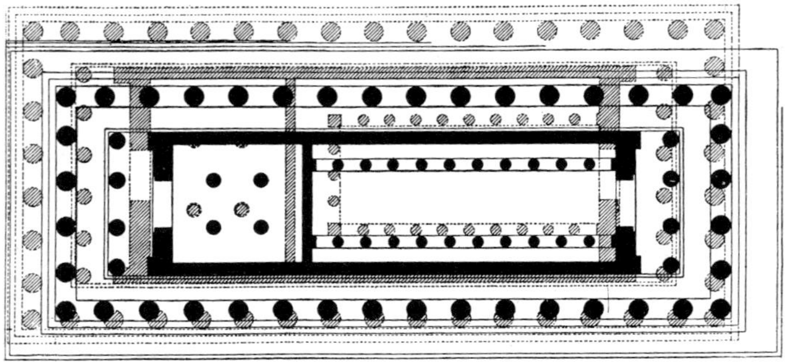

Parthenon, Grundrisse. Schwarz: Projekt des Kimon, Architekt Kallikrates. Helle Teile: Projekt des Perikles, Architekt Iktinos (nach Carpenter)

Zur Baugeschichte des Parthenon

Nach der neuesten Forschungslage (Carpenter) muß man davon ausgehen, daß der Parthenon nicht, wie bisher angenommen, von Perikles begonnen wurde, sondern schon von dessen Vorgänger *Kimon*, seinem bedeutendsten politischen Gegner. Damit liegt der Baubeginn des Parthenon um rund zwanzig Jahre vor dem üblicherweise genannten Datum. Allerdings ist der Parthenon des Kimon in wesentlichen Teilen nicht mit dem Bau des Perikles identisch, bildet aber doch dessen Grundlage. Auch die bislang für den Parthenon genannten Architekten, *Kallikrates* und *Iktinos*, sind zu trennen. Kallikrates war der Architekt des Kimonschen Parthenon, der des perikleischen Baues war Iktinos, wobei sich im Wechsel der Baumeister zugleich ein neuer, monumentalerer Gestaltungswille bemerkbar macht, wie er von Perikles und Phidias vertreten wurde.

Wir gewinnen somit folgendes Bild: Etwa ein Jahrzehnt nach dem Persersturm wurde mit dem Parthenon begonnen. Die Bauzeit der ersten Phase (468–450 v.Chr.) fällt mit der Machtstellung der konservativen Partei unter Kimon zusammen und endet mit dessen Tod (Verbannung des Kimon schon 461 v.Chr., Rückkehr 452 v.Chr.). Architekt war Kallikrates. Zur Ausführung kamen das Fundament und die Säulen, die man nach griechischer Baugewohnheit noch vor der Cella errichtete, wenn auch zunächst noch im Rohzustand, d.h. ohne ihre Kanneluren. Dieser Kimonsche Parthenon wäre ein länglicher und in dieser Hinsicht altertümlicher Bau geworden, mit nur sechs Säulen an den Schmalseiten, an Stelle der heutigen Fronten mit jeweils acht Säulen.

Der Einfluß des *Perikles* macht sich ab 456 v.Chr. bemerkbar, als in der Volksversammlung ein neuer Gesamtplan für den Wiederaufbau der Akropolis durchgesetzt wurde. Acht Jahre später (448 v.Chr.) wird mit dem perikleischen Parthenon nach den Plänen des Iktinos begonnen.

Iktinos hat den unfertigen Bau des Kallikrates weitgehend verwendet, allerdings mußte er das Fundament nach Süden verbreitern. Erst dadurch erhielt der Parthenon jenes Verhältnis von Breite zu Länge, das ihn von allen anderen griechischen Tempeln unterscheidet. Carpenter vertritt nun die Auffassung, daß auch die Säulen des heutigen Parthenon vom Bau des Kimon stammen. Iktinos habe sie wiederverwendet, indem er sie Trommel für Trommel abtragen ließ, sie geringfügig versetzte (bis zu 15,2 cm), um sie dann wieder aufzurichten. Erst danach erhielten die Säulen ihre Kanneluren. – Auch gewisse Altertümlichkeiten im Stil einzelner Metopen finden nach Carpenter hier ihre Erklärung. Es sind Teile des Kimonschen Baues, die wiederverwendet wurden.

Zum dorischen Kapitell

Am Parthenon findet die dorische Ordnung ihre klassische Vollendung. Die Griechen haben sie als die »männliche« Ordnung empfunden, im Unterschied zum Ionischen, in dem sie das »weibliche« Prinzip verkörpert sahen. Beide Ordnungen haben sich zeitlich parallel gebildet und galten den Griechen als gleichwertig. Auch am Parthenon und an den Propyläen finden wir neben der dorischen Säule, die den Außenbau bestimmt, im Inneren die ionische Säule, wenn auch nur in einzelnen Räumen oder Raumteilen.

Die dorische Ordnung hat zweifellos einen herben Charakter und ist in der Regel von stämmiger Art. Aber gerade die frühesten (rekonstruierbaren) Beispiele zeigen uns Säulen, von »einer grazilen Schlankheit«, die darauf hinweisen, »daß ihre Form anfänglich in Holz konzipiert war« (Homann-Wedeking). Wir wissen von Tempeln, bei denen die Holzsäulen erst allmählich durch Steinsäulen ersetzt wurden, so daß über einen größeren Zeitraum hinweg beide Formen an ein und demselben Bauwerk nebeneinander vorkamen. Auch wird man Zwischenformen voraussetzen dürfen, bei denen der Säulenschaft noch aus Holz, die schützende Deckplatte schon aus Stein gefertigt war.

Akropolis, Dorisches Kapitell vom Parthenon

Parthenon, Ostseite, Teile des Gebälks

Von dieser Deckplatte ausgehend hat man sich die Bildung des Kapitells zu denken, dessen Ausformung nicht eigentlich ein konstruktives, sondern ein ästhetisches Problem war. Der Ausgleich zwischen Tragen und Lasten, zwischen Vertikale und Horizontale, zwischen dem runden Säulenschaft und der quadratischen Deckplatte wurde durch Einführung eines architektonischen Zwischengliedes, des *Wulstes* (»Echinus«), gesucht. Er ist anfangs noch unförmig, schwer, dumpf und teigig und wirkt eher wie ein zusätzliches und hemmendes Gewicht (so noch in Paestum, um 560 v. Chr.). Dann aber strafft sich die Kurve und plötzlich ist die Wirkung eine ganz andere, aufstrebende, vermittelnde, so daß sich Säule und Kapitell in einem einzigen großen Bewegungszug zusammenfinden und als logische, scheinbar selbstverständliche, problemlose Form auseinander hervorgehen. Diese Stufe ist mit dem Parthenon erreicht. Vgl. die obige Abbildung.

In diesem Zusammenhang muß auch der Säulenschaft gesehen werden. Schon im 6. Jh. v. Chr. wird mit Hilfe der Kanneluren versucht, das Aufstreben der Säule, ihre Vertikalität, anschaulich zu betonen und so der natürlichen Schwere des Steins entgegenzuwirken. Dasselbe soll mit der Verjüngung des Säulenschaftes erreicht werden, was anfangs noch mit zu starker Krümmungskurve geschieht (Paestum), bis sich auch hier die Kurve strafft und die Verjüngung nur noch angedeutet wird.

Zum dorischen Gebälk

Der an der Säule zu beobachtende Formprozeß setzt sich am Gebälk konsequent fort. Auch hier steht im Hintergrund die Holzarchitektur mit ihrer reichen konstruktiven Erfahrung. Doch wird sie nicht einfach in den Stein zu übertragen versucht, sondern wirkt nur als ›Erinnerung‹ nach, indem gewisse Teile in abstrakter Stilisierung, doch ohne konstruktive Funktion weiterleben. »Sie gehören nicht zur Bautechnik, sondern zur Kunst« (Carpenter).

An die karge Deckplatte des Kapitells mit ihren schmucklosen Außenflächen schließt der ebenso karge, schmucklos belassene *Architrav* an, ein großflächiger Steinbalken, der den Säulenzwischenraum überbrückt. In der Aneinanderreihung bildet sich so ein den Tempel als Ganzes umschließendes, horizontales Band.

Darüber wird in einer zweiten Zone, dem sehr viel reicher gestalteten *Fries*, im Wechsel von *Triglyphen* und *Metopen* der Säulenrhythmus wiederaufgenommen und zugleich der plastischen Darstellung Raum gegeben. In den hochkant gestellten, dreigeteilten Triglyphen klingt noch einmal die Vertikalschraffur der Säulenkanneluren nach, während die Zwischenfelder (Metopen) durch ihr annähernd quadratisches Format zu einem Ausgleich zwischen Vertikale und Horizontale beitragen.

Das dorische Gebälk ist somit als Ganzes ein außerordentlich differenziertes Gebilde. Seine Einzelformen lassen sich weder rein bautechnisch begründen, noch sind sie der Ausdruck bloßer Ästhetik. Vielmehr spricht aus der sorgfältigen Durchgliederung der übereinandergetürmten Steinmassen ein waches Bewußtsein für die am Bau beteiligten Kräfte, deren Zusammenwirken sich der griechische Geist hier gleichsam analytisch vor Augen stellt. Die ionische Ordnung ist demgegenüber sehr viel eleganter und leichtfüßiger, doch um den Preis einer ›Verschleierung‹ von Kräften. So bedeutet der Verzicht auf Triglyphen auch einen Verzicht auf die Sichtbarmachung der in den horizontalen Balkenlagen wirksamen statischen Elemente.

Parthenon, Längsschnitt

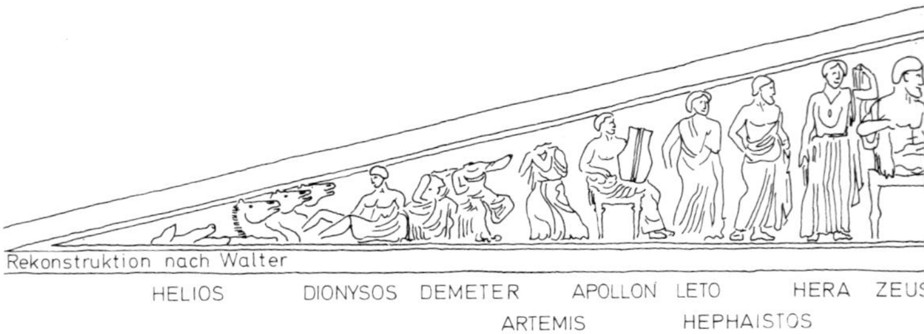

Zur Giebelplastik des Parthenon

Wenn wir der antiken Überlieferung folgen, so hat sich Perikles beim Aufbau der Akropolis vor allem durch *Phidias* beraten lassen, dem führenden Bildhauer Athens in den Jahren 460/430 v. Chr. Phidias war es auch, der in den Giebelfiguren des Parthenon zu einem neuen Bild von den olympischen Göttern fand. Wie ungewohnt dieses Bild den Athenern gewesen sein mag, zeigt der Umstand, daß man Phidias nach der Fertigstellung des Parthenon, allerdings wohl aus anderen Beweggründen als den vorgegebenen, der Gotteslästerung hat anklagen können.

Im Ostgiebel, an der zum Altar gerichteten Haupt- und Eingangsseite des Tempels, war die Geburt der Athena dargestellt. Die Rekonstruktion dieser vielfigurigen Szene stieß von jeher auf Schwierigkeiten, ist aber immer wieder versucht worden, zuletzt von Hans Walter, dem wir hier in Zeichnung und Text folgen.

Nach dem griechischen Mythos erfolgte die Geburt der Athena aus dem Haupte des Zeus. Hephaistos hatte es mit seiner Axt gespalten, und die Götter sahen dem Vorgang mit Erstaunen zu. – Die spätarchaischen Vasenmaler hatten in ihrer Erzählfreude dieses Ereignis wörtlich dargestellt und ihm einen anekdotischen Charakter gegeben. Davon kann bei Phidias nicht mehr die Rede sein.

Phidias sah den Vorgang als eine »Begegnung von Vater und Tochter«, also dialogisch. Athena erscheint denn auch bei ihm in voller Größe, mit der Folge, daß nun Zeus aus der Mitte des Giebels nach links gerückt ist, während die Mitte als Raum der Begegnung und damit als »geistiger Raum« frei bleibt. Das war etwas völlig Neues.

Zur obigen Rekonstruktion

Unsere Zeichnung folgt einer Veröffentlichung von Prof. *Hans Walter*, auf dessen instruktives Buch »Griechische Götter – ihr Gestaltwandel aus den Bewußtseinsstufen des Menschen dargestellt an den Bildwerken« (Piper Verlag, München 1971) hier ausdrücklich verwiesen sei.

Betrachten wir noch das Giebelfeld im ganzen: Der Ort des Geschehens, die Götterversammlung im Palast, wird durch den sitzenden Apollon (links) und den sitzenden Ares (rechts) eingegrenzt, die beide zur Mitte schauen. Eine ähnliche Funktion haben die Gespanne des Sonnengottes (links) und der Mondgöttin (rechts) in den Giebelecken. »Sonnenaufgang und Monduntergang rahmen den Weltentag der göttlichen Geburt« (Fuchs). Links schließt sich Dionysos an. Er ist weit von der Götterversammlung abgerückt, denn er ist kein eigentlicher Olympier. Dann folgen links Artemis und in der Entsprechung rechts Hermes, beide nach außen, auf die Welt gerichtet, der sie die Nachricht von der Geburt der Athena bringen.

Auch innerhalb des ›Palastes‹ entspricht die Anordnung der Götter genauer Überlegung. Artemis und Apollon sind benachbart, weil sie Geschwister sind. Dann folgt Leto, ihre Mutter. In ähnlicher Weise steht Hera neben Zeus als dessen Frau, Poseidon in der Nähe des Zeus als dessen Bruder. Amphitrite wiederum ist die Frau des Poseidon. Themis ist die alte Erdgöttin.

Ernst Buschor schrieb zu diesen Figuren: »Es ist die unbestrittene Tat der Parthenonzeit, daß sie die griechischen Göttergestalten zum ersten Mal in ihrer besonderen Würde und in ihrer abgestuften Eigenart ans Licht gehoben hat. Was die Seher und Dichter der früheren Jahrhunderte geschaut hatten, geht nun in die Werke der bildenden Kunst ein, zu großen plastischen Schöpfungen gestaltet.« – Im Akropolis-Museum findet man im Saal 7 einige Überreste der Figuren vom Ostgiebel; andere Teile besitzt das Britische Museum in London.

Im Westgiebel des Parthenon war der Streit von Athena und Poseidon um das attische Land dargestellt. Dem kämpfenden Thema folgend war die Darstellung hier freier, dynamischer, mit zwei sich aufbäumenden Pferdegespannen als Ausdruck für die Gewalt der aufeinanderprallenden Seinsmächte. In der Mitte aber stand der Ölbaum, das Symbol für Athena, ihre Gabe an das attische Volk.

Der Parthenonfries (vgl. auch S. 104f.): In einer Länge von rund 160 m umzog dieser Fries den oberen Rand der Cellamauer. Dargestellt war der Panathenäenzug, wie er sich alle vier Jahre vom Dipylontor über die Agora hinauf zur Akropolis zog, um Athena, der Schutzherrin der Stadt, einen geweihten Peplos darzubringen. – Der Figurenfries (Höhe 1,06 m) beginnt an der SW-Ecke der Cella und umzieht den Bau in zwei parallelen Richtungen, am Südfries von links nach rechts, am West- und Nordfries (Abb.) von rechts nach links, um sich auf der Ostseite zu treffen, wo ihn die Götter erwarten. – Dargestellt sind Gruppen von Reitern, Opfertiere, Wasserträger, Musikanten und Festordner und an der

Parthenon, Westseite, Cellawand mit »Panathenäenzug«

Spitze des Zuges die Mädchen im Dienste der Burggöttin, die ihr den Peplos darbringen. – Diesen vielschichtigen Vorgang hat die hohe Kunst des Phidias zu einem zeitlosen Geschehen gemacht. Zwar ist der Zug der ganzen Bürgerschaft dargestellt, »doch wird die Menge nie zur Figurenmasse«. Immer trägt »die klar konturierte und begrenzte Einzelgestalt die Komposition«. »Der Glanz des perikleischen Athen kurz vor der Katastrophe (des Peloponnesischen Krieges) ist über den Festzug gebreitet, der so wunderbar-harmonisch das Göttliche im Menschen und das Menschliche der Götter in der hochklassischen Daseinsform zu vereinigen weiß.« (Fuchs)

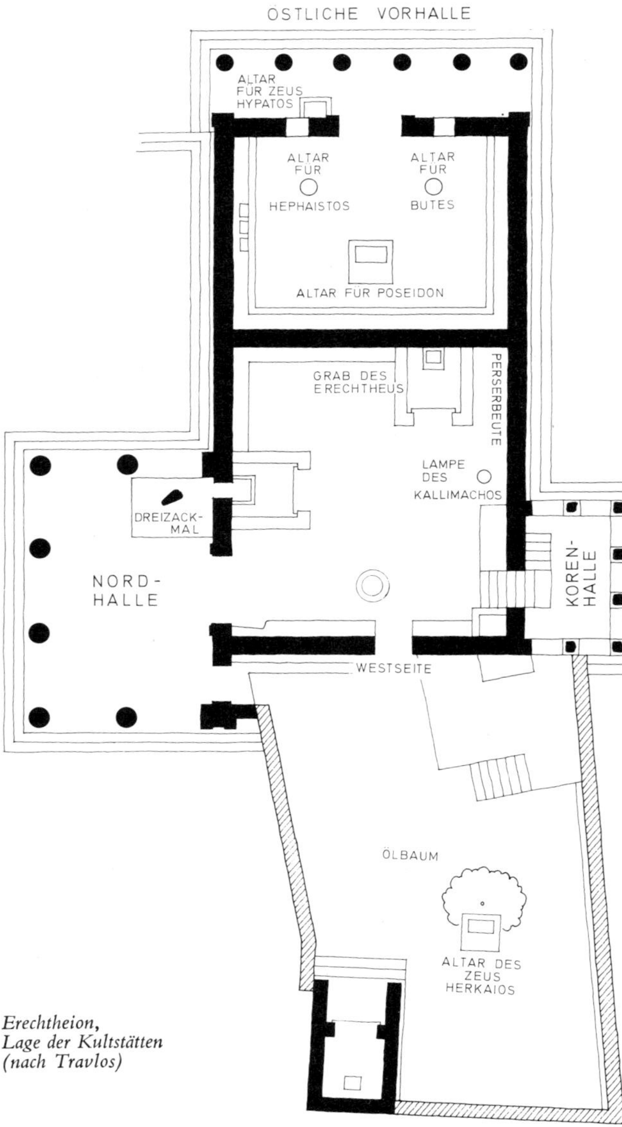

Erechtheion, Lage der Kultstätten (nach Travlos)

Erechtheion, Westseite

Das Erechtheion **Nr. 10**

Wir kennen den Namen des entwerfenden Architekten nicht. Auch wurde der Bau erst acht Jahre nach dem Tode des Perikles begonnen. Dennoch gehört er wohl zur perikleischen Gesamtplanung der Akropolis. Dann aber war auch der bewußte Gegensatz zwischen dorischem Parthenon und ionischem Erechtheion ein Teil dieses Konzepts. Rodenwaldt hat den Gegensatz anders gedeutet. Er sieht im Erechtheion einen »Sieg des religiösen Empfindens«, das auf eine politisch-repräsentative Wirkung, wie sie Perikles mit dem Parthenon und den Propyläen anstrebte, verzichtet. Nach Rodenwaldt muß diese neue Gesinnung vor dem Hintergrund des Peloponnesischen Krieges gesehen werden, in dessen Zeit die Errichtung des Erechtheions fällt.

Die ungewöhnliche Konzeption dieses Bauwerks, das verschiedene, auf unterschiedlichem Niveau liegende Teile umfaßt, erklärt sich aus der architektonischen Zusammenfassung einer ganzen Reihe von Kultstätten, die hier seit uralter Zeit bestanden haben. Diese bauliche Synthese ist bezeichnend für die ordnende und harmonisierende Kraft der klassischen Zeit, ist aber auch Ausdruck einer freieren Geisteshaltung, aus der heraus man sich an eine solche Aufgabe heranwagt.

Erechtheion, Südostseite

Die Heiligtümer

Die genaue Lokalisierung der alten Kultstätten ist in der Forschung umstritten. Nach der von Travlos (1968) gegebenen Rekonstruktion ergibt sich etwa folgendes Bild:

Die sechssäulige Vorhalle im Osten (auf unserer Abbildung rechts) überdeckte einen Altar des *Zeus Hypatos*. Im Inneren der Cella, deren Trennwand nach Westen heute fehlt, standen Altäre für *Poseidon* und für *Butes*, einen Heros (Ahnherr eines attischen Geschlechts) sowie ein Altar für *Hephaistos*. An der Nordwand (heute weitgehend zerstört) rekonstruiert Travlos drei *Sitze für die Priester* dieser Kulte.

Die Nordhalle (Abb. S. 83, links) überdeckte das *Dreizackmal*, die Stelle, wo Poseidon seinen Dreizack in den Felsen gestoßen hatte, um daraus eine Salzquelle fließen zu lassen. Die Halle bildete den Hauptzugang zum *westlichen Teil des Erechtheion*, einem quadratischen Raum, dessen heute teilweise vermauerte und mit Fenstern versehene Säulenwand (Westseite) ursprünglich offen war (vielleicht mit Gittern zwischen den Säulen). Hier verehrte man das *Grab des Erechtheus*, des »erdgeborenen Königs Athens« (wohl eine vorattische Landesgottheit). Hier soll auch die heilige *Burgschlange* gehalten worden sein. Ferner hatte man hier die *Perserbeute* aufgestellt. Dann gab es noch die *goldene Lampe des Kallimachos*, eines Bildhauers und Malers des späten 5. Jh. v. Chr., ein Werk, von dem noch Plinius berichtet. – Über einige Stufen stand dieser Westraum mit der Korenhalle in Verbindung.

Durch eine kleine Tür in der Rückwand der Nordhalle (rechts) kam man in einen außerhalb des Gebäudes gelegenen, von einer Mauer eingefaßten *heiligen Bezirk*, der noch zum alten Besitz der Athena gehörte. Hier stand der heilige *Ölbaum* (heute symbolisch nachgepflanzt) und der *Zeus-Altar*. Auch vermutet man hier einen kleineren Tempel.

Die Korenhalle

Ihre Bedeutung ist bis heute nicht geklärt, doch darf man wohl annehmen, daß mit den sechs Mädchen, die hier das Gebälk tragen, auf die Übergabe des Peplos an Athena angespielt wird.

Die menschliche Gestalt als Stütze oder Träger zu verwenden, ist seiner Wurzel nach orientalisches Gedankengut. In der griechischen Architektur finden wir solche Stützen zum ersten Mal an zwei ionischen Schatzhäusern in Delphi, rund 100 Jahre vor dem Erechtheion. Doch bleiben die Figuren in Delphi sehr viel stärker mit der Architektur verbunden. Hier, auf der Akropolis, hat sich das Motiv verselbständigt, und man hat eher den Eindruck, als trügen die Mädchen einen Baldachin. Bemerkenswert ist der Übergang von den Figuren zur Architektur. Während die Koren in Delphi einen hohen, kelchförmigen Kalathos, einen ›Korb‹, als Zwischenglied verwenden, ist es hier eher ein Kapitell, ein Architekturstück mit Deckplatte, das mittels eines weichen Polsters, einer Art Kissen, auf dem Kopf aufliegt. Auch sind die Mädchen nur scheinbar in völliger Ruhe dargestellt. In Wahrheit verdeutlicht das vorgestellte Bein doch eine Spur von Bewegung. Es ist ein feierliches Schreiten in zwei Gruppen von je drei Figuren. Die Bewegung ist auf den Parthenon hin ausgerichtet, so daß sich zwischen dem zierlicheren Baukörper des Erechtheion und seinem mächtigeren Gegenüber eine optisch wirksame Verbindung herstellt.

Erechtheion, Korenhalle

Zur ionischen Säulenordnung

Das Erechtheion entstand in der unruhigen Zeit nach dem Tode des Perikles, als der Peloponnesische Krieg die griechische Welt erschütterte. So bleibt es erstaunlich genug, daß gerade damals »der schönste griechische Tempel im ionischen Stil« Gestalt gewann, eine zierliche, feinfühlige, ungewöhnliche Schöpfung, deren Detailformen mit der größten Sorgfalt gearbeitet worden sind.

Die ionische Säule, die hier schon fast in einer Überfeinerung auftritt, erscheint schlanker als die dorische, denn bei gleichem unteren Durchmesser ist sie im Verhältnis sehr viel höher. Hat die dorische Säule 20 Kanneluren, so sind es bei der ionischen 24 Auskehlungen, die den Säulenschaft gliedern. Die Muldung ist tiefer, der Rhythmus weniger streng und die Trennung erfolgt nicht durch scharfe Grade wie im Dorischen, sondern durch abgeflachte Stege, die dem Schaft einen eleganteren Charakter verleihen.

Eine Besonderheit der ionischen Säulen am Erechtheion ist das ornamentierte Schmuckband, mit dem der Säulenschaft nach oben abschließt. Getragen und umspielt von einer umlaufenden Ranke erscheinen hier im Wechsel Lotos und Palmette, wie sie auch am Ornamentband der Cellawand wiederkehren. Es ist eine der griechischen Formerfindungen, »die über den Geschmacksrichtungen der Zeit stehen, und alle Merkmale des Zufälligen abgestreift haben« (Kerber).

Das nächste Zierglied, der sog. »Eierstab«, erweist sich in seiner historischen Ableitung als ein stilisiertes Blattornament, bei dem eiförmige Gebilde mit spitzen, sich dazwischenschiebenden Formen abwechseln und so einen lebhaften Oberflächenrhythmus erzeugen.

Die Umsetzung von Baugliedern, die ehemals der Holzarchitektur zugehörten, zeigt der weiche Schwung des sog. Polsters, dem nach beiden Seiten die Einrollung zur ›Schnecke‹ folgt. Aus dem harten, horizontal gelagerten Querholz mit seiner ehemals schützenden Funktion ist ein reines Formgebilde geworden, das nur noch ästhetischen Gesetzen folgt und in dieser Übertragung ein ›Organismus‹ ist, der das Architekturglied auf schöne Weise belebt.

Auch der »Architrav«, der beim dorischen Gebälk noch ein ungegliederter Steinbalken ist, erfährt durch seine Dreiteilung im Ionischen eine belebende Verfeinerung. Der darüber liegende »Fries« aber ist als ruhige (farbige) Hintergrundfläche für hellere Marmorreliefs gedacht, wie man sie heute noch am Nike-Tempel sieht (Abb. S. 71). Alle diese Elemente rechnen mit einer Licht- und Schattenwirkung. So auch die Säulenbasen mit dem Wechsel »Wulst-Kehle-Wulst« (Nordhalle), der später klassischen Form korinthischer Säulenbasen.

Erechtheion, Säule und Gebälk von der Nordhalle

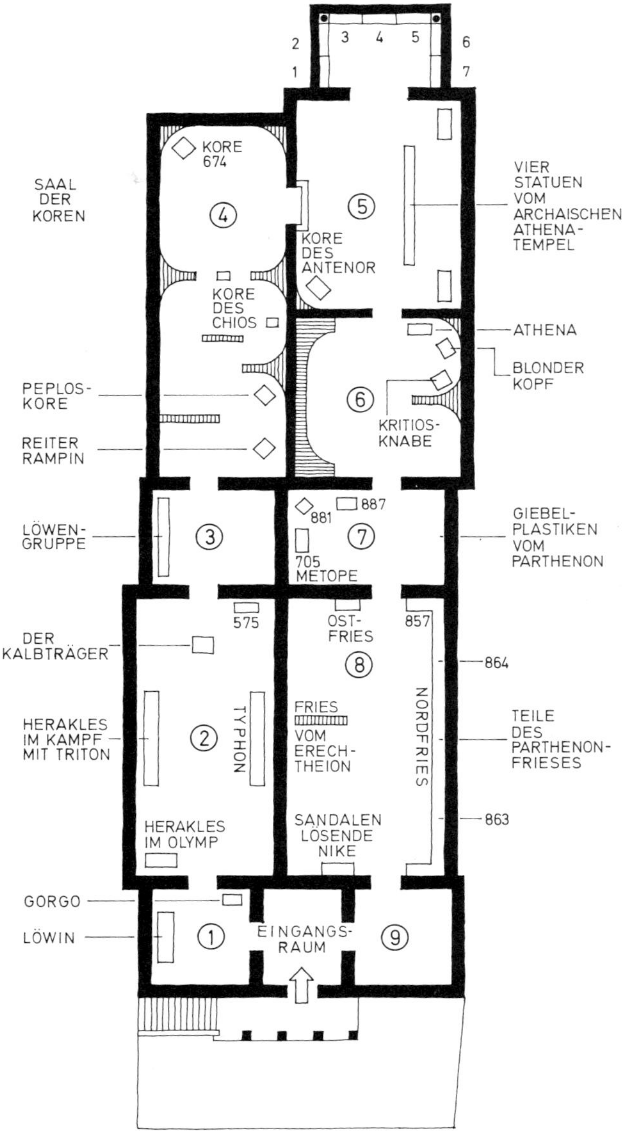

Akropolis-Museum, Orientierungsplan

Saal 1: Farbig gefaßter *Akroter* in Form einer Palmette zwischen zwei aufsteigenden Voluten.

Die Form wird von der griechisch-ionischen Kunst im frühen 7. Jh. v. Chr. aus dem Orientalischen übernommen und findet dann zunehmend in Architektur und Plastik, in der Vasenmalerei und an Geräten einen nahezu unbegrenzten Anwendungsbereich.

Die *Palmette* ist eine stilisierte Form fächerförmig angeordneter Blätter. Die gleichzeitige dorische Architektur kennt solche Schmuckformen weniger, doch kommt es gerade auf attischem Boden zu einer gegenseitigen Beeinflussung, so daß Dorisches und Ionisches häufig nebeneinander auftreten.

Das Akropolis-Museum — Nr. 10

Öffnungszeiten: im Sommer 9–17 Uhr; im Winter 9–16 Uhr; an Sonn- und Feiertagen 10–14 Uhr. – Di geschlossen; So und Do freier Eintritt.

Das Museum liegt am östlichen Ende des Burgfelsens in unmittelbarer Nähe des Parthenon. Die Bestände wurden nach dem Zweiten Weltkrieg neu geordnet und gehören zu den größten Sehenswürdigkeiten Athens. Man findet hier so berühmte Werke wie den »Kalbträger«, den »Reiter Rampin«, den »Kritios-Knaben« und etwa zwei Dutzend »Koren«, ferner Teile vom Parthenonfries. Das Schwergewicht liegt auf der Plastik, die auch bedeutende Überreste aus archaischer Zeit umfaßt. Ein großer Teil der hier gezeigten Werke wurde aus dem sog. ›Perserschutt‹ geborgen, einer beim Wiederaufbau der Akropolis vorgenommenen Geländeaufschüttung aus dem Material der von den Persern 480/479 v. Chr. zerstörten Tempel und Kultstätten.

Saal 1–3 (Allgemeines) — *(Akropolis-Museum)*

In den drei ersten Räumen des Akropolis-Museums gewinnt man an Hand zahlreicher Architekturreste aus dem sog. ›Perserschutt‹ eine gewisse Vorstellung vom Aussehen der vorklassischen Bauten auf der Akropolis, die 480/479 v. Chr. von den Persern zerstört wurden. Es handelt sich überwiegend um archaische Bauwerke des 6. Jh. v. Chr., so daß wir hier die Frühformen des griechischen Tempels kennenlernen. Als Material wird in dieser Zeit noch nicht der kostspielige Marmor, sondern der billigere *Poros* verwendet, eine leichte, aber feste Kalksteinart (Kalktuff), die auf der benachbarten Halbinsel *Akte* (Piräus) ansteht.

Von besonderem Wert sind die zahlreichen Spuren farbiger Bemalung an Architektur und Plastik. Sie korrigieren in einem wesentlichen Punkt unsere zumeist falsche, klassizistisch beeinflußte Vorstellung von griechischer Kunst. Farbe war für das künstlerische Gestalten jener Zeit ein unverzichtbarer Bestandteil, historisch gesehen wohl ein Erbstück der minoischen Palastkultur auf Kreta, die aber selbst keine Tempelbauten kennt.

Akropolis, Ostgiebel eines archaischen Tempels

In den zahlreichen Resten griechischer Plastik erleben wir zugleich die Auseinandersetzung des griechischen Menschen mit der Vorstellungswelt einer älteren, ererbten Naturreligion, die durch die neue Bildwelt des griechischen Mythos nun schrittweise den alten Dämonenglauben verdrängt. Daher ist es nicht gleichgültig, welche Bildvorstellungen im Giebeldreieck der archaischen Tempel ihren plastischen, gestalthaften Ausdruck finden. Das Akropolis-Museum vermittelt in dieser Hinsicht großartige Einblicke.

Saal 1 *(Akropolis-Museum)*

Archaischer Gorgokopf (Nr. 701): An einem archaischen Tempel (um 580 v. Chr.) bildete diese Gorgo den obersten, frei in den Himmel aufragenden Schmuck des Giebeldreiecks, ein Beispiel für die bildhafte Gegenwart des Dämonischen in jener Zeit. »Das Gorgonenhaupt ist eine Schutzmaske, die von den Priesterinnen der Mondgöttin getragen wurde, um die Nichteingeweihten zu vertreiben« (Ranke-Graves). Die Griechen übernahmen diese Vorstellung und machten aus der Gorgo ein Wesen, das den Tempel gleichsam bewacht und vor ungebetenen Eindringlingen schützt. Als magisches, Unheil abwehrendes, den Gegner schreckendes Zeichen erscheint ihr fratzenhaft erstarrtes Antlitz mit den fletschenden Zähnen und der heraushängenden Zunge auch auf den Schilden der Krieger, auf dem Brustpanzer der Athena und auf Festungsmauern. – Rund zehn Jahre vor der Gorgo der Akropolis findet sich ihr Bild im Giebelfeld des Artemis-Tempels auf Korkyra (Korfu) als vollständige Figur, in ungestümem Lauf, mit riesigen Flügeln und Flügelschuhen und von Schlangen umgürtet. Ähnlich muß wohl auch die Gorgo von der Akropolis ausgesehen haben, denn man hat Reste der zu ihr gehörenden Schlangen gefunden. – Im Laufe des 6. Jh. v. Chr. verliert sich das Bild der Gorgo in der griechischen Plastik, und es treten an ihre Stelle die ornamental-pflanzlichen Akrotere (Abb. S. 89).

Löwin, ein Kalb zerreißend (Nr. 4): Von der Urgewalt der archaischen Bildvorstellung vermittelt dieses Fundstück einen nachhaltigen Eindruck. Es handelt sich um die rechte Hälfte einer Giebelfüllung, dem die linke Seite spiegelbildlich entsprach. Diese spiegelbildliche, ›heraldische‹ Anordnung ist bereits ein erster Schritt zur Überwindung der bloßen Naturmächtigkeit durch den von Symmetriegesetzen beherrschten ›Kunstzusammenhang‹. Eine annähernd symmetrische Verteilung der Giebelfiguren bleibt bis in die Parthenonzeit ein typisches Kennzeichen für das Streben nach einer geistigen Ordnung, die noch im lebendigsten Bild wirksam ist.

Die Löwengruppe füllte nur die Mitte des Giebels. Von Bedeutung ist, daß sich daneben, in den *Zwickelflächen* des Giebels, ein *mythisches* Geschehen entfaltet, als Gegenwelt zum rein Dämonischen.

Links sah man den Kampf zwischen Herakles und dem fischleibigen Meeresdämon *Triton*, rechts »die Begegnung von Zeus mit dem schlangenfüßigen Wind- und Feuerdämon *Typhon*« (Homann-Wedeking). – Vgl. die obige Rekonstruktion; beide Fundstücke in Saal 2 (Nrn. 2, 35).

Rekonstruktion nach Schuchhardt

Saal 2 *(Akropolis-Museum)*

Der Wind- und Feuerdämon Typhon (Nr. 35): Hervorzuheben ist die starke Plastizität, die von nun an die griechischen Giebelfiguren kennzeichnet. Die Stufe reliefartiger Darstellungen ist überwunden. Die Gestalten drängen mit Macht in ein körperlich-greifbares Dasein. Hervorzuheben ist aber auch die farbige Behandlung, für die gerade das Akropolis-Museum eine Fülle von Beispielen bietet. Pompejanisches Rot und ein teilweise dunkles, gelegentlich auch helleres Blau stehen beherrschend neben Ockergelb. Die Farbe dient hier noch nicht der individuellen Charakterisierung von Einzelheiten, sie ist vielmehr gleichmäßig über den plastischen Gegenstand verteilt, als sachliche Klärung, und mit der Aufgabe, ihm Leuchtkraft zu geben.

Herakles im Kampf mit Triton (Nr. 2): Das Erscheinen von Herakles in der griechisch-archaischen Giebelplastik (hier im Kampf mit dem Meeresungeheuer Triton) ist ein wichtiges Element bei der Überwindung des Dämonenglaubens, denn Herakles kämpft in seinen berühmten zwölf Taten, wie wir heute durch die Forschungen von Ranke-Graves wissen, gegen vorzeitliche Kulte.

Die Zusammenhänge waren zum Teil schon den Griechen der klassischen Zeit nicht mehr geläufig. Doch unabhängig davon wurde Herakles für die Griechen zu einem Leitbild für Mut und Tatkraft des Menschen, auch im Geistigen. So ist es bezeichnend, daß im Kampf gegen die Giganten selbst die Olympier nur mit Hilfe des Herakles siegen können. Die Götter verwunden zwar die Gegner, aber Herakles ist es, der ihnen jeweils den Todesstoß versetzt (vgl. auch die Aufnahme des Herakles in den Olymp, Nr. 9).

Kleiner Poros-Giebel (Nr. 9): Rechter Teil eines kleinen Poros-Giebels mit der Einführung des Herakles in den Olymp. Zeus sitzt würdevoll auf einem Thron (schon das ist ein wichtiger geistiger Vorgang, denn er wird als Person gesehen – eine Prägung des 6. Jh. v. Chr.). Herakles schreitet auf Zeus zu, ihm folgt Hermes; etwas zurückgesetzt ist Hera zu sehen. – Die Darstellung mag für moderne Augen ›primitiv‹ wirken, doch darf man die geistige Dimension nicht übersehen, die sich dahinter verbirgt. Denn es sind diese tastenden und dennoch kühnen Versuche, die Götter neu zu erfassen, auf denen letztlich die Kunst des 5. Jh. v. Chr. mit den Werken eines Phidias basiert.

Archaische Marmor-Sphinx (Nr. 630): Das Werk steht in zeitlicher Parallele zu der berühmten Sphinx der Naxier in Delphi (um 560/550 v. Chr.), erreicht aber nicht deren überragende Qualität, ist gedrungener, auch kleiner im Format und weniger fein ausgearbeitet.

Bei den Ägyptern war die Sphinx ein Ausdruck der physischen und geistigen Macht ihrer Könige (daher die Mischung zwischen Löwenleib und Menschenkopf). In Syrien veränderte sie sich zu einem weiblichen Wesen, und im griechischen Mythos ist sie eine geflügelte Löwin mit menschlichem Kopf. Griechischer Geist hat auch dieses Wesen verwandelt und ihm mildere Züge verliehen. Es verkörpert das Rätselhafte, doch hat es nichts Schreckliches mehr an sich.

(Nr. 624): Dieses berühmte und bedeutende Bildnis aus hocharchaischer Zeit (um 570 v. Chr.) entstand rund 40 Jahre nach dem »Kuros von Kap Sunion« (Abb. S. 21), der am Anfang der griechischen Großplastik steht. Neben das Monumentalbildnis, das in seiner Seinsmächtigkeit die Fülle der Lebenskräfte meint, tritt nun das etwas kleinere, den *konkreten* Menschen darstellende plastische Bildwerk.

Das Motiv des Kalbträgers als eines jüngeren Mannes, der auf seinen Schultern ein Opfertier hält, um es im Heiligtum der Gottheit zu weihen, begegnet uns schon in Bronzestatuetten des 7. Jh. v. Chr., kaum größer als 20 cm.

Neu ist also nicht das Thema, sondern der Maßstab. Der Mensch in seiner Alltäglichkeit steigt in den Rang der Großplastik auf, stellt sich in neuer Bewußtheit dem Gott gegenüber, ist körperlich gegenwärtig als ein auf Dauer gearbeitetes Monument. Noch treten keine individuellen Züge nach außen. Das Bildnis hat zwar einen konkreten Stifter, der sich auch mit seinem Namen an der Basis nennt, aber hinsichtlich seiner Form wahrt es doch mehr die Züge des Allgemeinen, ist eher Typus als wirkliche Person und feiert mehr die Handlung als den Handelnden.

So spricht aus dem Kalbträger die festgefügte Ordnung der archaischen Zeit. Frontalität ist ihm gemäß. Jede Drehung, jede Steigerung in der Bewegung würde den Ausdruck des Zeitlos-Gültigen nur beeinträchtigen. Dem archaischen Denken sind solche Möglichkeiten noch fremd. Eher könnte man sagen, daß im Kalbträger noch etwas vom Geist des Geometrischen nachwirkt. Doch hat er sich natürlich schon weit von dieser Zeit entfernt.

Der additive Aufbau des Körpers aus einzelnen, isoliert gesehenen Gliedmaßen weicht allmählich einer Verschmelzung der Teile zu einem größeren, einheitlichen Ganzen. Die abgewinkelten Arme des Mannes liegen eng an seinem Körper an; ebenso eng verbindet sich aber sein Körper mit dem des Tieres, ja es findet im Bereich der Arme geradezu eine ›Verknotung‹ statt. So kommt der Sinn der Opferhandlung in vollendeter Weise zum Ausdruck. Auf die Gottheit ausgerichtet, werden Mensch und Tier in einem höheren Sinne identisch. Denn im Opfer wird dem Gott an Stelle des Menschen das Tier dargebracht.

Archaisches Viergespann (Nr. 575): Dieselben formalen Gesetze eines symmetrisch gebundenen Figurenaufbaus kann man an den Resten eines Viergespanns (um 570 v. Chr.) beobachten, einem Weihrelief aus Marmor. Der heute fehlende Wagen war wohl auf der Reliefplatte durch Malerei dargestellt, der Wagenlenker vielleicht als Flachrelief gearbeitet.

Saal 3: Aus derselben Zeit wie der »Kalbträger« und das »Viergespann« stammt eine Löwengruppe (Nr. 3) aus dem Giebel eines archaischen Tempels, vielleicht dem alten Athena-Tempel auf der Akropolis.

Der »Kalbträger« (um 570 v. Chr.)

Die »Peplos-Kore« (Saal 4) *(Akropolis-Museum)*

(Nr. 679): Parischer Marmor, Höhe 1,21 m (um 540/530 v. Chr.), 1886 auf der Akropolis gefunden. Benannt nach der Art ihrer Kleidung. Sie trägt einen gegürteten dorischen Peplos mit Überfall, darunter einen feinen Leinenchiton.

Die bekannte »Peplos-Kore« ist ein Werk aus der zweiten Hälfte des 6. Jh. v. Chr. und entstand rund 40 Jahre nach dem besprochenen »Kalbträger«. Dieser zeitliche Unterschied, dort das ältere, hier das jüngere Werk, macht sich deutlich bemerkbar. Die Sprache der Bildhauer wird ›flüssiger‹, und das anfangs betont monumentale Sehen setzt sich um in »menschlichere Dimensionen, in blühendere, greifbarere Formen«. Es entstehen jetzt Werke »von schönster Ausgeglichenheit, voll strahlender Kraft und Anmut« (Schuchhardt).

Nach wie vor wird die Arbeit der Künstler vom Typus bestimmt, wie beim Kuros so hier bei der Kore. Aber innerhalb der so gesetzten Grenzen beobachten wir doch eine reiche Entfaltung der Form und bemerken Unterschiede nach Künstlern und Landschaften. Und da die Koren auf der Akropolis nicht nur von den Athenern, sondern auch von Fremden gestiftet wurden, konnte gerade dieser Fundort zu einer reichen Quelle unserer Kenntnis von griechischer Lebenswirklichkeit werden. Nur etwa die Hälfte der Koren sind attische Werke. Der Typus aber hat seinen Ursprung im östlichen Ionien und kam von dort nach Athen (Homann-Wedeking). »Schon in der Tracht zeigt sich Ionien als der gebende Teil. Dort sind die ältesten dieser Figuren mit dem Chiton, einem hemdartigen Kleidungsstück aus dünnem, zartem Stoff bekleidet. Später kommt noch als Bereicherung ein kurzer Mantel hinzu.«

Die »Peplos-Kore« ist indessen nach ihrer ganzen Auffassung eine rein attische Schöpfung und unterscheidet sich von dem Faltenreichtum der ionischen Parallelwerke durch eine betont schlichte Haltung, die man als ›klassisch‹ bezeichnen möchte. »Die Nähe der klassischen Gesinnung ist in Athen bereits um 540/530 greifbar vor Augen« (Fuchs).

Der »Reiter Rampin« (Saal 4) *(Akropolis-Museum)*

(Nr. 590): Das Akropolis-Museum besitzt nur den Körper der Figur, der Kopf (hier als Gipsabguß ergänzt) befindet sich im Louvre in Paris. Es handelt sich um »das erste Reiterstandbild der europäischen Kunst« (um 560/550 v. Chr.), ein Marmorwerk, zu dem Reste einer Parallelfigur gefunden wurden.

Auch der »Reiter Rampin« ist ein rein attisches Werk, vermutlich sogar von demselben Meister, der auch die »Peplos-Kore« geschaffen hat. Beide Bildwerke verbindet eine hoheitsvolle, adlige Gesinnung, wie sie in dieser Formklarheit nur in der attischen Plastik anzutreffen ist. Das Antlitz ist voll lebendigen Ausdrucks und wie bei der »Peplos-Kore« von einem strahlenden Daseinsgefühl geprägt. Es wirkt lebensnah, fast schon persönlich, vor allem in den mandelförmig geschwungenen Augen und dem lebhaften Mund mit dem Spiel der Lippen. Es muß sich wohl um hochgestellte Persönlichkeiten gehandelt haben, die in dieser Weise ihr Bildnis der Göttin Athena weihen konnten. Gelegentlich wurde vermutet, es könne sich um Hippias und Hipparch handeln, die Söhne des ›Tyrannen‹ Peisistratos, der in der Zeit zwischen 560 und 528 v. Chr. Athen regierte, nach dem Urteil des Aristoteles »mehr wie ein guter Bürger als wie ein Tyrann«. – Vergleicht man den Kopf des Reiters mit denjenigen von »Kleobis und Biton« in Delphi (Abb. S. 4), so wird deutlich, welchen Weg die Kunst innerhalb von nur 60 Jahren zurückgelegt hat. Aus dem archaischen Bildwerk, das in großen allgemeinen Formen einen Typus skizziert, dem noch etwas Urwüchsiges und Elementares anhaftet, wird in der knappen Zeitspanne von nur zwei Generationen ein ungleich differenzierteres Sehen. Das Elementare tritt zurück zugunsten einer neuen, wachen Geistigkeit.

 Sog. »Peplos-Kore« (um 540/530 v. Chr.)

Saal 4 (Nr. 674): *Kore von der Akropolis* (um 510/500 v. Chr.).

Der ungewöhnlich ernste, in sich gekehrte Gesichtsausdruck erklärt sich vielleicht durch das späte Datum dieser Figur. Wir stehen am Ende der archaischen Zeit, deren ›Lächeln‹ nun langsam erstirbt. Als attisch erweist sich das Werk durch seine vornehme Zurückhaltung. Die Gestalt ist schlank und zart, die Behandlung des Stoffes nicht allzu üppig. In der Fältelung überwiegt deutlich ein schöner, ruhiger Vertikalismus. Einzelne Partien erinnern an Kanneluren einer griechischen Säule.
Das Mädchen ist dargestellt, wie es mit einer Spende vor die Göttin tritt. Der rechte Arm war stark abgewinkelt und aus diesem Grunde, wie üblich, gesondert gearbeitet. Die rechte Hand hielt die Opfergabe (vgl. die Kore rechts, Nr. 685).

Kore eines Meisters aus Chios (Saal 4) *(Akropolis-Museum)*

(Nr. 675): Marmorstatue mit starken Farbresten, Höhe 0,55 m (um 520 v. Chr.), ein spätarchaisches Werk von der Insel Chios an der kleinasiatischen Küste.

Der Unterschied zur »Peplos-Kore« tritt klar zu Tage. Wir haben es nicht mit einem attischen, sondern mit einem ionischen Bildwerk zu tun, wie schon die Kleidung zeigt (der leichte, schmiegsame, dichtgefältete Chiton), vor allem aber die sehr viel reichere, plastisch üppigere, prunkende Formensprache. Das wird noch gesteigert durch die starke Farbgebung, die sich hier in großen Resten erhalten hat, so daß wir noch einzelne Ornamente, wie sie den Mantel zierten, erkennen können. Das Zusammenspiel zwischen Skulptur und Bemalung gehört zum Reichtum spätarchaischer Plastik.

Der Bildhauer richtet seine ganze Erfindungskraft auf das kontrastreiche Spiel zwischen Chiton und Mantel, Kopf und Haar. Während der Kopf noch ganz im Sinne der archaischen Frontalität gleichsam unbeweglich verharrt und der Figur ihr Für-sich-sein erhält, äußert sich in den zierlichen, nach vorne weit über die Brust herabhängenden Zöpfen ein neuer Bewegungsimpuls, der zusammen mit dem kunstvoll drapierten Mäntelchen zu einer fast schon ›kokettierenden‹ Haltung führt.

Der rechte Arm des Mädchens war nach vorne abgewinkelt und hielt die Opfergabe, mit dem linken Arm wurde der Chiton gefaßt und leicht zur Seite gezogen. So erklären sich die senkrechten Stoffalten (links) ebenso wie die fächerförmig zusammenführenden Bahnen (rechts). Bei näherer Betrachtung wird man feine Nuancen bemerken, die zum lebendigen Eindruck der Figur nicht unwesentlich beitragen. Nirgends gibt es eine strenge Vertikalität, wohl aber Schwingungen, die sowohl nach rechts, wie in der Gegenbewegung nach links spürbar sind.

»Kore des Antenor« (Saal 5) *(Akropolis-Museum)*

(Nr. 681): Monumentale Marmorstatue des attischen Bildhauers *Antenor*, Höhe 2,25 m (um 525 v. Chr.). – Das Bildwerk folgt dem ionischen Typus mit Chiton und schrägem Schultermantel, doch verleiht ihm der spätarchaische Meister eine Monumentalität, wie sie in dieser Weise nur in der attischen Kunst denkbar ist. Nicht die absolute Größe (Höhe 2,25 m) ist dafür ausschlaggebend, sondern die Strenge der formalen Gestaltung.

In der Fältelung des Stoffes kommen mit unterschiedlichem Gewicht drei Richtungen zu Wort. An der linken Schulter formt sich aus feinsten Wellenlinien ein nach rechts ausstrahlendes Muster. Im unteren Teil der Figur antwortet ihm im Gegensinne ein sich nach links auffächerndes Lineament. Die Mittelzone bestimmen kräftigere Parallelismen, die durch das Auf und Ab der Manteländer begrenzt und belebt werden.

Vier Statuen vom archaischen Athena-Tempel (Saal 5)

(Nr. 631): Auf der Akropolis gefunden. Giebelplastik (um 525 v. Chr.). – Vorne »Zeus« und »Athena« von der Giebelmitte, seitlich zurückgesetzt zwei »am Boden liegende Giganten«. Die Giebelplastik hatte somit den Kampf der olympischen Götter gegen die Giganten zum Thema. In den Giganten verkörpern sich Kräfte und Vorstellungen einer vorzeitlichen Naturreligion, denen in der Dichtung seit Homer (um 800 v. Chr.) und in der Großplastik seit dem 6. Jh. v. Chr. die olympischen Götter entgegentreten. Diese geistige Auseinandersetzung wird in der Sprache der Bildwerke zu einem Kampfgeschehen, das der archaische Künstler gleichsam ›wörtlich‹ darstellt. Zeus und Athena werden zu ›Kriegern‹, die bewaffnet in die Schlacht ziehen und mit den Urgewalten ins Handgemenge geraten. Zeus kämpft mit seinem Blitzbündel, Athena mit Schild und Lanze, mit Panzer und Helm. – Das ursprüngliche Gesamtbild zeigt eine Rekonstruktion.

Ausstellungsvitrinen im Saal 5 *(Akropolis-Museum)*

Vitrine 1: Attisch-geometrische *Keramik* des 8./6. Jh. v. Chr., z. T. aus Gräbern südlich der Akropolis. – Korinthisches *Alabastron.* – Zwei spindelförmige *Pyxiden* (Dosen mit Deckel zur Aufbewahrung von Kosmetiksachen und Schmuck). – Korinthischer *Skyphos* (tassenförmiges Trinkgefäß mit zwei Horizontalhenkeln).

Vitrinen 2/3: Attisch-schwarzfigurige *Vasen*, meist 6. Jh. v. Chr., darunter mehrere *Lutrophoren* (*Lutrophoros:* zwei- oder dreihenkliges schlankes Gefäß mit langem Hals, das Wasser für das Brautbad enthielt).

Vitrine 4: Archaische *Marmorskulpturen* von der Akropolis, u. a. mehrere Köpfe, Teile eines Reiters, Statuette eines sitzenden Schreibers (ohne Kopf) mit dem Schreibkasten auf den Knieen.

Vitrine 5: Attisch-schwarzfigurige *Keramik*, u. a. *Lutrophoren* mit Hochzeitsbildern, *Idol* einer sitzenden weiblichen Figur.

Vitrine 6: Qualitätvolle *rotfigurige Lekythos* (Salbgefäß, Ölkanne mit engem Hals, trichterförmiger Mündung und abgesetztem Fuß) mit Hochzeitsdarstellung (Ende 5. Jh. v. Chr.). – Besonders schöne *weißgrundige Lekythos* (Mitte 5. Jh. v. Chr.) mit der Wiedergabe einer Grabstele. Rechts ein Jüngling mit Speer (der Verstorbene). Links der alte Vater. – Mehrere Fragmente von *Lutrophoren* mit Hochzeitsbildern.

Vitrine 7: Kleinplastik aus Marmor, Tonidole, Glockenkrater (4. Jh. v. Chr.) mit Darstellung des Adonisfestes. – *Henkel von Bronzegefäßen* mit Palmetten und Löwenköpfen. – *Holzdübel* von den Säulentrommeln des Parthenon.

(Nr. 698): Frühklassische Jünglingsstatue, parischer Marmor, Höhe 0,86 m (kurz vor 480 v. Chr.). 1865 der Körper, 1888 der Kopf auf der Akropolis gefunden. Benennung nach *Kritios*, einem führenden Bildhauer im Athen der Jahre um 480 v. Chr., dem das Werk aus stilistischen Gründen zugewiesen wird.

In den beiden Jahrzehnten zwischen 500 und 480 v. Chr. (noch vor dem Perserssturm) vollzieht sich in der griechischen Kunst eine entscheidende Veränderung, die wir rückblickend als den Übergang vom Spätarchaischen zum Frühklassischen erkennen. Der »Kritios-Knabe«, eine nicht sehr große Figur (Höhe 0,86 m), nimmt in dieser Hinsicht eine beispielhafte und exponierte Stellung ein, weil er die früheste, nahezu vollkommen erhaltene Statue der griechischen Kunst ist, die für unsere Kenntnis schon jenseits des Archaischen steht und mit ihren frühklassischen Merkmalen ein neues Menschenbild repräsentiert.

Zunächst will es scheinen, als habe sich nur wenig verändert. Man möchte die Statue einreihen in die lange Kette griechischer Jünglingsfiguren, die sich in ihrer Haltung mehr oder weniger ähneln, und auch in der Thematik scheint sich nichts Neues zu ergeben (der Kritios-Knabe war Sieger in den panathenäischen Wettkämpfen).

Die Veränderung ist dennoch von grundsätzlicher Art. Wir beobachten am »Kritios-Knaben« ein freieres Stehen, eine natürlichere Erscheinung, ein lebendigeres Sein. Wir sehen, wie sich das rechte Bein im Knie abbiegt und wie sich als Folge davon eine Verlagerung des Gewichts auf die linke Seite ergibt. Das ist scheinbar nur eine kleine formale Veränderung, in Wahrheit aber der Ausgangspunkt für die Darstellung des Menschen als eines auf sich selbst gestellten Wesens. Das archaische Sein, in seiner vorgegebenen Allgemeinheit, beginnt sich aufzulösen, und es erfolgt »behutsam« ein erster Schritt in die Freiheit des eigenen Selbst.

Dieser Vorgang spielt sich gleichsam lautlos, im Medium einer noch »zarten Bewegtheit« (Wegner) ab. »Nicht durch Kraft, sondern durch neue konzentrierte Stille wird das frühklassische Menschenbild geprägt« (Fuchs). Das archaische Lächeln weicht einem nachdenklichen Ernst.

An die Stelle der »starren, formelhaften Bildung« tritt nun »organisches Leben«. Das geschieht nicht sprunghaft, aber doch so, daß es kein Zurück mehr gibt. Der griechische Mensch wird sich nun schrittweise seiner individuellen Freiheit bewußt. Es ist der Augenblick, »in dem die ersten freien und demokratischen Stadtstaaten der Weltgeschichte auf der Grundlage von Gleichheit und Gesetz entstehen«. Die archaische Kunst hatte dem *Gesetz* Ausdruck verliehen, die klassische Kunst läßt den Gedanken der *Freiheit* Gestalt werden. Der Widerspruch zwischen beiden wird anfangs noch nicht erkannt; er bestimmt erst die nachklassische Kunst.

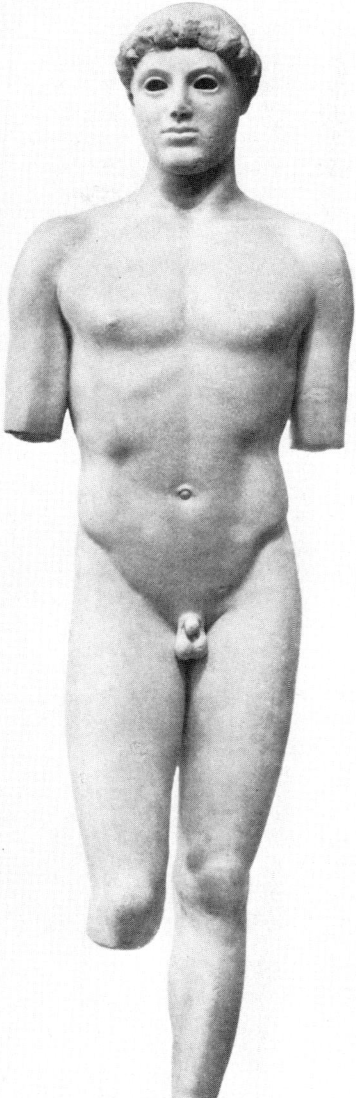

Weihrelief für Athena (Saal 6) *(Akropolis-Museum)*

(Nr. 695): Marmorrelief von der Akropolis, 1888 südlich vom Parthenon gefunden, Höhe 0,54 m (um 460 v. Chr.), ursprünglich bemalt.

In frühklassischer Zeit verändert sich mit dem Bild des Menschen auch das Bild der Gottheit. Zwischen beiden besteht eine Wechselwirkung, ja sie bedingen sich gegenseitig. Verliert sich beim Menschen das archaische Lächeln, so erscheint auch das Bildnis des Gottes ernster. Sieht sich der Mensch als erwachendes und zugleich sinnendes Wesen, so verleiht er auch der Gottheit vergleichbare Züge.

Athena hat sich auf ihre Lanze gestützt und betrachtet nachdenklich einen Grenzstein, wie sie ähnlich in der Palästra als Zielmarkierungen standen (Fuchs). Dieser Stein läßt vermuten, daß das Weihrelief mit einem sportlichen Sieg in Zusammenhang steht. Was genau gemeint ist, wissen wir nicht. Dagegen ist die Veränderung im Bild Athenas erkennbar. Indem auch die Göttin ›nachdenkt‹, nimmt sie dem Menschen verwandte Züge an. Die Distanz zwischen beiden Seinsweisen verringert sich. Es ist das Gedankliche, das sie verbindet.

Weihrelief für Athena, Ausschnitt (um 460 v. Chr.)

Der »Blonde Kopf« (Saal 6) *(Akropolis-Museum)*

(Nr. 689): Jünglingskopf von der Akropolis, Rest einer Statue, Marmor, ursprünglich bemalt, Höhe 0,25 m (um 480 v. Chr.), vermutlich ein attisches Werk.

Der auf der Akropolis gefundene Kopf, der aufgrund seiner gelblichen Farbspuren am Haar der »Blonde Kopf« genannt wird, ist nach Entstehungszeit und künstlerischer Formung ein Parallelstück zum »Kritios-Knaben«. Hier wie dort hat sich das archaische Lächeln verloren. Der Ausdruck ist ernst und verhalten; der Blick nachdenklich; kein strahlender Sieger also, dafür ein seiner selbst bewußter Mensch.

Nur wenige Jahre trennen dieses Bildnis von demjenigen des »Wagenlenkers« in Delphi (Abb. S. 139). Der Wagenlenker, nur um weniges jünger, blickt offener, direkter und wohl auch unbefangener. Er ist sich seiner selbst sicherer, wenn auch das Individuelle noch in den großen ruhigen Elementarformen aufgehoben ist. Beide Jünglinge aber, der ›blonde‹ und der als Wagenlenker bekannte, gehören wesensmäßig zum Menschenbild der griechischen Frühklassik.

Auch in klassischer Zeit hat das mythische Bild nichts von seiner Strahlkraft verloren. Der zu neuem Bewußtsein erwachte Geist der Griechen streift den Mythos nicht einfach ab, sondern er bemächtigt sich der überlieferten Themen, indem er sie aufs neue deutet. Die Metopen des Parthenon sind dafür ein hervorragendes Zeugnis.

Der Kampf zwischen Lapithen und Kentauren (historisch die Auseinandersetzung vorzeitlicher Bergvölker Nordgriechenlands) wird zu einem grandiosen Bild der Lebenskräfte, die sich kühn, ja eruptiv entfalten. Als eine »Totalität der Daseinserfahrung« standen sie dem antiken Menschen in ihrer ganzen Tragik vor Augen, ein Bild unendlichen Kampfes, doch erfüllt von hohem Ethos, indem »der Unterliegende nie verächtlich gemacht wird« (Fuchs).

Die Metope von der Südseite des Parthenon zeigt einen angreifenden Kentauren, wie er einen Lapithen in den Würgegriff nimmt, um ihm im nächsten Augenblick den Todesstoß zu versetzen. Der Pferdeleib des Kentauren meint hier

Metope von der Südseite des Parthenon

Ausschnitt aus dem Parthenonfries (vgl. S. 106, Nr. 863)

weniger das Tierische als vielmehr die elementare, naturhafte Kraft, die sich im Lebenskampf äußert. Es sind *Menschen*, die hier miteinander ringen (der Tierkörper findet seine Erklärung in einem Pferdekult, dem das thessalische Bergvolk der Kentauren in früher Zeit anhing). Für den Meister der Parthenon-Metope wird aber aus dem Geschlecht der Kentauren ein künstlerisches Motiv. Diese merkwürdigen Mischwesen geben ihm Gelegenheit, das Kampfgeschehen in anschaulicher Weise aus gegensätzlichen Gestalten kontrastreich aufzubauen. Das wiederholt sich in erfindungsreichen Bildern auf mehr als zwanzig der Metopen, wobei ein übergreifender Rhythmus erkennbar wird, der das einzelne Bild mit dem der benachbarten Metope verbindet.

Giebelplastiken vom Parthenon: (Nr. 881): Weiblicher Torso vom Ostgiebel, vermutlich *Selene*, die sich vorbeugt, um ihr Gespann dem Sonnenuntergang entgegenzuführen (vgl. Abb. S. 78). – (Nr. 887): Männliche Gestalt von der Südecke des Westgiebels, vielleicht Personifikation des *Ilissos*-Flusses. – (Nr. 885): Großer männlicher Torso, Oberkörper des *Poseidon* aus der Mitte des Westgiebels (Gipsabguß mit originalem Brustfragment).

Parthenonfries (Ausschnitt): Poseidon, Apollon

Teile des Parthenonfrieses (Saal 8) *(Akropolis-Museum)*

Der schon in der Antike viel bewunderte Fries, der am Parthenon die Außenwand der Cella in einer Länge von fast 160 m umzog, bildet die größte Figurenkomposition der klassischen Kunst. Dargestellt war der *panathenäische Festzug*, wie er sich alle vier Jahre vom Dipylontor über die Agora hinauf zur Akropolis bewegte, wo der Stadtgöttin Athena ein Peplos dargebracht und ihr geopfert wurde. Neben den zwölf olympischen Göttern zeigte der Fries eine kaum zu überschauende Zahl von Figuren. Man hat über 300 Menschen und rund 200 Tiere gezählt. Neben *Phidias*, auf den wohl Idee und Entwurf zurückgehen, arbeiteten noch andere bedeutende Bildhauer am Parthenonfries mit.

Obschon sich die Darstellung an der Wirklichkeit orientiert, fehlen doch, im Gegensatz zu den späteren römischen Reliefs, alle direkten Hinweise auf den Ort des Geschehens. Man sieht keine Häuser, Straßen oder Tempel. Die hohe Kunst des Phidias transponierte den Panathenäenzug in eine ›ideale‹, gleichsam zeitlose Sphäre. Den Handlungsraum formen allein die Figuren selbst.

Teile des Ostfrieses (Götterversammlung)

Gleich beim Eingang in Saal 8 zeigt rechts die erste Friesplatte einen Teil der versammelten Götter in Erwartung des Festzuges (Abb. links). Wir sehen links *Poseidon*, dem sich *Apollon* zuwendet, rechts daneben *Artemis*. Poseidon ist hier eine ehrwürdige Erscheinung, wie ihn die Griechen im 5. Jh. v. Chr. zu sehen begannen, nachdem sie die Gewalt der Elemente, über die der Gott gebietet, erkannten. Das neue Bild des Gottes erscheint um 460 v. Chr. mit dem »Poseidon vom Kap Artemision« (Abb. S. 28/29).

Das Geistige ist jetzt allen Göttern gemeinsam. Sie wirken nachdenklich, sie beobachten (wie Artemis), wenden sich im Gespräch um (wie Apollon) oder verharren in würdiger Majestät (wie Poseidon). Nicht mehr die Urgewalt göttlicher Mächte bestimmt das Bild, sondern die Vorstellung von einer sich in Personen manifestierenden Weltordnung. Dabei konzentrierte sich der Ausdruck allein auf Körper und Gewand, und gerade hier werden beispielhafte Lösungen, z. B. für die Sitzfigur, gefunden (für das Weiterwirken dieser Formen vgl. die »Grabstele der Hegeso«, Abb. S. 31).

Achtet man auf die Sitze der Götter, so bemerkt man eine Staffelung nach vorne links. Hier schlossen sich Hephaistos und Athena an. Als Herrin des Tempels war Athena am weitesten nach vorne gerückt, wo sie die Spitze des Festzuges mit den Mädchen, die ihr das neue Peplosgewand darbrachten, erwartete (die Reliefplatten heute in Paris und London).

Teile des Nordfrieses vom Parthenon (Saal 8) *(Akropolis-Museum)*

An der Längsseite des Saales sind 13 Reliefplatten vom Nordfries des Parthenon aufgestellt. Ihre Reihenfolge entspricht der ursprünglichen Anordnung, nur fehlen dabei die heute in Paris und London befindlichen Stücke.

Der Festzug bewegt sich von rechts nach links, auf die Ostseite des Tempels zu, wo er von den Göttern erwartet wird. Folgt der Betrachter der im Museum gegebenen Aufstellung, beginnend mit Nr. 857 (links vom Eingang), so geht er dem Festzug gleichsam entgegen, bzw. diesen entlang.

Als erstes kommen die Opfertiere (Nr. 857), dann eine Gruppe junger Athener (Nr. 860), Wasserträger (Nr. 864) und Musiker mit der Lyra in der Hand (Nr. 875). Auf der nächsten Platte fehlen die Köpfe (Nr. 876), dann folgt eine Gruppe älterer Athener (Nr. 865), Festordner (Nr. 874), Pferdewagen (Nr. 871) und Bewaffnete (Nrn. 859, 872), und schließlich eine größere Gruppe von Reitern, zwischen denen Festordner zu sehen sind (Nrn. 863, 861, 862). – Wir nennen im Folgenden kurz einige besonders qualitätvolle Stücke.

(Nr. 857): Die Darstellung der Opfertiere ergreift uns noch heute durch ihren packenden Realismus. Ohne formale Überzeichnung wird die Gewalt des Tierkörpers erfaßt, das Kraftvolle ebenso wie das dumpf Sich-Ergebende. Der Kontrast zur menschlichen Gestalt ist außerordentlich. Naturhaftes Wesen und geistgeprägtes Sein stehen unmittelbar nebeneinander. Das neue Menschenbild verkörpert die klassische Kunst in der durchstilisierten Gewandfigur mit ihren großen pathetischen Schwüngen.

(Nr. 864): Auch im Bild der »Jünglinge mit den Krügen« wird das Hinaufschleppen der gefüllten Amphoren auf die Akropolis zu einem feierlichen Tragen. Wir empfinden nicht die Mühe dieses Vorgangs, sondern sehen den großen schönen Rhythmus, in dem hier das Tun des einzelnen eingebettet ist.

(Nr. 863): Die Eindringlichkeit der Gebärden zeigt vor allem das Relief mit dem Festordner, der zwischen einer Gruppe von Reitern seiner Aufgabe nachkommt. Aus einer alltäglichen Handbewegung wird eine weithin ausstrahlende, feierliche Geste voll innerer Kraft (Abb. S. 103).

Sandalenlösende Nike (Saal 8) *(Akropolis-Museum)*

(Nr. 973): Marmorrelief von einer Balustrade des Nike-Tempels auf der Akropolis, Höhe 0,95 m (um 409/406 v. Chr.).

Das Werk gehört schon nicht mehr zur ›Parthenonkunst‹, es zeigt vielmehr deren Einwirkung auf die nachfolgende Künstlergeneration. Der zeitliche Abstand zum Parthenonfries beträgt rund 25 Jahre. Die dort unter Phidias erarbeiteten Darstellungsmittel beginnen sich nun in einer Weise zu verfeinern, die geeignet ist, das Bildwerk seiner sakralen Sphäre zu entziehen und es zu einem Gegenstand ästhetischer Bewunderung zu machen. Das hauptsächlichste Interesse gilt dem Wechselspiel zwischen Körper und Gewand. Das eigentlich Neue ist die Absicht des Künstlers, den Körper unter dem Gewand durchscheinen zu lassen.

In der klassischen Kunst war das Gewand objektivierter Ausdruck eines allgemeinen Menschenbildes, wie vorher, in der archaischen Kunst, der nackte Körper ein Sinnbild der Daseinskräfte war. Jetzt besteht weder das eine noch das andere für sich, vielmehr werden die Darstellungsformen und die Sehweise ›subjektiviert‹ und einem ganz persönlichen, augenblickshaften Empfinden dienstbar gemacht.

So geschieht es hier, wenn sich durch das Bücken der Göttin für einen flüchtigen Augenblick das Gewand verschiebt und sich der Körper deutlicher abzeichnet, als dies noch in der Parthenonzeit formal denkbar oder nach ihrer Zielsetzung sinnvoll gewesen wäre.

Das Faltenspiel hat sich im Vergleich zur Parthenonzeit in einem Maße bereichert, die höchstes artistisches Können beweist und zwangsläufig die Aufmerksamkeit auf sich zieht. Der Blick richtet sich denn auch in erster Linie auf dieses Können, weniger auf den Gegenstand als solchen. Zwar spürt man noch immer die Nachwirkung der Klassik, zugleich aber auch die drohende Gefahr der Veräußerlichung, wie sie in anderen Teilen der Nike-Balustrade (Nr. 511) schon offen zutage tritt.

11 Der Areopag

Der westlich der Akropolis gelegene Hügel dieses Namens (115 m) war *Ares* geweiht; daher »Areopag« (›Areshügel‹). Hier tagte das höchste Gericht Athens, »die oberste Autorität im Staat«. Zur Zeit der Könige geschah dies unter deren Vorsitz, zusammen mit den ehemalig höchsten Beamten, den »Archonten«. Anfänglich scheint es sich um einen wirklichen »Rat« gehandelt zu haben, mit dem der König sich besprach. Seine Funktion veränderte sich in demokratischer Zeit, vor allem als Folge von *Solons* Gesetzgebung (um 594 v. Chr.) und der Verfassungsreform von *Kleisthenes* (508 v. Chr.), die der Volksversammlung und der Beratung der Magistrate das größere Gewicht gaben. Auch unter *Perikles* (Mitte 5. Jh. v. Chr.) trat eine weitere Schwächung seines Einflusses ein, so daß der Areopag zuletzt nur noch ein Blutgericht war, das über Mord, Giftmord und Brandstiftung zu Gericht saß. Doch lassen sich seine Befugnisse nicht klar abgrenzen. Zeitweise muß sein Einfluß groß gewesen sein.

Archäologische Grabungen haben ergeben, daß der Areopag in früher Zeit als *Nekropole* diente. Man fand mykenische Kammergräber und einen Bezirk mit Bestattungen, die vom 8. bis zum 6. Jh. v. Chr. reichen. Im Südwesten lag später eine göttliche *Heilstätte* und ein dem *Dionysos* geweihter Bezirk. Von den in der antiken Literatur genannten Staatseinrichtungen ließ sich dagegen kaum etwas nachweisen. – Pausanias nennt den »Stein der Hybris«, auf dem der Angeklagte saß, und den »Stein der Aneideia« (›Zorn‹), den Platz des Anklägers. Der Areopag ist auch der Schauplatz antiker Tragödien. Die »Eumeniden« von *Aischylos* und »Elektra« von *Euripides* spielen hier. – Denkwürdig ist auch der Bericht des *Apostels Paulus* von seinem Besuch auf dem Areopag (Apostelgesch. 17). Paulus erzählt, wie er bei seinem Gang durch die Stadt (54 n. Chr.) auf einen Altar gestoßen sei mit der Aufschrift »Einem unbekannten Gott«. Nun ruft er den Athenern zu: »Dieses Wesen, das ihr verehrt, ohne es zu kennen, das verkündige ich euch. Der Gott, der die Welt und alles in ihr geschaffen hat, der Herr des Himmels und der Erde, wohnt nicht in Tempeln, die von Menschenhand erbaut sind.« – Nach dem Bericht des Paulus haben sich damals auch Mitglieder des Areopag bekehrt. Er nennt in diesem Zusammenhang einen Dionysius, den die Kirchengeschichte als *Dionysius Areopagitus* kennt; er soll der erste Bischof von Athen gewesen sein.

12 Pnyx – Musenhügel – Grabmal des Philopappos

Pnyx: Der Ort der Volksversammlung. Archäologisch wurden drei Ausbaustufen erkannt. Schon die erste (um 500 v. Chr.) besteht aus einer theaterartigen Anlage; sie war nach Osten, zur Stadt hin orientiert. Die zweite (404/403 v. Chr.) richtete sich nach Westen, ebenso die dritte (um 330 v. Chr.), von der die heutigen Überreste stammen. Noch im 4. Jh. v. Chr. verlegte man die Volksversammlung in das mit Steinsitzen versehene Dionysos-Theater.

Ostrakismus: Erwähnt sei in diesem Zusammenhang der sog. *Ostrakismus* (Scherbengericht), eine seit 488/487 v. Chr. eingeführte Form der Volksabstimmung, mit dem Ziel der Verbannung politisch unliebsamer Gegner. Nur einmal im Jahr durfte sie stattfinden, und mindestens 6000 Bürger hatten an ihr teilzunehmen. Die Abstimmung war geheim. Es gab weder Ankläger noch Verteidiger. Jeder Teilnehmer hatte den Namen eines Mannes auf eine Tonscherbe, *Ostrakon*, zu schreiben. Derjenige, auf den die meisten Stimmen fielen, mußte für zehn Jahre außer Landes gehen, behielt aber sein Vermögen und auch seine Rechte. Ostrakismus galt daher weder als Strafe noch war es etwas Ehrenrühriges. »Es war einzig und allein eine Maßnahme politischer Zweckmäßigkeit«. Auch Themistokles und Perikles verdankten ihre gefestigte Stellung nicht zuletzt dem Ostrakismus.

Musenhügel (Museion) und *Grabmal des Philopappos:* Vom sog. Musenhügel (147 m) bietet sich ein herrlicher Blick auf die Akropolis, das Hymettos-Gebirge und in Richtung Piräus. Markantester Punkt ist das Grabmal für den syrischen Prinzen *Antiochos Philopappos von Kommagene* (114/116 n.Chr.), der den Titel eines römischen Konsuls führte und ein Wohltäter der Stadt Athen war, die ihm aus Dankbarkeit dieses Grab- und Ehrenmal setzen ließ. Bedeutungsvoll ist es der Akropolis gegenübergestellt, ursprünglich ein fast quadratisches Bauwerk mit reich geschmückter, konkav eingezogener Front, hinter der die heute verlorene Grabkammer lag. Ein Flachrelief zeigt Philopappos als römischen Konsul; darüber in einer Nische die Sitzfigur des Prinzen als attischen Bürger, links und rechts die königlichen Verwandten.

13 Dionysos-Theater – Odeion des Herodes Atticus

Am Südabhang der Akropolis begann die monumentale Bebauung mit Perikles, der um 445 v.Chr. das *Odeion* errichten ließ, einen quadratischen Bau für musikalische Darbietungen (60 × 60 m), dessen Dach im Inneren von drei umlaufenden Säulenreihen getragen wurde. Es war der größte überdeckte Raum griechischer Zeit. – An Ort und Stelle ist davon wenig mehr zu sehen.

Links von Odeion liegt das *Dionysos-Theater*, dessen Gründung im 6. Jh. v.Chr. unmittelbar mit der Entstehung der griechischen Tragödie zusammenhängt. Im Jahre 534 v.Chr. ließ der Athener *Thespis* bei den »Dionysien« zum ersten Mal einen Chor auftreten. Das war die Geburtsstunde der Tragödie. Das Ereignis liegt rund 100 Jahre vor *Aischylos*, *Sophokles* und *Euripides*. Doch noch im 4.Jh. v.Chr. saßen die Zuschauer auf Holzsitzen am terrassierten Abhang, mit Blick auf den ursprünglich kreisrunden Tanzplatz, die *Orchestra*, wo der Chor auftrat. Anfangs gab es neben dem Chor, der die Hauptsache war, nur einen einzigen Schauspieler. Erst als Aischylos einen zweiten hinzufügte, war überhaupt eine ›Handlung‹ möglich. Jetzt trat der Chor zunehmend in seiner Bedeutung zurück. Da aber die Schauspieler Masken trugen, gab es auch noch keine Mimik, und die Leistung beruhte allein auf dem Wort. Die Stoffe waren der Mythologie entnommen. Versuche, zeitgenössische Themen einzuführen, mißlangen. Noch im 5. Jh. v.Chr. wurde jedes Stück nur ein einziges Mal aufgeführt. Wiederholungen kennt erst das 4. Jh. v.Chr., das vom Repertoire der ›Klassiker‹ lebte. Aus dieser Zeit stammt auch die heutige Form des Dionysos-Theaters, eine Stiftung des *Lykurgos*, einem bedeutenden Politiker im Athen der Jahre 338–327. Mit seinen steinernen Sitzreihen (für 17000 Zuschauer) repräsentiert das Theater eine verfeinerte Spätphase. Dazu gehört auch die Aufstellung von Statuen für die Dichter des 5. Jh. v.Chr., die nun zum ›Bildungsgut‹ gehören. – Die Reliefs der »Scenae« stammen aus der Zeit Kaiser Neros, als man eine erhöhte Bühne anlegte. Der Marmorboden der Orchestra wurde erst im 3.Jh. n.Chr. gelegt, als man zum Schutz bei Gladiatorenspielen den Zuschauerbereich durch Schranken abgrenzte. – In der vorderen Reihe der Sitz für den Dionysos-Priester, eine archaisierende Arbeit mit Löwen, Greifen, Satyrn und Trauben.

Westlich vom Dionysos-Theater liegt ein dem Heilgott *Asklepios* geweihter Bezirk (der Kult um 420 v.Chr. in Athen eingeführt). Das Kernstück bilden zwei im Burgfelsen gelegene Quellen. Es gab Räume mit Ruhebetten für die Heilungssuchenden, von Säulen eingefaßte Terrassen und einen Tempel. – Unterhalb dieses Heiligtums ließ *Eumenes II.* (197–159 v.Chr.), König von Pergamon, die nach ihm benannte *Stoa* errichten, ein 163 m langer, zweistöckiger Hallenbau, ähnlich der Attalos-Stoa auf der Agora, doch dieser vorausgehend.

Das Odeion des Herodes Atticus (101–178 n.Chr.), eine Stiftung dieses »reichsten Mannes der Antike«, liegt weiter westlich, ein theaterartiger, einst holzgedeckter Bau, den man neuerdings weitgehend rekonstruiert hat.

Herodes Atticus war mit Kaiser *Hadrian* (117–138) befreundet und dessen Favorit bei dem Bestreben, Athen wieder zum geistigen Mittelpunkt der griechischen Welt zu machen. Als Philosoph ein Lehrer der Sophistik, war er zeitweise Erzieher des späteren Kaisers *Marc Aurel*.

14 Hadrians-Bogen – Olympieion – Lysikrates-Denkmal

Beide Bauwerke entstanden unter Kaiser *Hadrian* (117–138), dessen Regierung für Athen eine neue Blütezeit bedeutete. Erfüllt von einer tiefen inneren Zuneigung zur griechischen Kultur, verfolgte der Kaiser das Ziel, Athen wieder zum ideellen Mittelpunkt des Hellenentums zu machen. Vor allem unter diesem Aspekt müssen seine baulichen Maßnahmen gesehen werden. Großzügige Geschenke und gesetzliche Vergünstigungen schufen dafür die Grundlage. Er selbst sah sich als einen neuen Thesus, wie die Inschrift am Bogen beweist.

Der Hadrians-Bogen (131/132 n. Chr.) hatte in erster Linie symbolische Bedeutung. Er bezeichnete die Grenze zwischen dem alten Athen und der von Hadrian geschaffenen Stadt, die man »Hadrianopolis« oder auch »Novae Athenae« nannte. In stolzer Selbsteinschätzung hatte der Kaiser über dem Torbogen Inschriften anbringen lassen. In Richtung zur Akropolis las man »Dies ist das Athen des Theseus, die alte Stadt«; in der anderen Richtung »Dies ist die Stadt Hadrians, nicht die des Theseus«. – Der Bogen besteht aus pentelischem Marmor. Seine Höhe beträgt 18 m. Zu ergänzen sind auf beiden Seiten jeweils zwei korinthische Säulen über hohem Sockel (dort, wo das Gebälk vorspringt). Die Architektur wirkt dann im ganzen geschlossener, und es entsteht eher der Eindruck einer Durchfahrt in der Mitte; auch sind dann die oberen Teile formal ›abgestützt‹ und so das tektonische Gleichgewicht wieder hergestellt. Die oberen Teile waren wohl ehemals durch dünne Platten geschlossen, vor denen zumindest in der Mitte Skulpturen standen. Der heutige Zustand ist somit fragmentarisch.

Hadrians-Bogen

Lysikrates-Denkmal

Das Olympieion, der Tempel des olympischen Zeus

Das Olympieion (Tempel des olympischen Zeus): Die Anfänge reichen zurück bis ins Hocharchaische, denn die Gründung des Tempels war das Werk des *Peisistratos*, der nach 560 v.Chr. bis zu seinem Tode (528 v.Chr.) Athen als ›Tyrann‹ regierte. Peisistratos hat die Großen Panathenäen und die Großen Dionysien (Wettspiele) eingeführt, er ließ den Urparthenon und Athens erste Wasserleitung bauen, er holte ionische Künstler nach Athen und begründete in alledem die überragende Stellung, die Athen im 5. Jh. v.Chr. einnehmen sollte (berühmte Vasenmaler wie Amasis, Exekias, Andokides arbeiteten in der Zeit des Peisistratos). Der Zeus-Tempel aber überstieg die Kraft des kleinen Stadtstaates. Die Abmessungen entsprachen zwar noch nicht der heutigen Größe, hätten aber den Zeus-Tempel in Olympia übertroffen. Es blieb jedoch im wesentlichen bei den Fundamenten (von den begonnenen Säulen liegen heute einige Trommeln nördlich des Propylon im Gras). – Es dauerte rund 400 Jahre, bis der syrische Großfürst Antiochos IV. den Tempelplan erneut aufgriff, ihn auch erweiterte und mit Hilfe des römischen Baumeisters *Cossutius* zu verwirklichen hoffte (175–164 v.Chr.). »Daß ein Römer für dieses größte Bauwerk der Stadt berufen wurde, bleibt für den Abstieg Athens bezeichnend«. Doch scheiterte auch dieses Unternehmen. Später hat dann *Sulla* (83 v.Chr.) acht Säulen dieses ›Cossutius-Baues‹ nach Rom (zur Erneuerung des Jupiter-Tempels auf dem Kapitol) überführen lassen. – Die Vollendung des Zeus-Tempels in Athen war das Werk Kaiser *Hadrians* (Weihe 131/132 n.Chr.). Hadrian sah in dem Bauwerk eine Verkörperung der römischen Weltmacht. So stand im Inneren neben der Statue des Gottes auch die des Kaisers. – Die Datierung der heute noch stehenden Teile ist umstritten. Bisher allgemein für späthellenistisch angesehen (›Cossutius-Bau‹), hält man sie neuerdings für hadrianisch (Zschietzschmann).

Abmessungen: Tempel 107 × 41 m, *Cella* 75 × 19 m, *Tempelbezirk* mit Ummauerung 205 × 129 m, *Säulenhöhe* 17,25 m, *Kapitelldurchmesser* 3 m. *Gesamtzahl der Säulen* ursprünglich 104; 16 sind erhalten, eine davon liegt umgestürzt am Boden.

Das korinthische Kapitell

Berühmt sind die prachtvollen korinthischen Kapitelle des Olympieion. Man hielt sie lange Zeit für original griechisch. Heute glaubt man eher, daß es sich um römische Bildungen aus hadrianischer Zeit handelt (Zschietzschmann). Der Typus als solcher ist hier voll ausgebildet; eine Form, die in ihrer Vollkommenheit keine Weiterentwicklung mehr zuläßt. Über dem kannelierten Schaft der korinthischen Säule steht ein dichter Kranz großer, auf Lücke gesetzter Akanthusblätter. Als plastische Gebilde verhelfen sie dem Kapitell zu räumlichem Volumen und formschönem organischem Leben. Das überträgt sich auch auf die Kapitellplatte, deren Längsseiten sich in leichter Schwingung konkav einziehen. An ihren Ecken wird die Kapitellplatte von stilisierten Blattstengeln gestützt, in deren Einrollungen die im Kapitell wirksamen Bewegungsmomente zur Ruhe kommen. Kleinere Blattstengel sind zur Mitte hin gerichtet. Zwischen ihren Einrollungen wächst eine Blüte auf, die sich auf Höhe der Deckplatte palmettenartig entfaltet.

Die Frage nach der Entstehung des korinthischen Kapitells läßt sich nur ungenau beantworten. Nach unserer heutigen Kenntnis taucht es im späten 5. Jh. v. Chr. auf. Vitruv nennt *Kallimachos* als Erfinder. In die Architektur hat es offenbar *Iktinos*, der Erbauer des Parthenon, eingeführt, und zwar im Innenraum des Tempels von Bassai (Phigaleia) in Arkadien vom Ende des 5. Jh. v. Chr. Die nur in einer Zeichnung überlieferte Form läßt das korinthische Kapitell als aus dem ionischen entstanden erkennen. In Bassai bilden die Akanthusblätter nur einen schmalen unteren Streifen, während ein großer Teil des nunmehr kelchartigen Kapitellkörpers noch ungeschmückt bleibt. Blattstengel, Palmette sowie schneckenartige Einrollungen sind auf dieser Stufe noch isolierte ›Motive‹, Formgedanken, aus denen erst in der weiteren Entwicklung eine Einheit wird. Am Ende ist es der Akanthus, der dominiert.

Das Lysikrates-Denkmal (in der *Odós Tripodon*, die auf den Hadriansbogen zuführt): Dieses zierliche Bauwerk (Höhe 6,50 m, Durchmesser 2,80 m) ist nicht nur ein schönes Beispiel spätklassischer griechischer Baukunst an der Wende zum Hellenismus (334 v. Chr.), sondern es hat für uns architekturgeschichtliche Bedeutung, weil hier zum ersten Mal in Athen *die korinthische Säule* am Außenbau erscheint (entgegen dem Eindruck handelt es sich um Vollsäulen, die durch Wände miteinander verbunden sind). Die *Kapitelle* haben noch nicht die später verbindliche Form wie am Olympieion (vgl. Abb.), sind aber schon einheitlicher durchgebildet als noch 70 Jahre vorher in Bassai. – Zu den spätklassischen Merkmalen gehört die Verwendung verschiedenfarbiger Steinsorten, hier für Fundament, Stufen, Sockel und Kern. – Das Monument, über quadratischem Unterbau als ›Rundtempel‹ errichtet, trug über dem Marmordach auf einer

Olympieion, Grundriß

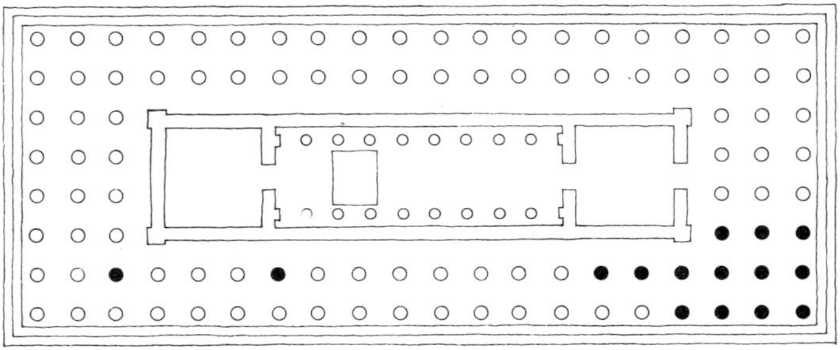

Korinthisches Kapitell vom Olympieion

steinernen Akanthusblume einen bronzenen *Dreifuß*, wie er für den Sieg bei den musischen Wettkämpfen der *Dionysien* (Tragödie, Komödie, Chorlied) den für die Durchführung verantwortlichen *Choregen* gestiftet wurde. Auf Dionysos nimmt auch der Fries Bezug. Man sieht, wie der Gott die Seeräuber in Delphine verwandelt. – Denkmäler dieser Art hat man sich in größerer Zahl an der alten, zum Theater führenden Straße vorzustellen.

15 **Erster Friedhof von Athen** *(Proton Nekrotapheion Athinon)*

Der Friedhof ist als »romantische Idee« mit Blick auf Akropolis und Olympieion konzipiert und als solcher charakteristisch für den Totenkult des 19. Jh. Heute führt vom Olympieion in südwestlicher Richtung die *Odós Anapavseos* direkt auf den Haupteingang zu. Das ist die moderne Situation. Wohnblocks verstellen die Sicht auf den Hügel, der sich einmal als bewaldete ›Toteninsel‹ in respektvollem Abstand zu den antiken Monumenten erhob. Hier, in einem Bezirk, wo sich naturhafte Stille und klassizistisches Pathos miteinander verbinden, liegen auch die Gräber von *Heinrich Schliemann* (1822–1890), dem Ausgräber von Troja, Mykene und Tiryns, und *Adolf Furtwängler* (1853–1907), einem anderen bedeutenden Archäologen.

Schliemanns Grab liegt nahe beim Haupteingang, auf der nach links ansteigenden Höhe, etwas oberhalb der Aussegnungshalle (Kuppel), rechts. Über einem hohen Steinsockel mit reliefgeschmücktem Marmorfries erhebt sich das Grabmonument als eine freie Wiederholung des Nike-Tempels der Akropolis, jedoch mit dorischen Säulen (von unten erkennt man das Grabmal an der Büste des Verstorbenen). – Schliemanns Monument ist nur *eines* der zahlreichen Beispiele tempelartiger Grabbauten, die man hier in vielfacher Wiederholung und Abwandlung vorfindet.

Furtwänglers Grab steht mit seiner sehr viel schlichteren Form schon jenseits romantischer Totenverehrung. Ein Marmorpfeiler mit der Bronzefigur der äginetischen Sphinx bezeichnet die Stelle. Man geht vom Haupteingang geradeaus bis zur Kapelle, dort links an der Kapelle entlang, folgt nach etwa 30 m scharf links einer kurzen ansteigenden Allee bis zum zweiten Hauptweg und geht dort nach rechts weiter. Nach etwa 30 m liegt links in einem ummauerten Bezirk Furtwänglers Grab.

16 **Das Stadion** *(Panathenaikon)*

Um 330 v.Chr. ließ *Lykurgos*, ein attischer Politiker der späten Alexanderzeit, das Stadion errichten; die alle vier Jahre zur Ehre der Göttin Athena stattfindenden Wettkämpfe, *Panathenäen*, wurden von der Agora hierher verlegt. Zwei Doppelhermen waren innerhalb der Arena als Zielmarken aufgestellt. – Eine umfassende Erneuerung erfolgte in römischer Zeit, 139/144 n.Chr., durch *Herodes Atticus*. In seiner heutigen Form ist das Bauwerk eine moderne Wiederherstellung von 1896 (Eröffnung der 1. Olympiade der Neuzeit) unter Verwendung römischer Teile.

17 **Zappeion-Park**

Ausstellungsgelände zwischen Nationalpark und Olympieion. Benannt nach den Brüdern Zappeion, die hier als Stifter in Erscheinung treten. Das halbkreisförmige Ausstellungsgebäude (1875–1885) gehört zu den frühen Beispielen solcher Bauaufgaben aus dem 19. Jh. – eine Gemeinschaftsarbeit des dänischen Architekten *Hansen* und des Deutschen *Ernst Ziller*. – In Richtung Hadrians-Bogen ein Denkmal für *Lord Byron* (1788–1824).

18 **Nikodemos-Kirche** *(Aghios Nikodemos)*

Die Kirche liegt etwas zurückgesetzt an der *Odós Filellinon*, vom Syntagma-Platz kommend links gut sichtbar. Sie wird häufig als die älteste Kirche Athens bezeichnet (1044 voll.), aber die Apostelkirche auf der Agora (vgl. S. 57), die zwischen 1000 und 1025 errichtet worden sein soll, geht ihr voraus, sofern die Daten stimmen. Das in den Befreiungskriegen stark in Mitleidenschaft gezogene Bauwerk stellt in wesentlichen Teilen eine denkmalpflegerische Erneuerung von 1855 dar, die erfolgte, nachdem das Gebäude vom russischen Zaren erworben und 1847 dem russisch-orthodoxen Gottesdienst dienstbar gemacht worden war. Aus dieser Zeit stammt auch die Ausmalung durch *Ludwig Thiersch* (1825–1909), einen Schüler von Schwanthaler, Heß und Schnorr von Carolsfeld. Thiersch war 1852–1855 Lehrer an der Kunstgewerbeschule in Athen und erhielt später ähnliche Aufträge für Wien (1856), Petersburg (1860), Karlsruhe (1864), London (1880) und Paris (1892). – Vom Typus her ist die Nikodemos-Kirche der Klosterkirche Ossios Loukas verwandt (vgl. S. 141ff.).

Soteira-tou-Kottaki: Die Kirche, eine relativ späte Stiftung des 13. Jh., liegt in der *Odós Kidathenaion*. Ursprünglich eine Kreuzkuppelkirche, wurde sie später in eine dreischiffige Basilika umgewandelt.

19 **Syntagma-Platz** *(»Verfassungs-Platz«)*

Der Syntagma-Platz nimmt städtebaulich eine Schlüsselstellung ein. Hier endet die vom Kerameikos kommende Odós Ermou, die als Trennungslinie zwischen altem und modern erneuerten Athen den Stadtkern durchschneidet. Hier liegt mit dem Parlamentsgebäude (»Altes Schloß«) und dem nahen Außenministerium zugleich der politische Mittelpunkt Athens. Von hier aus erstreckt sich nach Osten, in Richtung Hilton-Hotel, das Diplomatenviertel. Gleichzeitig berühren den Syntagma-Platz die großen Verkehrsadern, die den Omonia-Platz und das Universitätsviertel mit dem Olympieion, mit der Südstadt und weiter mit dem Piräus verbinden. Mit seinen erstklassigen Hotels, mit den Niederlassungen der Luft- und Schiffahrtsgesellschaften, sowie zahlreichen Cafés ist der Syntagma-Platz ein Zentrum des Fremdenverkehrs und ein gesellschaftlicher Mittelpunkt, beliebter Treffpunkt für Touristen und Einheimische.

20 Altes Schloß – Neues Schloß – Nationalpark

Das »*Alte Schloß*« (1836–1844), am Syntagma-Platz gelegen, wurde nach Plänen von *Friedrich Gärtner* (1792–1847) errichtet, dem Erbauer der Ludwigstraße in München (Ludwigskirche, Bayerische Staatsbibliothek, Feldherrnhalle, Siegestor). Es war einer der ersten größeren Bauten des von der Türkenherrschaft befreiten Griechenlands. Erst danach folgten die Universität (1839ff.) und die Akademie der Wissenschaften (1859ff.), das Archäologische Nationalmuseum (1866ff.), das Alte Parlament (1871ff.) und die Nationalbibliothek (1888ff.).

Neues Schloß: König Otto I. hat im Alten Schloß bis zu seiner Abdankung im Jahre 1862 residiert; ihm folgte aus dänischem Königshaus Georg I., der 1913 ermordet wurde. Nach dem 1. Weltkrieg bevorzugte man dann als »Neues Schloß« das ehemalige Prinzenpalais in der Herodes Atticus-Straße (Odós Irodhou Attikou), das wie die Nationalbibliothek von *Ernst Ziller* entworfen war. Noch heute patroulliert hier die Palastwache in ihren malerischen Uniformen. In das »Alte Schloß« zog in den 30er Jahren das Parlament ein.

Der Nationalpark (ehemals »königlicher Garten«), der sich zwischen Altem und Neuem Schloß erstreckt, wurde 1836 angelegt. Man ließ damals aus Genua 15000 Bäume kommen und mühte sich viele Jahrzehnte um Agaven, Palmen und botanisch interessante Pflanzen, die dem kargen Boden mühsam abgerungen werden mußten. Der Garten war der Lieblingsgedanke der Königin.

21 Das Benaki-Museum *(Öffnungszeiten siehe Seite 183)*

Das 1930 gegründete Museum basiert auf den Privatsammlungen von *Antonis Benakis*, einem durch Baumwollhandel in Ägypten zu Reichtum gekommenen griechischen Kaufmann, der Haus und Sammlung der Stadt Athen vermacht hat. Die Ausstellung umfaßt u.a. chinesische Kunstwerke von guter Qualität, die Benakis vom Londoner »Victoria and Albert Museum« gekauft hat (Obergeschoß, Saal Ξ), ferner islamische Keramik, Glas und Bronze, persische und ägyptische (koptische) Textilien, byzantinische Ikonen, griechische Trachten und Stickereien, Athener Stadtansichten (17./19. Jh.), historische Dokumente zu den griechischen Freiheitskriegen sowie zwei Frühwerke von El Greco (Saal K).

Erdgeschoß. Saal A: Dokumente zu den griechischen Freiheitskriegen. – *Saal B:* Kultgegenstände, die 1922 griechische Flüchtlinge aus Kleinasien nach Griechenland brachten. – *Saal Γ:* Ikonen und Handschriften. – *Saal Δ:* Koptische Textilien und Elfenbeinarbeiten, persische Schalen, islamische Glasware, Elfenbein und Metallarbeiten. – *Saal E:* Alexandrinische Mosaikarbeit aus Kairo; Samttextilien aus Bursa, Keramik aus Kleinasien, islamisches Kunsthandwerk.– *Saal AA:* Koptische und römische Keramik. – *Venizelos-Saal:* Dokumente zur Politik von *Eleftherios Venizelos* (1864–1936), einem liberalen griechischen Staatsmann. – *Saal BB:* Neolithische Keramik, geometrische und hellenistische Bronzen.

Obergeschoß: Saal Z: Ikonen (14./17. Jh.). – *Säle H, Θ, I:* Erinnerungsstücke an Lord Byron, König Otto I. und Georg I. – *Saal K:* Zwei Frühwerke von *El Greco* (1541–1614), »Der Hl. Lukas malt die Muttergottes« (um 1560) und »Anbetung der Könige« (1560/65, Venedig). – *Saal Λ:* Islamische und persische Seidenstoffe. – *Saal M:* Textilien und Seidenstoffe verschiedener Herkunft. – *Saal N:* Helladische Goldbecher (3. Jahrt.); ägyptischer, griechischer und römischer Schmuck. – *Saal Ξ:* Chinesische Keramik. – *Saal O:* Griechische Stickereien. – *Saal ΓΓ:* Keramik, Stickereien, Gemälde griechischer Landschaften (18./19. Jh.).

Kellergeschoß: Trachten aus Kreta, Epirus, Skyros, Samos, Siphnos, Makedonien, Attika, Thessalien, Zypern, Salamis, etc., sowie Silberschmuck.

22 Das Byzantinische Museum

Öffnungszeiten: Mo–Sa 8–13 und 15–18 Uhr; an Sonn- und Feiertagen 10–14 Uhr. – Mo geschlossen; So und Do freier Eintritt. – Nur fünf Minuten vom Byzantinischen Museum entfernt, liegt in der *Odós Vassileos Konstantinou 60* die neueingerichtete »*Nationale Gemälde-Galerie*« (vgl. S. 183).

Gründung 1914, seit 1930 im Privatpalais der *Herzogin de Plaisance* untergebracht, einem 1840 errichteten Gebäude im Stil einer florentinischen Renaissancevilla mit offener Loggia in beiden Stockwerken (Architekt: *Stamatios Kleanthes*). In der Mitte des Hofes eine *Brunnenschale*, gebildet nach einer Mosaikdarstellung aus Daphni. Vor dem Brunnen römisches *Mosaik* des 4. Jh. n. Chr. Im Hof links Fragmente frühchristlicher Basiliken (5.–7. Jh.); rechts Architekturfragmente byzantinischer Kirchen (9.–15. Jh.).

Hauptgebäude *(Erdgeschoß)*

Vorraum: u. a. Beispiele frühchristlicher Kunst des 4.–6. Jh. aus Thessaloniki und Kleinasien. – Raum 1 schließt sich nach rechts an.

Raum 1 (Frühchristliche Kunst): Verkleinerte Wiedergabe einer frühchristlichen *Basilika* aus dem 5./6. Jh., mit dem sog. »Hieron Bema« (dem Klerus vorbehalten), dem »Hieron Trapeza« (Altar) und der »Kathedra« (dem Bischofsstuhl), vom übrigen Kirchenraum durch eine niedrige Marmorchorschranke getrennt. – Die *Kanzel:* Gipsreproduktion aus der frühchristlichen St. Menas-Kirche in Saloniki.

Sehenswert ferner zwei *plastische Arbeiten* (4./5. Jh.), die noch ganz in der antiken Vorstellungswelt wurzeln. (Nr. 92): »Christus als guter Hirte«, in der Tradition des antiken »Kalbträgers« (vgl. Abb. 93). – (Nr. 93): »Orpheus«, eine Grabstele mit Orpheus als Zentralfigur, wie er Tiere und Fabelwesen verzaubert – vielleicht ein symbolischer Bezug auf ›Christus als Lehrer‹.

Raum 2: Byzantinische *Reliefs* des 9.–14. Jh. mit religiösen oder mythologischen Darstellungen sowie Reliefs aus der Frankenzeit (nach 1204). – (Nr. 150): »Drei Apostel«, *Flachreliefplatte* einer marmornen Ikonostasis aus Thessaloniki (10./11. Jh.). Zu ergänzen sind: Der thronende Christus, Maria, die Apostel. Das Fragment zeigt: Jakobus (Sohn des Alphaios), Philippus und Lukas. Bemerkenswert die Technik: Die Figuren entstehen aus Vertiefungen, die mit Wachs gefüllt und bemalt sind; die Binnenzeichnung formt sich aus stehengebliebenen ›Stegen‹.

Wir erwähnen noch zwei *Brüstungsplatten* aus pentelischem Marmor von einer Ikonostasis der mittelbyzantinischen Zeit, mit dem uralten Motiv ringender Tiere. – (Nr. 159): »Löwe, der eine Antilope schlägt« (9./10. Jh.), islamisch beeinflußt. – (Nr. 161): »Lechzende Löwen« (9./10. Jh.), die nach den Früchten eines Lebensbaumes (orientalisches Motiv) greifen. Aus der Wurzel des Baumes fließt Wasser. Eine symmetrische, kraftvolle Darstellung.

Raum 3 ist nach Art einer byzantinischen *Kreuzkuppelkirche* des 10. und 11. Jh. gebildet. In der Mitte erinnert eine *Reliefplatte* durch das Motiv eines Adlers mit entfalteten Schwingen an den antiken ›Omphalos‹ in Delphi, dem ›Mittelpunkt der Welt‹.

Ferner *Skulpturfragmente* byzantinischer Kirchen Athens. (Nr. 293): »Das siegbringende Kreuz« (9./10. Jh.) in der Form eines geflochtenen Doppelkreuzes.

Raum 4 hat die Form einer *nachbyzantinischen Kirche* aus der Zeit der Türkenherrschaft. – Reichgeschnitzte, vergoldete Ikonostasis (17./18. Jh.) mit der Darstellung der zwölf Kirchenfeste. – Ferner ein *Bischofsstuhl* aus Kleinasien und Fresken des 18. Jh.

Obergeschoß (chronologisch geordnete Ikonensammlung)

Raum 1 (rechts): *Ikonen* des 12.–16. Jh. und illuminierte *Handschriften.* (Nr. 145): »He Episkepsis«, die Muttergottes als Beschützerin. Mosaikikone (Anfang 14. Jh.) aus Bithynien. – (Nr. 2162): *Ikone* des Erzengels Michael (Mitte 14. Jh.), in der Rechten das Zepter, mit der Linken die durchsichtige Weltkugel haltend. Die drei Buchstaben X, A, K, bedeuten Ch(ristos), D(ikaios), K(rites), »Christus der gerechte Richter«. (Nr. 176): *Ikone* des Hl. Georg. Holzrelief des 13. Jh., mit farbigen Szenen aus dem Leben und dem Martyrium des Heiligen. – (Nr. 185): *Christusikone* (Anfang 15. Jh.), dem herkömmlichen Typus des idealisierten Christus entgegengesetzt. – (Nr. 1559): Der *Prophet Daniel* betend in der Löwengrube (Paläologen-Malerei); selten dargestelltes Thema. – (Nr. 195): *Hl. Katharina,* kretische Ikone (15./16. Jh.) – (Nr. 128): *Hl. Antonius,* ganzfigurig auf einer Altartür (kretisch, 15./16. Jh.).

Vitrine beim Eingang links (Nr. 1385): *Evangelien-Einband* aus Trapezunt. Mittelkreuz mit fünf Medaillons, Christus als Pantokrator (16./17. Jh.), die Randverzierung mit geprägten Arabesken (14./15. Jh.). – In der Mitte des Raumes eine Vitrine mit *Gebetsrollen* (11.–13. Jh.). – In der Eckvitrine die *Goldbulle* des Kaisers Andronikos Paläologos II. (1301 n. Chr.) mit schöner Miniatur.

Raum 2: Fresko aus der Apside der Kirche in Lathreno auf Naxos, aus der Zeit der Frankenherrschaft (13. Jh.); Beispiel für westliche Einflüsse in der byzantinischen Formenwelt. – (Nr. 2227): *Fresko* aus der Kirche in Oropos in Attika (Anfang 13. Jh.), mit der schlanken Gestalt eines jungen Diakons.

Vitrinen mit frühbyzantinischer Kleinkunst des 4.–6. Jh. – *Mittlere Vitrine:* Gegenstände aus einem Schatz von Mytilene (Lesbos), Anfang 7. Jh. mit Goldschmuck und Silberteller.

Raum 3 (byzantinische und nachbyzantinische Kleinkunst): u. a. großes *Hostiengefäß* (Vitrine A). – *Großes Kreuz* von 1654 mit reicher Emailledekoration und Holzschnitzerei, die Feiertage darstellend (Vitrine E).

Raum 4: Sammlung liturgischer *Gewänder* und alter *Stoffe.* – In der Mittelvitrine der kostbar bestickte *»Epitáphios von Saloniki«,* aus der Zeit der Paläologen (Anfang 14. Jh.). – Vitrine an der Fensterseite (Nr. 828): *Bischofsstab* des Metropoliten von Adrianopel Neophytos (1653–1658), reich besetzt mit Edelsteinen, Rubinen und Emaille.

Nebengebäude (vom Hauptgebäude kommend rechts)

Ikonensammlung. – *Raum 1,* »Neuer Saal« (gegenüber dem Eingang): *Rechts* Ikonen des 14./15. Jh. *Links* Ikonen der kretischen Schule. In der oberen Reihe rechts (Nr. 90): »Die Gastfreundschaft Abrahams«, eine Ikone, die die Hl. Dreifaltigkeit symbolisiert, kretisch (1. Hälfte 16. Jh.). – An der Stirnwand prachtvolle Schnitz-Ikonostasis des 17. Jh.

Raum 2 (rechts), »Saal der ikonographischen Themen«: nach Themen geordnet: »Verkündigung«, »Geburt«, »Beschneidung«, »Taufe« usw., ferner Themen aus spätbyzantinischer Zeit »Ölberg«, »Abendmahl«, »Geburt Mariä« usw. – Die Ikonen wollen wirklichkeitsnahe Porträts der Heiligen sein mit möglichst genauer Wiedergabe des einmal festgelegten Bildtypus, so daß jahrhundertelang die Gesichter der Figuren, ihre Haltung und Gesten dem ältesten Vorbild zu folgen versuchen.

Raum 3 (links), »Saal der Volkskunst«: Volkstümliche Ikonen, ferner russische und koptische Ikonen und solche aus der Frankenzeit. – An der linken Wand (Nr. 773): »Blinder Eros mit Sirenen«, Werk des Defterevon von Siphnos (1825 n. Chr.). – (Nr. 781): »Die Muttergottes und die Errettung des Kapitäns Ardavanis vom Schiffbruch«, ionische Malerei (17. Jh.). Erstaunlicher Realismus.

Blick auf Lykabéttos und Altes Schloß

23 Hotel Hilton

Orientierungspunkt. Das hohe, weithin sichtbare Gebäude, von dessen Dachterrasse man einen einzigartigen Blick auf Athen hat, bezeichnet etwa die Grenze zwischen altem und neuem Athen. Es liegt inmitten des *Diplomatenviertels.* In Richtung Hymettos erstrecken sich ausgedehnte moderne Wohnviertel, nach Nord-Osten führt von hier aus die neu ausgebaute *Leoforos Vasilissis Sofias* in Richtung Autobahn.

24 Lykabéttos und Gennadios-Bibliothek

Der *Lykabéttos* (277 m) ist neben der Akropolis der markanteste Höhenpunkt innerhalb des heutigen Stadtgebiets (Abb. oben links). Bis zum Ende des vorigen Jahrhunderts diente er noch als Marmorsteinbruch, bis ein Verbot die weitere Abtragung untersagte. Weithin sichtbar wird der Lykabéttos von der *Aghios-Georgios-Kapelle* gekrönt. Unmittelbar daneben befindet sich heute ein Restaurant mit verschiedenen Caféterrassen. Der Ausblick ist lohnend, besonders auch am Abend, wenn man auf das Lichtermeer der Stadt hinuntersieht.

Man erreicht den Lykabéttos entweder zu Fuß über viele Treppen und einen längeren *Serpentinenweg* oder mit der *Zahnradbahn* (10–0.30 Uhr), deren Talstation sich am nördlichen Ende des *Odós Plutarchou* befindet.

Gennadios-Bibliothek: Die Bibliothek ist eine Schenkung von *Gennadios,* der griechischer Botschafter in London war. Sie gehört heute zum Amerikanischen Archäologischen Institut, ist aber öffentlich zugänglich und enthält über 50000 Bände, nämlich sämtliche in irgendeiner Sprache erschienenen Werke über Griechenland, darunter zahlreiche sehr seltene Ausgaben aus den Gebieten der Archäologie, Geschichte und Literatur. Der 1923 in klassizistisch-ionischem Stil ganz aus naxischem Marmor errichtete Bau wurde aus Mitteln der Carnegie-Stiftung finanziert.

25 Delphi

Anreise: Delphi liegt rund 180 km von Athen entfernt am Südabhang des Parnassos, in Sichtweite des Korinthischen Golfes. Man erreicht es über die Autobahn (bis Skimatari) und die weiterführende Staatsstraße in Richtung Theben. – Von Athen kommend liegt nach etwa 10 km rechts der hohe Gebirgsstock des *Pentelikon* (1100 m), berühmt durch seine Marmorbrüche, die seit dem 6. Jh. v. Chr. das bevorzugte Material für Tempelbauten und Skulpturen hergaben, so auch für die Bauten auf der Akropolis. Der *pentelische Marmor* ist feinkörnig, und sein Eisengehalt gibt ihm eine leichte Gelbfärbung. – Nach weiteren 5 km hat man rechts einen Blick auf den *Marathon-Stausee* (1926–1931), dem Wasserreservoir der Hauptstadt. In diesem Gebiet wächst einer der besten Weine Griechenlands. Das *historische Marathon* (Sieg der Griechen über die Perser, 490 v. Chr.) liegt etwa 10 km weiter östlich.

Kurz nach dem Marathon-Stausee wendet sich die Autobahn nach Nordwesten. Linker Hand liegen die Höhenzüge des *Parnís* (Kalkschiefer), der die Grenze nach *Böotien* bezeichnet, einer mittelgriechischen Landschaft, die sich von hier aus nach Westen bis zum Korinthischen Golf erstreckt, mit *Theben* und *Orchomenos* als Hauptorte mykenischer Zeit. Böotien ist die Heimat von *Hesiod, Pindar* und *Plutarch*.

Bei Skimatari erfolgt die Abzweigung der Staatsstraße nach *Theben*, einem Hauptort der griechischen Sage. Hier befand sich in mykenischer Zeit ein berühmter Königssitz. Die Akropolis war von einem 7 km langen Mauerring umgeben. Das heutige Theben ist eine bescheidene Landstadt mit etwas Industrie. In den Perserkriegen hatte sich Theben auf die Seite Persiens gestellt, wofür es nach dem Sieg der Athener schwer zu büßen hatte (Tributzahlungen an Delphi). Auch im 5. Jh. v. Chr. stand Theben meist im Gegensatz zu Athen, im Peloponnesischen Krieg auf Seiten Spartas. 404 v. Chr. fordert es sogar die Vernichtung Athens. Eine Erhebung gegen Alexander den Großen führte 335 v. Chr. zu seiner Zerstörung. Erst 316 v. Chr. erfolgte ein Wiederaufbau, doch hatte die Stadt nun ihre Bedeutung verloren.

Die Weiterfahrt erfolgt über *Petra* und *Levadia*, parallel zur Eisenbahnlinie nach Thessaloniki. Bei Levadia beginnt der Eintritt ins Gebirge. Es ist die alte Wegstrecke, auf der man sich schon in antiker Zeit Delphi näherte. Nach etwa 20 km kurvenreicher Strecke kommt man hinunter zu der berühmten Stelle, »wo drei Straßen zusammenkommen«. Hier soll *Ödipus*, aus Delphi zurückkehrend, seinen Vater erschlagen haben. – In südlicher Richtung zweigt hier die Straße nach *Ossios Loukas* ab, einer byzantinischen Klosterkirche mit schönen Mosaiken (vgl. S. 141 ff.). – In Richtung Delphi erreicht man schließlich *Arachova* (950 m), ein malerisch über einem Steilabhang gelegenes Städtchen, berühmt durch Rotwein und Käse und seine bunten, handgewebten Stoffe und Teppiche. Von hier aus ist der Aufstieg zum *Parnassos* und zur Höhle *Korykion* möglich. – Nach Delphi sind es nun nur noch wenige Kilometer.

Delphi (Heiligtum, Museum, Ort, Unterkunft): Von Arachova kommend liegt das *Apollon-Heiligtum* mit dem Schatzhaus der Athener, dem Tempel, dem Theater und dem Stadion *rechts* der Straße (steil ansteigend). – An den Ausgrabungsbereich unmittelbar anschließend liegt ebenfalls *rechts* der Straße das *Museum*, mit einem kleinen Parkplatz davor. – Das alte *Dorf* »Delphi«, das noch im 19. Jh. über den Ruinen stand, hat man vollständig abgetragen und den *neuen Ort*, der überwiegend aus Hotels und Läden besteht, in einer Entfernung von nur zehn Gehminuten, hinter einer Felsnase verborgen, angelegt.

Unterkunft in Delphi: Klasse A: Amalia, Xenia, Vouzas. – *Klasse B:* Europa (Pension), Kastalia. – *Klasse C:* Hermes, Phaeton, Greca, Mantion, Parnassos, Pythia, Stadion. – *Jugendherberge:* Xenon Delphon (ganzjährig geöffnet).

Apollon in Delphi

Unsere Abbildung zeigt den Blick, den man heute vom Theater aus über die Reste des Apollon-Tempels hinweg in das langgestreckte *Pleistostal* in Richtung Arachova hat. Rechts fällt das Gelände noch einmal ebenso steil ab, wie es links über der tief eingeschnittenen *Quelle der Kastalia* fast senkrecht in den Felspartien der *Phädriaden* aufsteigt.

In einer Höhe von 570 m am Fuße des schneereichen *Parnassos* in einer Zone extremer geologischer Verhältnisse gelegen, wo Erdbeben und Felsstürze tiefe Spuren hinterlassen haben, natürliche Quellen und aufsteigende Dämpfe von den Geheimnissen der Natur künden, rascher Temperaturwechsel und plötzlich auftretende Unwetter die Szenerie von einem Augenblick zum anderen unheilvoll verändern, herrschte nach altem Glauben die Erdgöttin *Gaia*, die man sich in Gestalt einer Schlange vorstellte (und wohl auch in Gestalt einer lebenden Schlange verehrte), bewacht von einem erdgeborenen Drachen *Python*. Noch Homer spricht nicht von Delphi, sondern nennt den Ort *Pytho*.

Doch dieser Drache wird eines Tages von Apollon getötet, der sich daher auch »*Apollon Pythios*« nennt. So wechselt das Heiligtum seinen Besitzer. An die Stelle einer *weiblichen* Gottheit tritt eine *männliche*, und das heißt historisch gesprochen: an die Stelle einer *mutterrechtlichen* Gesellschaftsordnung, die vor der dorischen Einwanderung herrschte, tritt eine *vaterrechtliche*.

Apollon kam aus dem Norden. Das bedeutet: aus dem Norden kommende Hellenen überrannten Mittelgriechenland und die Peloponnes, töteten die Schlange und setzten *ihren* Gott »der zunächst noch ein heilkräftiger Mäusegott war und sich erst später mit dem olympischen Apollon verschmolz« (Ranke-Graves) in die heilige Stätte. »Um die Einwohner von Delphi zu beruhigen, zelebrierten die Eroberer regelmäßige Trauerfeierlichkeiten zu Ehren des toten Heros Python, die Pythischen Spiele; seine Priesterin wurde im Amt belassen. Es war die spätere *Pythia*« (Ranke-Graves).

So sind es siedlungsgeschichtliche Vorgänge, die zur Gründung eines Apollon-Heiligtums in Delphi geführt haben. Aus dem geschichtlichen Aspekt wird aber sehr rasch ein politischer. Vor allem war es die Nähe von Korinth, die Delphi einen wertvollen Erfahrungsschatz im Hinblick auf das westliche Mittelmeer brachte, das den meisten Griechen des 8. Jh. v. Chr. noch völlig unbekannt war. Allein Korinth hatte schon früh eine nach Westen ausgreifende Handelstätigkeit entwickelt. »Auf diese Weise hatte das Orakel die Möglichkeit, für die beginnende Kolonisation Ratschläge zu erteilen und etwa anzugeben, welcher Ort des Westens für die Begründung einer neuen Stadt geeignet wäre« (d'Agostino).

Angesichts dieser ›Information‹ mußte Delphi für viele griechische Städte von Bedeutung sein. So kam es zur Begründung eines religiösen Städtebundes, der sich für den Schutz des Heiligtums verantwortlich erklärte und ihm seine Autonomie garantierte. Ein ›Rat der Nationen‹, der zweimal jährlich zusammentrat, diente der Wahrung der gemeinsamen religiösen, politischen und wirtschaftlichen Interessen.

Vor solchem Hintergrund wird Delphi zugleich erkannt als ein Ort der Aufklärung. Die uralten Natur- und Erdgottheiten werden überwunden, ebenso die Vorstellung, daß die Schicksalsgöttinnen, die Moiren, ihren Willen dem Menschen blindlings auferlegen würden. Nicht ein blindes Schicksal herrschte in Delphi, sondern ein Gott des Lichtes, dem alles Wirre, Dumpfe, Maßlose zuwider war, »der das Formlose haßt, das Gestaltete liebt . . . Fremd ist ihm die Ekstase und alles Rauschhafte« (Walter). Apollon ist der strafende, der musische, der seherische und der entsühnende Gott. Er steht Zeus am nächsten. Seine Mahnungen und Lehren erheben Anspruch auf Allgemeingültigkeit. Er fordert Sühne für jedes Unrecht und stärkt so das ethische Bewußtsein.

Delphi, Blick vom Theater ins Pleistostal

Das Schatzhaus der Siphnier, Aufriß und Grundriß

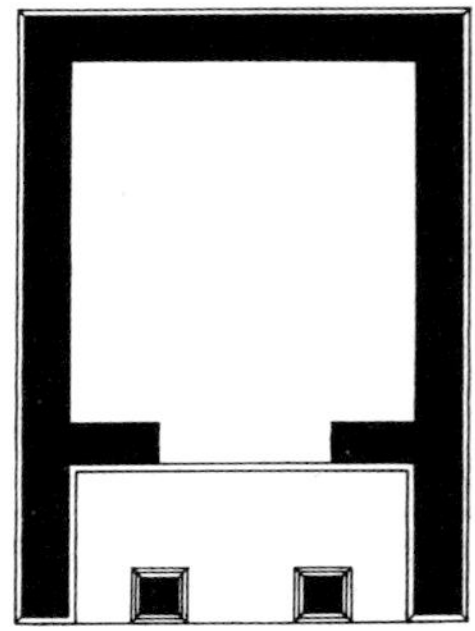

Rundgang durch das Apollon-Heiligtum **Nr. 25**

Delphi bietet das charakteristische Bild eines griechischen Heiligtums. Es wurde nicht ›geplant‹, sondern es ist gewachsen. Die einzelnen Bauwerke, die Schatzhäuser und Kultbilder, stehen in keinem axialen oder rechtwinkligen Bezug zueinander, sondern sind körperhaft empfundene, in sich selbst ruhende Gebilde, die wie eine Skulptur in ihrem Für-sich-sein gesehen werden müssen. Wohl gibt es gelegentlich formale Entsprechungen, doch nie in der Weise, daß daraus eine Regel oder gar etwas Regelmäßiges entstehen würde. Ein solcher Gedanke hätte dem Griechen der archaischen Zeit fern gelegen. Und noch in hochklassischer Zeit dachte man darüber kaum anders, wie uns die Bauten auf der Akropolis in Athen zeigen.

Unterer Teil der Heiligen Straße

Gleich zu Anfang des Weges geben uns Fundamente, Sockel- und Mauerreste wenigstens noch eine Andeutung von der Vielgestaltigkeit der Weihgaben nach Thematik, Anordnung und Größe. Da gab es rechts einen Stier, den Korfu gestiftet hatte; links die von Phidias gearbeitete Darstellung der Schlacht von Marathon; gegenüber hatten die Lakedämonier eine Säulenhalle errichtet zum Schutze eines aufwendigen Figurenmonuments. Dann folgen gleich vier Weihgaben aus Argos, wobei zwei in annähernd halbkreisförmiger Einfassung einander formal entsprachen; man hat sich wohl Reihen von Statuen vorzustellen. Zuletzt folgt noch einmal eine langgestreckte Basis für Bildwerke, die Tarent ins Heiligtum geweiht hatte. – Dieser ganzen Aufstellung haftet insofern etwas Tragisches an, als hier überwiegend griechische Städte den Sieg über eine andere griechische Stadt feiern, und so das Land seine politische Zerrissenheit dokumentiert.

Die Gruppe der Schatzhäuser

Auch sie müssen als Weihgaben betrachtet werden, die man errichtet, um Apollon zu ehren. Sie sind zur Aufbewahrung und Zurschaustellung der oft kostbaren Einzelstiftungen bestimmt, aber schon das Gebäude als solches ist ein Dank an den Gott und wird daher sehr sorgfältig gearbeitet. Am bekanntesten ist das wiederaufgebaute Schatzhaus der Athener, doch verdient vor

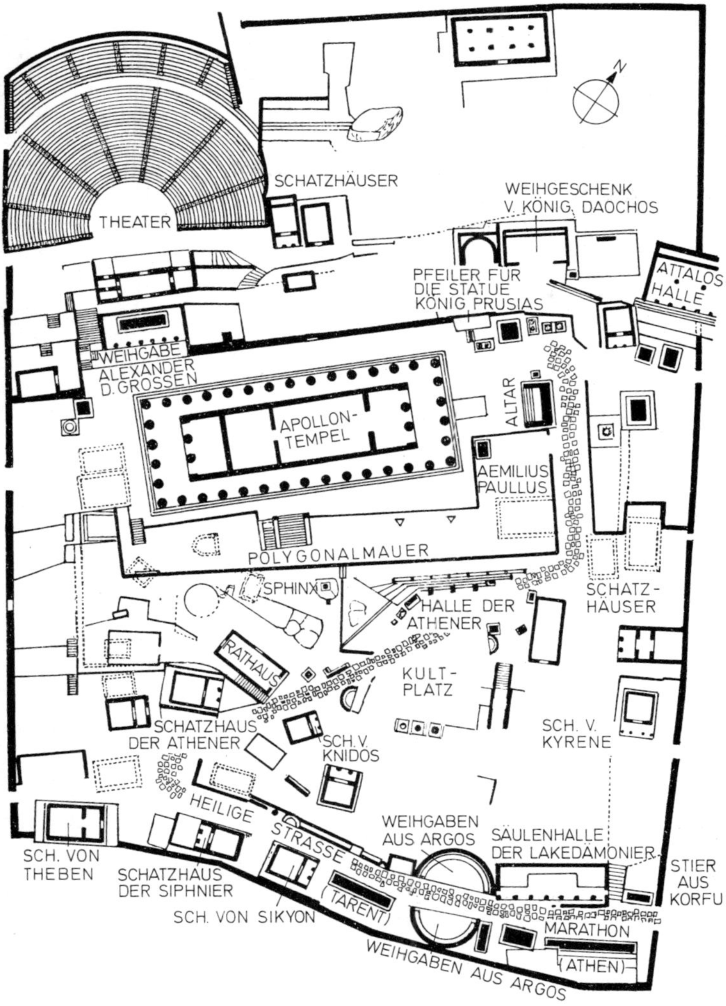

Delphi, Apollon-Heiligtum
Orientierungsplan

Polygonalmauer
Schatzhaus der Athener
Schatzhaus von Siphnos
Sphinx
Heilige Straße △
Kult-platz
Halle der Athener
▽ Eingang

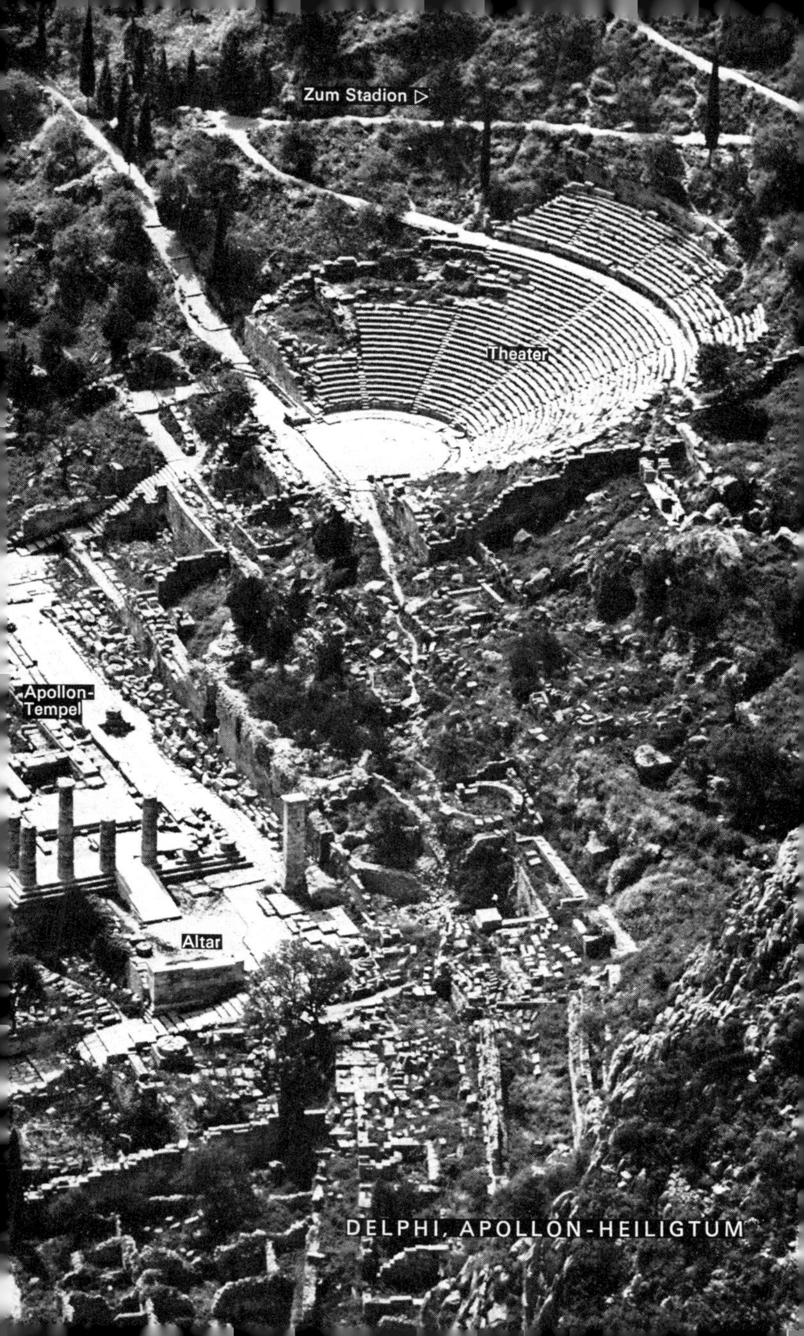
Zum Stadion ▷
Theater
Apollon-
Tempel
Altar
DELPHI, APOLLON-HEILIGTUM

allem das Schatzhaus der Siphnier Erwähnung, das demjenigen Athens um mindestens zwei Jahrzehnte vorausgeht und sich durch einen ungewöhnlich reichen und qualitätvollen Skulpturenschmuck auszeichnete. Große Teile der Figurenfriese befinden sich heute im Museum von Delphi (Abb. S. 133 ff.). Was den Bau darüber hinaus architekturgeschichtlich bemerkenswert macht, sind die beiden Karyatiden, die an der Frontseite die Säulen ersetzten: weibliche Figuren, die, auf hohen Sockeln stehend, das Gebälk tragen. Sie gehen der Korenhalle auf der Akropolis um rund 100 Jahre voraus.

Das Schatzhaus der Athener

Als man das Bauwerk (6,90 × 10 m) in den Jahren 1903/1906 wieder aufrichtete, stellte man fest, daß das Mauerwerk (wie später beim Parthenon) eine leichte, offenbar beabsichtigte Krümmung aufweist, daß somit jeder einzelne Stein nur an die *eine*, für ihn bestimmte Stelle paßt, und sich das Ganze als ein Organismus darstellt, dessen Teile nicht willkürlich vertauscht werden können. Die Beobachtung zeigt uns, wie griechischer Formgeist auch noch in der scheinbar toten Mauer etwas Lebendiges erkennt, einen Körper, der gleichsam atmet, und dessen ›Haut‹ sich spannt und dehnt. – Aber auch in der architektonischen Grundkonzeption gehen die Schatzhäuser über ihren praktischen Zweck hinaus, indem sich an die fensterlosen Mauern des ›Hauses‹ eine Vorhalle anschließt, so daß wie beim Tempel eine Giebelfront entsteht, deren eingestellte Säulen ein Gefühl räumlicher Tiefe und hoheitsvoller Distanz erzeugen. Obwohl kein Tempel, rückt so das Bauwerk in eine sakrale Sphäre.

Die Datierung des Bauwerks ist nicht ganz einheitlich. D'Agostino nennt für den Baubeginn die Jahre kurz nach 507 v. Chr. und bringt dies in Zusammenhang mit dem Machtwechsel in Athen, wo mit dem Sturz der Peisistratiden die ›Tyrannis‹ beseitigt und mit dem Machtantritt der Alkmeoniden unter *Kleisthenes* die Demokratie begründet worden war. Diese These hat um so mehr für sich, als der Sturz der Peisistratiden mit ausdrücklicher Unterstützung des delphischen Orakels (und zwar mit Hilfe Spartas) im Sommer 510 v. Chr. erfolgt war. Schon drei Jahre später, 507 v. Chr., konnte Kleisthenes Athen seine neue Verfassung geben. In diesem Augenblick hochpolitischer Umwälzungen erschien es Kleisthenes offenbar wichtig, durch den Bau des Schatzhauses »die alte Bindung an das Orakel erneut zu festigen« (d'Agostino).

Die *Giebelskulpturen* feierten selbstverständlich die Größe Apollons. »Sie zeigten wahrscheinlich den Diebstahl des Dreifußes oder vielleicht auch die Tötung der uralten Drachengöttin Gaia. In den *Metopen* gesellten sich zu den großen Taten des Herakles die des attischen Helden Theseus« (d'Agostino).

Es sei noch auf ein Detail hingewiesen: Man findet die Steine des Schatzhauses und der benachbarten Mauern fast vollständig bedeckt mit sorgfältig ausgehauenen *Inschriften*. Oft sind es bis zu 22 Zeilen auf einem Block, mehrfach auch in einem das Schatzhaus darstellenden Rahmen, der dann Giebelschmuck und Akrotere zeigt. Selbst am Stufenbau, an den Stirnseiten der Mauern, am Architrav und auf den Kapitellplatten finden sich Schriften. Sie alle geben Auskünfte über Prozessionen und Kultfeiern und enthalten amtliche Berichte und Beschlüsse, die auf diese Weise der Öffentlichkeit bekannt gemacht und in ihrer Bedeutung hervorgehoben wurden. Es befinden sich aber auch *zwei Gesänge an Apollon* darunter, deren Schrift durch einfache *Notenzeichen* ergänzt sind (2. Jh. v. Chr.). Die Entschlüsselung ist bisher nicht gelungen.

Eine weitere Beobachtung: An den dorischen *Kapitellen*, die etwa 70 Jahre vor denen des Parthenon entstanden sind, zeigt der *Wulst* (Echinus) zwar schon einen recht zügigen Kontur, ladet aber doch noch weit aus und besitzt noch nicht die straffe Gespanntheit wie bei den Kapitellen des Parthenon (Abb. S. 75/76).

Die große Terrassenmauer im Apollon-Bezirk

Die Errichtung dieser fast 90 m langen Mauer quer durch das Heiligtum steht im Zusammenhang mit einer geplanten Erneuerung des Apollon-Tempels in der Mitte des 6. Jh. v. Chr. Einige Schatzhäuser wurden abgerissen, das Gelände terrassiert und so die Voraussetzung für einen Tempelneubau geschaffen. Die Mauer mit ihrem polygonalen Steinschnitt wird auf 550/525 v. Chr. datiert.

Man hat nur selten Gelegenheit, etwas Ähnliches zu sehen. Das uns vertraute und selbstverständlich erscheinende Quadermauerwerk ist der griechischen Architektur um 550 v. Chr. noch unbekannt. So haben wir es hier mit der spätarchaischen Vorform des regelmäßigen Steinschnitts zu tun. Ausgehend von dem, was die Natur dem Menschen zur Verfügung stellt, also von rohen, unregelmäßigen Steinblöcken unterschiedlicher Größe, findet hier der griechische Geist zu einem ersten Ordnungsgefüge, indem er die Oberfläche der Steine an einer Seite sorgfältig glättet, die Steine selbst aber in feiner Verzahnung zur Mauer fügt. Vertikale und horizontale Fugen entstehen nur partiell und mehr zufällig. Bestimmend sind die bogenförmigen Linien, die immer neu zu einer flachen Kurve ansetzen. Die Schwere des Materials bleibt dabei durchaus spürbar, weil jeder Stein mit seinem Gewicht den unter ihm liegenden gleichsam zur Seite drückt. Aber der Gesamteindruck ist der eines Ornaments. – Hingewiesen sei wieder auf die zahlreichen Inschriften. Es sind mehr als 800 Texte, die diese Mauerfläche zu einem ›Archiv‹ machen.

Ein halbes Jahrhundert später hat man vor dieser Mauer die »*Halle der Athener*« errichtet. Ihre beherrschende Lage am oberen Teil der »Heiligen Straße« rechtfertigte sich allein aus einem großen historischen Ereignis. Die Halle feierte den *Sieg der Griechen über die Perser* in der Schlacht von Salamis (480 v. Chr.) und den nachfolgenden Seesiegen. Die heute z. T. noch aufrecht stehenden ionischen Säulen zeigen uns erneut, daß dorische und ionische Ordnung für die Griechen gleichwertige, nebeneinander bestehende Architekturprinzipien waren. Die Halle maß 100 attische Fuß in der Länge (wohl ein symbolisches Maß), was etwas mehr als 28 m entsprach; die Tiefe betrug nur 3,75 m.

Oberer Teil der »Heiligen Straße«: Vor der »Halle der Athener« lag ein kleiner runder Platz für die sakralen Aufführungen, dann folgten einige *Schatzhäuser* und noch einmal eine große Zahl zum Teil berühmter *Weihgaben*, die uns zeigen, daß sich der Ruf Delphis als eines berühmten Heiligtums noch bis in römische Zeit erhalten hatte. Neben den *Königen von Pergamon*, die hier als Stifter genannt werden, findet sich zuletzt auch der römische Feldherr *Aemilius Paullus Macedonius*, der mit seinem Sieg in der Schlacht von *Pydna* (Südmakedonien) die Unterwerfung Griechenlands unter Rom herbeiführte. – Vor dem Tempel der große Altar in den Maßen 8 × 5 m und einer Höhe von 4 m, wie ihn 475 v. Chr. die Bewohner der Insel Chios gestiftet hatten.

Der Apollon-Tempel

Die enge Verbindung zwischen Athen und Delphi bekundet noch einmal der Tempelbau des 6. Jh. v. Chr. (die heutigen Reste vor dessen Erneuerung nach einer Erdbebenzerstörung von 373 v. Chr.). Das attische Geschlecht der *Alkmeoniden*, das damals in der Verbannung lebte, hat ihn finanziert und beauftragte *Antenor*, den wir als Meister einer Kore auf der Akropolis kennen (vgl. S. 97), mit der Ausführung der Skulpturen. Der Tempel war somit ein *attisches* Werk, und er entstand offenbar in Konkurrenz zum Athena-Tempel auf der Akropolis, den das Geschlecht der *Peisistratiden* errichten ließ (er ist später im Perserstum untergegangen). Dort der Bau der ›Tyrannis‹, hier die Stiftung der künftigen ›Demokraten‹ (Kleisthenes) – mit dieser Gegenüberstellung trifft man die damalige Situation.

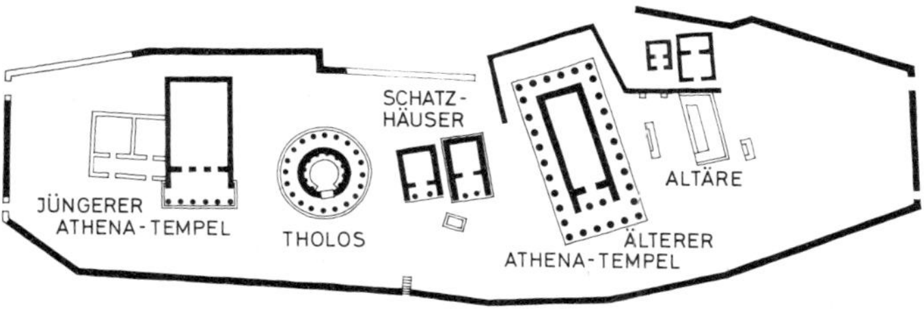

Delphi, Heiligtum der Athena Pronaia

Das Orakel: Die Funktion von Dreifuß, Quelle, Lorbeer, Erdspalt und betäubenden Dämpfen ist umstritten; die Einzelheiten der Befragung sind ungewiß. Die *Pythia* kaut Lorbeer, badet in der heiligen Quelle der Kastilia oder trinkt aus ihr, ebenso die Fragenden, die nach allgemeinem Opfer vorgelassen werden. In einem ›heiligen Bezirk‹ des Tempelinneren sitzt die Pythia, eine Schale in der Hand, auf dem Dreifuß und gibt auf schriftliche oder mündliche Fragen Orakel, die wohl von den Priestern zu Versen oder Prosa geformt, auch bearbeitet, in Einzelheiten ergänzt und schriftlich fixiert werden. Die Orakel haben eine Sondersprache, sind oft bildreich, zweideutig, rätselhaft und daher erklärungsbedürftig. – Wichtiger als die Einzelheiten der äußeren Umstände ist die Tatsache der *Erklärungsbedürftigkeit*, denn sie verschiebt das Gewicht der Aussagen von der Pythia auf die *Priesterschaft*. Daher kann man mit Vorbehalt von einer Delphi-Theologie, aber auch von einer Delphi-Politik sprechen. Die Sanktionierung von Kolonisation, Verfassung, Verträgen, ja sogar Schlachtplänen scheint erwiesen. Im Religiös-Sittlichen ist es die Mahnung zur Frömmigkeit und zur Selbstbescheidung, die dominiert, daneben der Versuch, die Verfolgung von Blutschuld in geordnete Bahnen zu lenken und die Strafen nach der Art der Schuld zu differenzieren. – Befragung von Einzelpersonen sind eine Späterscheinung. Die Pythia antwortet (anfangs nur einmal im Jahr) den Gesandtschaften von Städten, Provinzen, Kolonien (Lit. LAW).

Setzt man den *Rundgang* fort, so fällt gegenüber der NO-Ecke des Tempels eine große *Nische* auf. Hier stand ein Weihgeschenk, mit dem Alexander der Große dem Apollon für die Errettung auf einer Löwenjagd dankte. Nicht weit davon entfernt wurde rechts die Statue des »Wagenlenkers« gefunden.

Das nun folgende *Theater* ist in seiner heutigen Form ein später Bau des 2. Jh. v. Chr. (das Dionysos-Theater am Fuß der Akropolis erhielt fast 200 Jahre früher, um 330 v. Chr., seine steinernen Sitzreihen). Das Theater in Delphi faßte etwa 5000 Personen, das Dionysos-Theater in Athen 17000.

Schon außerhalb des eigentlichen Heiligtums liegt das *Stadion*. Ein steiler Pfad führt vom Theater hinauf auf die Höhe. Ein Besuch lohnt sich nur unter dem Gesichtspunkt der einzigartigen Lage am Steilhang der Phaedriaden, doch hat man von dort keinen neuen Ausblick auf die Landschaft. Das Stadion ist erst in römischer Zeit zu seiner heutigen Form ausgebaut worden. Es gab wohl einen Vorgängerbau, doch haben wir davon keine genauen Kenntnisse.

Die Kastalische Quelle erreicht man vom Apollon-Heiligtum in östlicher Richtung auf der alten Fahrstraße (oberer Weg). Das *Brunnenhaus* aus klassischer Zeit liegt hangabwärts, das obere ist eine spätere Quellfassung.

Das Heiligtum der Athena Pronaia erreicht man nach etwa 10 Gehminuten auf der neuen Fahrstraße. Ein Besuch lohnt sich nur im Hinblick auf den oft abgebildeten *Tholos*, einen Rundbau vom Ende des 5. Jh. v. Chr., vielleicht auch vom Anfang des 4. Jh. v. Chr., von dem drei Säulen mit Teilen des Gebälks heute wieder aufrecht stehen. Es ist unbekannt, wozu er gedient hat. Seine Bedeutung liegt für uns im Architektonischen. »Der Rundbau stellte an den Steinmetzen weit höhere Anforderungen als der Rechteckbau und setzte ein verfeinertes Steinschneideverfahren voraus. Daß diese Schwierigkeiten in Kauf genommen wurden, beweist, wie stark ein bestimmtes künstlerisches Anliegen in dieser Bauform zum Ausdruck drängte. Als monumentaler Freibau begegnet uns der Rundbau zuerst bei den Griechen« (Wegner). Erwähnt seien der reiche, ornamentale Schmuck am Außenbau und der Farbwechsel im Inneren, wo die Wände mit schwarzem Marmor verkleidet und durch Halbsäulen mit korinthischen Kapitellen geschmückt waren.

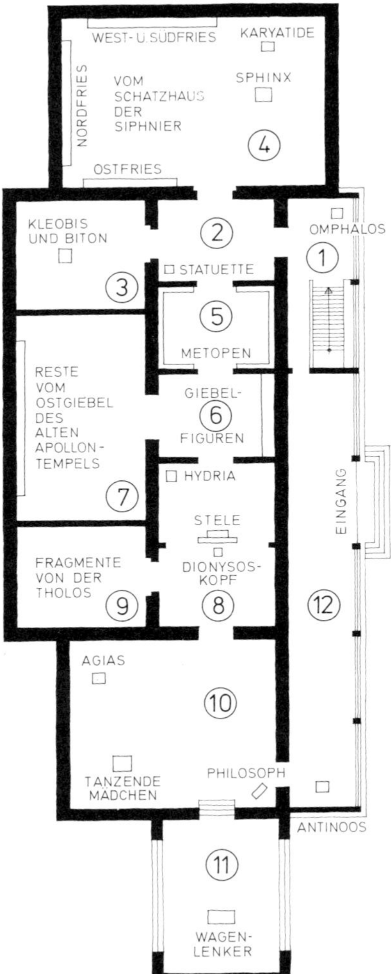

Delphi, Museum, Orientierungsplan

Öffnungszeiten: Im Sommer Mo 11^{30}–13 und 14^{30}–17 Uhr; Di–Sa 8–13 und 15–18 Uhr; So 10–13 und 15–18 Uhr. – *Im Winter* Mo 11^{30}–13 und 14^{30}–17 Uhr; Di–Sa 9–13 und 14^{30}–17 Uhr; So 10–13 und 14^{30}–17 Uhr.

Saal 1 (Vorraum) *(Delphi, Museum)*

Sog. Omphalos (der Treppe gegenüber): Ein 0,98 m hoher Marmorstein, den ein doppeltes, unregelmäßiges Netzwerk (als Steinrelief) umspannt. Es handelt sich um eine römische Kopie des in der Antike berühmten delphischen Omphalos, von dem die Überlieferung berichtet, daß er den Mittelpunkt der Erde bezeichnet habe. Zeus hatte zwei Adler von den äußersten Punkten der Welt aufeinander zu fliegen lassen, um diesen Punkt zu ermitteln. Entsprechend zeigte auch der Omphalos zwei vergoldete Adler, die auf seiner Spitze befestigt waren.

»Die Griechen der klassischen Epoche hatten vergessen, daß der alte Omphalos ursprünglich ein göttlicher, von ihren Vorfahren verehrter Stein gewesen ist« (Roux). So deutete man ihn gelegentlich auch als Grabstätte des von Apollon getöteten Python, einem weiblich gedachten Drachen bzw. einer Schlange, die ihm den Weg nach Delphi versperrt hatte. Die Bezeichnung »Apollon Pythios« geht darauf zurück.

Nach der Meinung des französischen Archäologen Roux befand sich der Omphalos ursprünglich im Inneren des Apollon-Tempels, und zwar in jenem abgetrennten, ›heiligen‹ Teil (Adyton), in dem die Pythia befragt wurde. Dort befand sich auch der heilige Lorbeerbaum.

Saal 2 (Saal der Schilde) *(Delphi, Museum)*

Bronzene Jünglingsstatuette (Höhe 0,20 m): Um 650 v.Chr., ein Weihgeschenk an Apollon. – Die kleine Figur ist archäologisch von hoher Bedeutung, weil uns hier an einem der frühesten Beispiele der Typus des sog. *Kuros* begegnet, den die früharchaische Kunst in der Mitte des 7. Jh. v.Chr. geschaffen hat: ein nackter Jüngling, frontal und im wesentlich symmetrisch gesehen, das linke Bein leicht vorgesetzt, die Arme gesenkt.

Saal 3 (Saal der Kuroi) *(Delphi, Museum)*

Kleobis und Biton (Höhe 2,16 m, ohne Sockel. Parischer Marmor): Die beiden eindrucksvollen Gestalten schuf der argivische Bildhauer *Polymedes* (Argos, Peloponnes). Es sind urwüchsige, kraftvolle archaische Jünglinge der Zeit um 600 v.Chr., die entschiedener noch als die attischen Kuroi eine geradezu urtümliche Körperwucht besitzen. Etwas typisch Dorisches scheint aus ihnen zu sprechen, vergleichbar den plastisch-gedrungenen Frühformen des dorischen Tempels: eine »erdhafte Stämmigkeit«, körperlich greifbar und als Seinsform noch fern jeder Psychologie. Mit ihrem ›archaischen Lächeln‹ sind diese Jünglinge ein Ausdruck des sich selbstverständlich vorfindenden Lebens in Kraft und Energie; eine unreflektierte Gegenwart als körperlich-lebendige Gestalt.

Um so erstaunlicher ist indessen der Anlaß ihrer Weihung nach Delphi. Nach Herodots Erzählung hatten die beiden Brüder bei einer Festlichkeit den Wagen ihrer Mutter, die eine Hera-Priesterin war, ins Heiligtum von Argos gezogen, da die Ochsen nicht rechtzeitig vom Land hereingebracht worden waren. Als daraufhin die Mutter für ihre Söhne eine besondere Gnade erbat, gaben ihnen die Götter einen schnellen und sanften Tod: »daß es am besten wäre, nicht geboren zu sein, steht als dunkler Untergrund hinter vielen der prächtigen, lebensstrotzenden archaischen Gestalten« (Fuchs).

Wir kommen hier dem Sinn der griechischen Jünglingsfiguren ganz nahe: die Götter, in ihrer strahlenden Erscheinung, sind ohne Alter. Nur in seiner Jugend, im lebensvoll erblühten Körper, scheint der Mensch ihnen für eine kurze Weile zu gleichen. Daß er nicht alterslos bleibt wie die Götter, ist sein Verhängnis. Das Leben aber im Bildwerk zu erhalten, ist Aufgabe der Kunst.

Die Festlegung auf einen ›Typus‹ bedeutet gegenüber der noch ungeordneten Vielfalt der geometrischen Kunst einen Akt geistiger Konzentration. Nicht die individuelle Erscheinung eines einzelnen Menschen und sein Tun sollen erfaßt werden, nicht das natürliche Bild mit allen seinen Zufälligkeiten bestimmt die Gestalt, sondern es ist die Urform, das Allgemeine, das Typische, das man zu bannen versucht: »den Wuchs des Menschen und sein herrliches Aufwachsen« (Fuchs). Jetzt erst wird der *Mensch* zum Hauptthema der griechischen Kunst – und er bleibt es als ›Kuros‹ über einen Zeitraum von mehr als 150 Jahren bis zum Beginn der klassischen Zeit (500/490 v. Chr.).

Der archaische Gestaltungswille mag gewisse Antriebe aus der Begegnung mit den Kolossalfiguren Ägyptens und des Orients, die den Griechen zu Anfang des 7. Jh. v. Chr. bekannt wurden, erfahren haben. Das 7. Jh. v. Chr. bringt jedenfalls die Entstehung der griechischen Großplastik (vgl. die Marmorfiguren in Saal 3). Die neue Auffassung ist aber nicht an ein bestimmtes Format gebunden. Wie die Statuette zeigt, ist auch die Kleinplastik von derselben, innerlich verwandten Monumentalität erfüllt.

Der moderne Betrachter wird die Figur vielleicht nur als stehend und in Ruhe befindlich wahrnehmen. Für die Griechen der archaischen Zeit wirkten sie so neu und revolutionierend, »als könnten sie sich bewegen«. Das liegt wesentlich an dem neuen sicheren Stand, der aufrechten Haltung und der nun schon spürbaren Mittelachse als einem inneren Zentrum der Figur.

Saal 4 (Der Siphniersaal) *(Delphi, Museum)*

Skulpturen vom Schatzhaus der Siphnier (526–524 v. Chr.). Auf der Insel Siphnos (Kykladen) hatte im 6. Jh. v. Chr. die Entdeckung von Goldminen zu großem Reichtum geführt. Aus Dankbarkeit für ihren raschen Wohlstand errichteten die Siphnier im Apollon-Heiligtum in Delphi ein prachtvolles Schatzhaus, an dessen Eingangsseite das Gebälk von zwei Karyatiden getragen wurde (rund 100 Jahre vor der Korenhalle des Athener Erechtheion). Einzigartig und künstlerisch hochbedeutend sind die fast 30 m langen Skulpturenfriese, die oberhalb des Architravs, von schönen Ornamentstreifen eingefaßt, den ganzen Baukörper umzogen. Innerhalb der griechischen Bildhauerkunst gehören diese Arbeiten zu den frühesten Darstellungen der olympischen Götterfamilie sowie des Trojanischen Krieges und der Gigantomanie. Im Giebelfeld erscheinen nun nicht mehr Gorgo, Löwen, Schlangen und Mischwesen, sondern Apollon, wie er gegen Herakles seinen Dreifuß verteidigt.

Die Götterversammlung (Ostfries, linker Teil)

Im Ostfries sind die olympischen Götter versammelt, um über das Schicksal Trojas zu beraten. Das Thema allein schon zeigt uns, wie nun der ältere Schicksalsglaube, wonach die Moiren, also die Schicksalsgötter, willkürlich über Menschen *und* Götter herrschten, überwunden ist zugunsten einer sehr viel lichteren, geordneteren Weltvorstellung. Es geht um »eine neue Dimension des Geistes« (Walter), bei der die Elemente der älteren Naturreligion zurückgedrängt und durch die neu geschauten olympischen Götter, die alle Möglichkeiten des menschlichen Seins verkörpern, ersetzt werden. In der Dichtung ist es *Homer*, der um 800 v. Chr. in schöpferischer Weise die Göttervorstellungen der Griechen in großen gültigen Bildern prägend zusammenfaßt. Im 6. Jh. v. Chr. ist es die Skulptur, die sich neben der Vasenmalerei dieses Geistesgut aneignet und ihm zu neuem Ausdruck verhilft.

Ares *Aphrodite* *Artemis* *Apollon* *Zeus*

Delphi, Ostfries des Siphnier-Schatzhauses (Ausschnitt)

In stilistischer Hinsicht folgt die »Götterversammlung« noch dem spätarchaischen Schema einer symmetrischen Gegenüberstellung gleichgearteter Gruppen, die sich annähernd spiegelbildlich entsprechen. Im Mittelpunkt steht nicht Apollon, sondern Zeus, der oberste der Götter, dessen herausgehobene Stellung sein Thron bezeugt. Doch ist Apollon dem Göttervater am nächsten, wie umgekehrt auf der rechten Seite seine Schwester Athena. Links wenden sich Aphrodite und Artemis an Apollon in dem Versuch, auf die Geschicke Einfluß zu nehmen, doch macht der archaische Künstler durch die abrupte Zurückwendung hier wie bei Athena deutlich, daß Zeus allein die Entscheidung zukommt.

Die Darstellung von Zeus als einem thronenden Gott ist keineswegs selbstverständlich. »Als die Griechen in der Frühzeit des ersten Jahrtausends sich ihr Bild von Zeus zu machen suchten, bot ihnen die Kunst des Vorderen Orients eine Reihe von Gestalten an, in der sie ihren Zeus wiedererkannten: den Gott auf dem Stier mit Blitz und Schwert; den mächtigen Helden, der von Flügeldämonen umgeben ist und der den Löwen bezwingt; oder den Gott mit der Doppelaxt und dem Blitz, wie er auf assyrischen und hethitischen Reliefs erscheint« (Walter). Nach verschiedenen Zwischenstufen findet aber die griechische Kunst zu einem Zeusbild »voller Würde, Ruhe und Kraft«.

Für Apollon kommt die Zeit seiner großen Darstellungen erst im 5. Jh. v. Chr. Vielleicht unter dem Eindruck der Schlacht von Marathon (490 v. Chr.) entsteht damals ein neues monumentales Bild dieses Gottes, dem das Maß und die Ordnung heilig sind, und dem sich die Griechen immer mehr zuwenden, denn er ist auch der Stifter des musischen Lebens, der die Dichter und Sänger inspiriert. Um 470/460 v. Chr. steht er am Zeustempel in Olympia groß und beherrschend in der Mitte des Westgiebels.

Die spätarchaische Darstellung Apollons am Siphnierfries ist demgegenüber noch ein erstes Herantasten an die Gestalt des Gottes. Noch kennt ja die Kunst keinen psychischen Gesichtsausdruck. Um so entscheidender sind die Gesten. Wenn Aphrodite und Artemis ihre Arme nach Apollon ausstrecken, und Artemis sogar dessen Kinn berührt, so sind das archaische Zeichen für Bitten, Drängen und Flehen. Ganz ähnlich verhält es sich mit dem Faltenwurf. Innerhalb der beiden Gruppen verdichtet er sich jeweils von den Rändern her zur Mitte und festigt so die thematische Zusammengehörigkeit der an sich noch wenig differenzierten Figuren. Bei Artemis sind es eng beieinander liegende, vertikale Parallelfalten, die ihre Mittelstellung betonen. Bei Aphrodite und Apollon sind es die in breiteren Abständen verlaufenden Faltenbahnen, die auf diese Mitte hin ausgerichtet sind.

Der Kampf zwischen Griechen und Trojanern (Ostfries, rechter Teil)

Wie bei der »Götterversammlung« ist auch hier die Komposition im archaischen Sinne annähernd spiegelbildlich angelegt. Als ›Rahmenmotive‹ sieht man links und rechts je ein Viergespann (die ursprünglich wohl gemalten Wagenkörbe heute verloren). Die beiden Helden und ihre Begleiter sind von den Streitwagen herabgesprungen und stehen sich kämpfend über der Leiche des Sarpedon gegenüber: links der Trojaner Hektor, rechts der Grieche Menelaos (mit dem Gorgonenschild). Noch kennt die Darstellungsform keine perspektivischen Verkürzungen, wohl aber die Schichtung, das Hintereinander von Figuren, so daß eine gewisse Raumtiefe entsteht. Die Kraft des Ausdrucks, Schnelligkeit, Mut und Energie sprechen allein aus dem Umriß der Figuren: ihrer Schrittstellung mit der leichten Beugung nach vorne und den weit ausholenden Armen.

Für die Griechen war die Erinnerung an den Trojanischen Krieg ein Teil ihres gemeinsamen historischen Bewußtseins. Das über 700 Jahre zurückliegende Ereignis (um 1200 v. Chr.) hatte durch Homer mythische Züge angenommen. Der Siphnierfries ist daher auch unter dem Gesichtspunkt der Einwirkung der Dichtung auf die bildende Kunst von Interesse. – Historisch gesehen kämpfen die Griechen im Trojanischen Krieg unter dem Aspekt ihrer Handelsinteressen um eine freie Durchfahrt durch den Hellespont (Schachermeyr).

Der Kampf der Götter und Giganten (Nordfries)

Die Funde von Mammutknochen in Trapezos am Schwarzen Meer und das Erlebnis von Vulkanausbrüchen hielten bei den Griechen die Vorstellung von einer grundsätzlichen Bedrohung des Menschen durch die Kräfte der Unterwelt und durch riesenhafte Wesen wach. Ihre Phantasie formte daraus die Erzählung vom Aufstand der Giganten gegen die olympischen Götter. Während aber die Sage von Gestalten mit Schlangenschwänzen spricht und damit erdgeborene Geister meint, gibt der Bildner des 6. Jh. v. Chr. die Giganten in Menschengestalt und läßt sie wie schwerbewaffnete Hopliten gegen die Götter angehen. Die Götter selbst kämpfen ohne Rüstung und zugleich ohne Anstrengung. Apollon und Artemis, seine Zwillingsschwester, eilen leichten Schrittes hinzu und schießen ihre Pfeile ab.

Eigentümlich ist das Neben- und Ineinander von Göttern und Giganten. »Man sieht es der Darstellung nicht an, wer siegen wird. Man sieht nur, daß die Götter etwas größer sind« (Walter). Das ist im archaischen Sinne zu verstehen: beide Gruppen verkörpern noch vitale Seinsmächte, die als gegenwärtig und wirksam gedacht werden. Es geht nicht um ›Schlachtenbilder‹, sondern um die Vorstellung, die sich der Mensch von den Kräften dieser Welt macht. Die Gegenüberstellung von Göttern und Giganten ist daher wesentlich eine geistige. Daher ist auch der Sieg der Olympier nicht unmittelbar abzulesen; er muß vielmehr geglaubt oder gewußt werden. Wie so oft in der griechischen Kunst geht es auch hier um die Zurückdrängung der Naturreligion zugunsten einer neuen Einsicht in den Weltzusammenhang.

Stilistisch vertritt der Nordfries die späteste Stufe der archaischen Bildkunst. Bei einer Tiefe von etwa 4 cm baut sich das Relief in fünf Schichten auf (rund 100 Jahre später sind es beim Parthenonfries der klassischen Zeit sieben Schichten bei 6 cm Relieftiefe). – Noch nicht bewältigt ist die Körperdrehung. Beim Riesen Ephialtes z. B. sind die Beine nach rechts, der Kopf aber nach links gerichtet. Dagegen gibt es schon zahlreiche Überschneidungen und verschleifende Übergänge. »Die Starre der archaischen Seinsform gerät in Bewegung und wird hier, kurz vor 525 v. Chr., der Gesinnung nach schon überwunden, obwohl formal das Neue noch nicht wirklich bewältigt werden kann« (Fuchs). Die Lösung dieses Problems bringt erst die Frühklassik mit den Metopen des Zeus-Tempels von Olympia (465/460 v. Chr.), rund 60 Jahre später.

Apollon Artemis Der Riese Ephialtes Giganten

Delphi, Nordfries des Siphnier-Schatzhauses (Ausschnitt)

West- und Südfries

Beide Friese zeigen einzelne Gottheiten, wie z. B. Hermes mit dem Gespann der Athena und Aphrodite auf ihrem Wagen. Das Gewicht liegt hier auf den Pferdedarstellungen, die nun immer beliebter werden und auch später ein formal wichtiges Thema der klassischen Kunst (Parthenonfries) bilden. Beachtlich ist der Versuch, die Rosse lebendig zu gruppieren und durch Vor- und Zurücksetzen den Eindruck des Bewegungsablaufes zu verstärken. Es kommt dabei zu schönen Flächenwirkungen, doch wirkt der Meister im ganzen altertümlicher als derjenige des Ost- und Nordfrieses.

Karyatiden vom Schatzhaus der Siphnier

Von den beiden Mädchenfiguren, die an der Eingangsseite des Schatzhauses das Gebälk trugen, haben sich größere Teile erhalten. Auffallend ist der hohe zylinderförmige *Kalathos* auf den Köpfen der Mädchen. Es handelt sich um eine vereinfachte Form des aus Vasenbildern bekannten Wollkorbs, wie ihn die griechischen Frauen benützten. Er bildet häufig den Kopfschmuck weiblicher Gottheiten. Bei den Karyatiden hat er die Aufgabe, die Figur zu erhöhen und das Kapitell zu tragen (eines der Kapitelle links von den Figuren). Trotz starker Zerstörung lassen die Mädchen noch immer den spätarchaischen Formenreichtum erkennen: das lineare Spiel der Stoffalten und der Haartracht sowie den ursprünglich vorhandenen Schmuck (vgl. die Bohrlöcher). Formenfülle ist allgemein ein Kennzeichen der spätarchaischen Kunst. Er tritt uns aber verstärkt in ionischen Werken entgegen. Auch der Gedanke, die weibliche Figur im Sinne einer Säule zu verwenden, ist ionisches, orientalisch beeinflußtes Gedankengut.

Die Sphinx der Naxier

Um 560 v. Chr. – Es soll sich um das älteste noch erhaltene Weihgeschenk in Delphi handeln: ein Marmorbildnis, das sich ehemals auf einer 9 m hohen Säule über dem Felsen der Sybille, südlich vom Apollon-Tempel, erhob und dort die Stelle bezeichnete, wo Apollon den pythischen Drachen erschlagen hat.

Bei den Ägyptern war die Sphinx ein Ausdruck der physischen und geistigen Macht ihrer Könige (daher die Mischung zwischen Löwenleib und Menschenkopf). In Syrien veränderte sie sich zu einem weiblichen Wesen, und im griechischen Mythos ist sie eine geflügelte Löwin mit menschlichem Kopf.

Die nach Delphi geweihte Sphinx ist ein Werk der ionischen Kunst (aus Naxos, Kykladen), die mit ihrer lebhafteren Phantasie dem Orientalischen näher steht als die festländische griechische. Auf den Kykladen und an den Küsten Kleinasiens sah man gebannt auf die fremden Gestalten, in denen sich das Übermenschliche und Dämonische verkörperte. Doch griechischer Geist hat auch diese Wesen verwandelt und ihnen mildere Züge verliehen. Die Sphinx der Naxier hat nichts Schreckliches mehr an sich. Sie war ja auch bestimmt für die Stelle, wo der Lichtgott Apollon über die dunklen unheimlichen Erdmächte gesiegt hatte. So ist sie eher ein Bild des Geistes, schlank und beflügelt, angesiedelt im Zwischenbereich zwischen Himmel und Erde, Mensch und Tier: unzugänglich in ihrem nach innen gerichteten Blick und doch ein anmutiges, freundliches, hoheitsvolles Wesen, das einem Vogel gleich das Ungreifbare des Gedankens und das Rätselvolle der Orakelsprüche verkörpert.

Das Kapitell verdient in architekturgeschichtlicher Hinsicht besondere Beachtung: ein hochaltertümlicher Typus am Anfang der ionischen Kapitellbildung. Die Einrollung der ›ionischen‹ Schnecke ist hier noch ganz vegetabil, als Kurvatur eines sich einrollenden Pflanzenstengels verstanden, denn die parallel geführten Riefelungen enden in einer palmettenartig sich auffächernden Blüte – ein Motiv, das später entfällt. Wir sehen aber, wie sehr sich die Griechen von pflanzlich-organischen Vorstellungen leiten ließen. Aufschlußreich ist ein Vergleich mit den ionischen Kapitellen vom Erechtheion der Athener Akropolis (Abb. S. 87), die rund 140 Jahre später liegen. Die Umsetzung der pflanzlichen Form in eine abstrakt-architektonische ist dort bereits abgeschlossen. Die Formen sind geschmeidig und elegant, voll federnder Gespanntheit und gleichsam elastisch; die innere Geschlossenheit ist sehr viel größer (die Schnecke rückt ganz nahe an den Säulenschaft heran und umgreift ihn); die Ornamentik ist aufs höchste verfeinert und schafft maßstäblich abgestufte Zonen und kontrastreiche Wirkungen. Das Kapitell von 560 v. Chr. folgt dagegen noch dem Grundgesetz aller archaischen Kunst: es ist additiv entworfen. Jeder Teil ist für sich gesehen. Das Ganze aber bildet sich aus einer ›Zusammenfügung‹.

Saal 5 (Saal der Metopen) *(Delphi, Museum)*

Ausgestellt sind 24 Metopen aus parischem Marmor, die ehemals das Gebälk des Schatzhauses der Athener (490/489 v. Chr.) schmückten. Infolge der starken Zerstörung ist die Betrachtung für ein ungeübtes Auge schwierig. Archäologisch handelt es sich jedoch um äußerst wertvolle Stücke. Auch die Thematik ist von Interesse, denn in ihr spiegelt sich vermutlich das Erlebnis der Schlacht von Marathon (490 v. Chr.) wider. Es handelt sich durchweg um Kampfszenen, die sich inhaltlich in drei Gruppen aufgliedern. Einmal ist es der Kampf der Athener gegen die Amazonen, einem mythischen Volk kriegerischer Frauen, hinter dessen sagenhafter Existenz sich wohl historische Vorgänge (Abwehr asiatischer Stämme) verbergen: als Sinnfigur »der Triumph des griechischen Geistes über die dunkle und dämonische Kraft« (Petrakos). Ein zweites Thema bilden die Taten des Herakles. Ein drittes die Taten von Theseus, einer attischen Heldengestalt, die gegen Ungeheuer und Riesen zu Felde zieht.

Stilistisch zeigt sich in diesen Darstellungen schon eine erste Nähe zur Frühklassik. Man unterscheidet zwei Meister, von denen einer noch spätarchaisch gebunden, der andere ›fortschrittlicher‹ erscheint, so z.B. in der Metope mit *Herakles, wie er die Hindin einfängt.* Nach Ranke-Graves symbolisiert die Jagd auf die Hindin die Suche nach Weisheit. Die Hindin mußte lebend (!) eingefangen werden, Gewaltanwendung war ausgeschlossen; Herakles benötigte daher auch für diese Tat ein volles Jahr. »Kraftvoll-großartig sind Bauchmuskulatur und Rippenkorb des Herakles gestaltet; der Wille zur Aktion ist offensichtlich, wenn auch der Körper noch formelhaft gebildet ist« (Fuchs).

Saal 6 bis Saal 8 *(Delphi, Museum)*

Saal 6/7: Reste des um 510 v.Chr. errichteten *Apollon-Tempels.* Man verwendete den in spätarchaischer und frühklassischer Zeit beliebten Porosstein, eine leichte, aber feste Kalksteinart, die man mit Putz versah und bemalte.

Saal 6: Reste des *Westgiebels* mit dem Thema der Gigantomachie. Der Vergleich mit dem 15 Jahre älteren Siphnierfries liegt nahe. Hervorzuheben »Athena«, wie sie in die Schlacht eilt. – Zwei *Quadersteine* vom Schatzhaus der Athener tragen eingemeißelt den Text apollinischer Hymnen (2. Jh. v.Chr.) mit hinzugefügten Noten für die Vortragsweise (diese noch ungedeutet).

Saal 7: Reste des *Ostgiebels* (Ankunft des Apollon in Delphi). – Rechts eine geflügelte *Nike* (Siegesgöttin), die als Akroter den Giebel des Apollon-Tempels schmückte (spätarchaisch). Nike ist in der griechischen Kunst die ›Überbringerin‹ des Sieges, nicht nur für den Kriegsfall, sondern ebenso beim friedlichen Wettkampf, wie hier bei den Pythischen Spielen.

Saal 8: Hervorzuheben ist die *Grabstele eines jungen Mannes* aus der Zeit um 470 v.Chr. Das frühklassische Werk zeigt eine besonders schöne Körpermodellierung, die schon ahnen läßt, wie nun langsam der ›natürliche‹ Mensch entdeckt wird und sich damit auch psychologische Momente (Züge der Trauer) ankündigen. Der Verstorbene ist lebend dargestellt, wie er sich nach dem athletischen Wettkampf die Erde und das Öl abschabt. Das ist echt griechisch gedacht: eine Erinnerung an die Zeit, da der Mensch in seiner besten körperlichen Erscheinung »den Göttern gleicht«. – Im selben Raum zwei schöne bronzene *Hydrien* (5./4. Jh. v.Chr.): ein Vasentypus, meist aus Keramik, mit runder Mündung, einem Vertikal- und zwei Horizontalhenkeln, der vorwiegend als Wasserkrug verwendet wurde, aber auch (wie hier) als Aschenurne.

Im zweiten Raumteil: Kopf des Dionysos (0,46 m, Marmor), aus der 2. Hälfte des 4. Jh. v.Chr. Das griechische Bild von Dionysos wandelt sich vom vorzeitlichen »Herr der Wildnis« (Stiergestalt) zur göttlichen *Person* durch die Einsicht, »daß das Dionysische ein Teil der Welt und des Lebens ist und mit zum Wesen des Menschen gehört« (Walter). Als würdige, bärtige Gestalt zeigt ihn die Kunst im 6. Jh. v.Chr. zuerst in Athen. Im 5. Jh. v.Chr. wird dann das Ekstatische »zu einem innermenschlichen Problem«. Man entdeckt die dionysischen Schichten *im* Menschen. In der Dichtung schildert *Euripides,* wie das Dionysische »den Menschen zur Raserei und zum Mord treibt, ihn Zeit, Ordnungen und Gesetze vergessen läßt«. Die neu entdeckte Innenwelt des Menschen führt auch zu einem neuen Bild des Gottes als einer unbärtigen schwärmerischen Gestalt. Zuerst erscheint es in der Vasenmalerei, dann in der Plastik, wo offenbar *Praxiteles* (370/320 v.Chr.) den neuen Typus schuf. Von ihm ist auch der Dionysoskopf in Delphi abhängig. Der schwärmerische Jüngling mit den langen Locken, nur durch die Binde als Gott ausgewiesen, trägt fast tragische Züge. Götterglaube und Frömmigkeit sind in dieser Zeit schon sehr geschwächt, die Politik nach dem Erlebnis des Peloponnesischen Krieges ohne Zukunftsideale, der Polisgedanke verarmt, das Leben des einzelnen bezieht sich nicht mehr zwingend auf die Gemeinschaft.

(Säle 9 und 10, sowie 12 siehe S. 140)

Der Wagenlenker (Höhe 1,80 m, Bronze), Weihgeschenk des Tyrannen von Gela (Sizilien) als Dank für seinen Sieg beim Wagenrennen während der Pythischen Wettkämpfe des Jahres 478 v. Chr. Ursprünglich ein Viergespann mit Wagen und Wagenlenker. Erhalten blieben neben Fragmenten der Pferde und der Steinbasis nur die Bronzestatue des Lenkers (478/474 v. Chr., frühklassisch).

Schon in geometrischer Zeit hat man Gespanne mit Pferden, Wagen und Lenker als Terrakottagruppen z. B. in das Heiligtum von Olympia geweiht. Das waren Werke der Kleinkunst. Hier jedoch öffnet sich eine neue Dimension. Aus der natürlichen Lebensgröße spricht ein unerhörtes Selbstbewußtsein, charakteristisch für die lebenserfüllte Stimmung der frühklassischen Zeit unmittelbar nach den siegreich bestandenen Perserkriegen (480/479 v. Chr.).

Dargestellt wird jetzt nicht mehr die Idealgestalt eines nackten Jünglings, wie dies in archaischer Zeit (700–500 v. Chr.) im Typus des *Kuros* üblich war, sondern jetzt handelt es sich um eine individuelle, bekleidete Gestalt, eben um jenen wirklichen Sieger in einem bestimmten Wagenrennen. Die Zeit der Kuroi ist zu Ende. An die Stelle der reinen Seinsidealität tritt das wirklichkeitsnahe schöne Bildnis.

Noch für längere Zeit bleiben freilich die individuellen Züge eingebettet in einen allgemeinen Schönheitskanon, der keine leidenschaftlichen, augenblicksgebundenen Äußerungen zuläßt. In Gestalt und Antlitz deutet hier nicht die geringste Spur auf den vorausgegangenen Wettkampf und die damit verbundenen Anstrengungen oder auch nur auf die Freude über den errungenen Sieg hin. Völlig gelassen, mit entspannten Gesichtszügen, aufrecht und ohne Anstrengung – so steht die Gestalt vor uns, die wir heute nur aufgrund des Gesamtzusammenhangs (z. B. der Zügel) als Wagenlenker erkennen.

Die Figur als solche ist außerordentlich sorgfältig durchgebildet. Verfolgt man die senkrechten Faltenbahnen des langen Gewandes (es handelt sich um die sog. *Xystis* der Wagenlenker), so ist man überrascht, nicht zwei Falten von völlig gleicher Führung zu finden. Kaum wahrnehmbare Kurvaturen, leichte Schwellungen, Dehnung und Zusammenziehung verleihen der Oberfläche eine ungewöhnliche Lebendigkeit. Das verstärkt sich noch oberhalb des Gürtels, wo der Stoff in breiten schweren Bahnen nach unten fällt, sich bauscht und so einen ›Sockel‹ bildet, über dem sich der Kopf um so freier erhebt.

Das Antlitz ist in seinem individuellen Kern, z. B. mit den breiten wulstigen Lippen, eher bäuerlich-derb als städtisch-fein. Doch werden die zwangsläufig vorhandenen Merkmale eines robusten, sportlichen Kämpfers durch die großen ruhigen Elementarformen stilistisch überhöht und so in ein allgemeines Ideal männlich-schöner Erscheinung umgesetzt.

So sind es gerade die Einzelformen (Nase, Ohr, Haar, Binde), die den Eindruck der Vollkommenheit hervorrufen und die Gesamterscheinung im griechisch-klassischen Sinn harmonisieren. Die makellos geformte Nase verleiht dem rundlichen Gesicht ein geistiges Profil und wird zum Ausdruck von Willensstärke. Aus den weit geöffneten Augen spricht ein abwägendes, seiner Aufgabe bewußtes Verhalten. Kraftvoll, fast stämmig ist der Hals; von größter Feinheit dagegen das lebhaft gekräuselte Seitenhaar, dessen zarte Locken eher feminin wirken, das Antlitz aber vorteilhaft plastisch rahmen und die relativ zierlichen Ohren ornamental einbinden. Die mit Silber ausgelegte Siegerbinde mit Mäandermuster festigt das Gesamtgefüge dieses Kopfes und leitet über zu der abschließenden Rundform des Schädels. Die Binde selbst ist im Nacken mit der größten Natürlichkeit geknotet und bildet mit den beiden herabhängenden Enden zwei formal wichtige, vertikale Parallelen, die noch einmal zeigen, mit welcher Überlegung der Künstler in allen Einzelheiten zu Werke ging.

 Delphi, Kopf des sog. »Wagenlenkers«

Will man die wichtigsten Merkmale zusammenfassen, die in der Gestalt des Wagenlenkers ihren Ausdruck finden, so sind es »jugendliche Vitalität, athletische Anmut, aristokratische Würde und Selbstbeherrschung« (Schoder) – Ideale einer Zeit, die noch immer im Banne des Heroischen steht, sich im Mythos vergangener Ruhmestaten erinnert und sich einen Sinn für das Feierlich-Ernste bewahrt. Man denke an die gleichzeitige Dichtung, wo Pindar in seinen Chorliedern den sportlichen Sieger preist als den »Sieg der Besten«.

Saal 9 (Saal der Tholos) *(Delphi, Museum)*

Architekturteile und Skulpturen von der Tholos, einem Rundbau im Heiligtum der Athena Pronaia; u.a. wiederhergestellte Teile des Gebälks mit vier reliefverzierten Metopen, ferner Metopenfragmente mit der Darstellung von Kriegern und Amazonen. – Sehr schön der Vergleich zwischen den dorischen Kapitellen vom Außenbau und den korinthischen Kapitellen von den Halbsäulen des Inneren. – Statuenfragmente, vermutlich von Akroteren.

Saal 10 (Saal der Tänzerinnen) *(Delphi, Museum)*

Benannt nach einer Gruppe von *drei Mädchen*, die tanzend über einer Pflanzensäule dargestellt waren. Weihgeschenk der Athener (um 335–325 v.Chr.), ein Werk auf der Grenze zwischen Spätklassik und Frühhellenismus. Man spürt, wie nun der kultische Gedanke immer mehr zurücktritt zugunsten einer ästhetischen Verfeinerung der Form. Am stärksten ist der Nachhall der Klassik in den Köpfen, während das ›Raffinement‹ der dünnen Gewandung, die den Körper überall durchscheinen läßt, zum typischen Ausdruck einer Spätzeit gehört.

Bedeutend ist auch die überlebensgroße Statue des *Agias*, ein Marmorwerk aus der Zeit nach 338 v.Chr. von einem Weihgeschenk, das eine ganze Reihe von Figuren umfaßte. *Daochos von Pharsalos* hat es gestiftet. Es handelt sich um Mitglieder der königlichen Familie, die sich hier nackt, wie ehedem die Kuroi, darstellen ließen, was in dieser späten Zeit wie ein bewußtes Anknüpfen an alte Traditionen wirkt. Die Figur steht der Kunst des Lysipp nahe, also jenes Meisters, der die Menschen wiedergeben wollte, wie sie *erscheinen*, nicht wie sie sind. Dieser *Subjektivismus* im Sehen trennt diese Kunst prinzipiell von den zurückliegenden Jahrhunderten, in denen es um die Erfassung *objektiver* Seinsmächte ging. – Zu dem Weihgeschenk des Daochos gehören noch weitere Figuren, die den Vater, den Bruder sowie zwei Söhne darstellen.

Zu erwähnen ist noch die *Statue eines Philosophen* (um 280/270 v.Chr.), auch sie in Überlebensgröße, also denkmalhaft empfunden. Im Unterschied zu den Figuren der klassischen Zeit macht sich hier ein deutlicher Zug zum Willensmäßigen, zur persönlichen Aktivität bemerkbar. Die Gestalt ruht nicht gelassen in sich selbst, sondern wirkt angestrengt und konzentriert, wie durch ein Gegenüber herausgefordert. Bestimmend ist eine innere Energie, die gestaltend auf die Welt gerichtet ist.

Saal 12 (Saal des Antinoos) *(Delphi, Museum)*

Benannt nach der *Statue des Antinoos* (130/138 n.Chr.). Wir haben es hier mit einem römischen Original zu tun, das sich aber ganz am griechischen Vorbild orientiert und so ein Stück ›Bildungsgut‹ verkörpert. *Antinoos* war ein in Kleinasien geborener Liebling des Kaisers *Hadrian* (117–138 n.Chr.), in dem die Griechenbegeisterung dieses Herrschers vielleicht ihr lebendes ›Idealbild‹ gefunden hatte. Antinoos ertrank während einer Nilfahrt (130 n.Chr.), vermutlich bei dem Versuch, den Kaiser zu retten. Hadrian gründete ihm zu Ehren die Stadt *Antinoopolis*, ließ das Bildnis des Antinoos in unzähligen Statuen festhalten und weihte ihm sogar Kult und Tempel.

Ossios Loukas, Blick von Südwesten

26 Ossios Loukas

Lage: Das Kloster liegt auf dem Weg nach *Delphi*, oberhalb der Talmulde von *Distomo*, am westlichen Rande des *Helikongebirges*, zwischen Böotien und der Landschaft Phokis. Für die Anreise vgl. die Angaben zu Delphi, S. 119.

Das Kloster erhebt sich am Rande eines kahlen Höhenzuges, dort, wo der *Hl. Loukas*, ein Eremit des 10. Jh. n. Chr., seine letzten Lebensjahre verbracht hat. Mit der Stiftung einer Kapelle nimmt seine Verehrung ihren Anfang (941/944 n. Chr.), doch bald verbinden sich mit dem Andenken an den frommen Mann Wundererscheinungen, und dies wiederum führt zur Gründung eines Klosters. Nicht zufällig liegt das Kloster in räumlicher Nähe zu *Delphi* und damit in einer Landschaft, die den Griechen seit alters her heilig war. Wenn wir hören, daß auch dem Hl. Loukas Kräfte der Weissagung zugeschrieben wurden, so wird deutlich, daß hier der christliche Wallfahrtsort die heidnische Orakelstätte ablöst, indem er sich deren traditionelles ›Ansehen‹ zunutze macht.

Die erhaltene Doppelkirche wird aufgrund stilistischer Merkmale in die Zeit um 1030 n. Chr. datiert. Haupt- und Nebenkirche liegen unmittelbar nebeneinander. Es sind beides byzantinische Kreuzkuppelkirchen. Bei der kleineren Nebenkirche, in der die Totenlitaneien für die Mönche gelesen wurden, wird die Kuppel von vier Säulen getragen (Typus Käsariani). Die größere Hauptkirche (›Katholikon‹) erinnert mehr an Daphni. Hier sind es Wandpfeiler, die die Kuppel tragen, und Seitenräume dienen der zusätzlichen Abstützung des Gewölbes. Im Gegensatz zu Daphni hat sich hier die Wandverkleidung aus farbigen Marmorplatten erhalten.

Zu den Mosaiken in Ossios Loukas

Das Mosaik der *Hauptkuppel* ist verloren. Das 1593 n. Chr. als Ersatz geschaffene *Fresko* zeigt aber wenigstens das ursprüngliche Thema, die Gottesmutter mit Johannes dem Täufer und den vier Erzengeln.

Erhalten ist das *Kuppelmosaik über dem Altarraum*. Es zeigt die Ausgießung des Heiligen Geistes an die Apostel, deren Bedeutung der Künstler dadurch hervorzuheben sucht, daß er sie wie eine Versammlung von Königen, auf Thronen sitzend, die Füße auf einem Schemel aufruhend, zeigt, und sie durch die ›Flammen des Geistes‹ strahlenförmig mit dem Zentrum verbindet.

Diese Mitte ist nicht personhaft gesehen, sondern zeigt, gleichsam in einer Abstraktion, den Thron Gottes, das Evangelienbuch und die Taube des Heiligen Geistes. – Man findet eine Parallele zu diesem Pfingstbild in S. Marco in Venedig, umgesetzt in eine weiträumigere, monumentalere Darstellung, bei der die Apostel sehr viel mehr in ihrer Vereinzelung, als Träger des Geistes, gesehen sind, die Flammen die Häupter direkt berühren, und der größere Abstand zum Zentrum den spirituellen Charakter deutlicher hervortreten lassen.

Das Weiterwirken der Geistesgaben auf die Völker und Sprachgruppen (dies ist der Sinn) zeigen die Männer auf den Gewölbezwickeln. Die Apostelgeschichte (2,9) nennt sie: Parther, Meder und Elamiter, Bewohner von Mesopotamien, Judäa und Kappadozien, von Pontus und Kleinasien, von Phrygien und Pamphylien, von Ägypten und der Landschaft Libyen bei Cyrene, Römer, Juden und Heiden, Kreter und Araber.

Betrachten wir weiter das *Apsismosaik*, so fällt auf, welch zentrale Stellung nun auch die Muttergottes gewinnt, charakteristisch für das 11. Jh. n. Chr., mit dem in der Ost- wie in der Westkirche mehr und mehr Maria zu einem Gegenstand der Frömmigkeit wird (im Westen entstehen rund hundert Jahre später die ersten gotischen Kathedralen, die schon Marien*portale* kennen).

Wie in Daphni, so setzt sich auch hier die Reihe der Mosaiken fort mit Themen, die sich auf die zwölf Kirchenfeste des Jahres beziehen (Zwickel unterhalb der Hauptkuppel und Wände des Narthex, der Vorhalle). Aufschlußreich wäre ein Vergleich gewesen zwischen dem Verkündigungsengel hier und dem in Daphni (Abb. S. 147), doch ist gerade das Verkündigungsbild in Ossios Loukas verloren. Dennoch gibt der Engel von Daphni einen Maßstab auch für die Beurteilung der übrigen Figuren. Man wird leicht feststellen können, daß die Mosaiken in Ossios Loukas nicht dieselbe Nähe zur Antike aufweisen, daß der Sinn für die große, monumentale Darstellung hier weitaus geringer entwickelt ist, dafür aber dem erzählerischen Moment mehr Spielraum gegeben wird. Ein deutlicher Qualitätsunterschied zeigt sich im übrigen bei den Mosaiken der Vorhalle (Narthex), die einen anderen Meister erkennen lassen.

In der Vorhalle finden wir die »Fußwaschung«, die »Kreuzigung«, die »Auferstehung« und »Die Begegnung mit dem ungläubigen Thomas«. Bei der »Fußwaschung« ist mit sicherem Sinn für wirkungsvolle Gesten eine spannungsvolle, das erzählerische Moment überhöhende Darstellungsform gefunden, bei der sich in der Verteilung der Gruppen, in der Herausstellung einzelner Personen, in Bewegung und Gegenbewegung ein schönes Gleichgewicht einstellt.

Von starker Wirkung sind auch eine Reihe von Darstellungen orthodoxer Kirchenväter. Ihre Betrachtung führt uns noch einmal in den Hauptraum zurück. Er hat durch die neuerlichen Restaurierungen seine ursprüngliche Helligkeit zurückerhalten und erstrahlt mit den gereinigten Mosaiken in immer wieder eindrucksvoller Kostbarkeit. Wichtiger noch als die Einzelbetrachtung ist die Wahrnehmung des Ganzen. In der Verwendung der edelsten Materialien für die Mosaiken und für die Wände äußert sich eine geistige Haltung, die sich der irdischen Mittel bedient, um sich ganz auf das Ewige auszurichten.

Ossios Loukas, Blick auf Ostapsis und Pfingstkuppel

Η ΠΕΝ ΤΗΚΟC ΤΗ
ΛΑΙ
ΓΛΩC
ΜΡ
ΘΥ

27 Daphni

Lage: Das Kloster liegt 11 km vom heutigen Stadtzentrum entfernt etwa auf halbem Wege zwischen Athen und Eleusis, auf einer Paßhöhe der »Heiligen Straße«. Man erreicht es mit dem *Autobus* ab Eleftherias-Platz (vgl. Planziffer 5) in etwa 45 Minuten. – *Geöffnet:* Im Sommer täglich 7^{30}–18^{30} Uhr, So 10–14^{30} Uhr. Im Winter täglich 9–17 Uhr, So 10–13 Uhr.

Der Name ›Daphni‹ erinnert an ein altes Heiligtum des *Apollon Daphneios*, des ›Gottes im Lorbeerbaum‹, an dessen Stelle die Klostergründung trat, vielleicht die Stiftung eines hohen Beamten am byzantinischen Hof in Konstantinopel (Kirsten-Kraiker). Die heutige Kirche, schon der zweite Bau, entstand um 1080 n. Chr., zusammen mit dem langgestreckten Speisesaal der Mönche, von dem man nördlich der Kirche die Fundamente sieht. Die heute am Außenbau in Erscheinung tretenden gotischen Formen (Spitzbogen) gehen auf französische Kreuzfahrer des vierten Kreuzzuges (1204) zurück: 1204–1458 war Daphni im Besitz von burgundischen Zisterziensern. Die Bögen der damals errichteten Vorhalle ruhten ursprünglich alle auf ionischen Säulen; sie wurden bis auf eine von Lord Elgin entführt. Als Ersatz sieht man heute schwächliche Pfeiler. – Auch die Befestigungen mit Zinnenkranz gehen auf diese Zeit zurück.

Die Klosterkirche folgt dem üblichen Typus einer Kuppel über kreuzförmigem Grundriß, läßt aber die Kuppel nicht mehr auf Säulen aufruhen, wie in Käsariani und bei der Apostelkirche auf der Agora, sondern auf Wandpfeilern.

Die Mosaiken: Ihre Anordnung zeigt das Schema auf S. 148, mit dessen Hilfe man die einzelnen Bilder identifizieren kann. Die Verteilung folgt einem System liturgischer Symbolik: die Kuppel als Abbild des Himmels mit Christus und den Propheten; in der Apsiswölbung das Bild der Maria mit dem Erzengel Michael und Gabriel. In der unteren ›irdischen‹ Zone die Bilder von Heiligen, Mönchen, Asketen und Bischöfen. Gleichsam zwischen Himmel und Erde, in der Zone der Vermittlung, das Leben Jesu und seiner Mutter, dargestellt in Korrespondenz der ›Zwölf Kirchenfeste‹.

Kloster Daphni, Westseite

Daphni, Pantokrator

Christus als Pantokrator

Die christliche Kunst hatte schon einen weiten Weg zurückgelegt, als sie das Bild des Pantokrators schuf. Längst ist die antikische Unbefangenheit der frühen Christusbilder aufgegeben. Christus erscheint nicht mehr als der jugendlich gesehene ›gute Hirte‹, wie noch im 4. Jh. in der Plastik und um 425 im Mausoleum der Galla Placidia in Ravenna. Auf dem Hintergrund der großen dogmatischen Auseinandersetzungen tritt an die Stelle dieser ›naiven‹ und freundlichen Christusbilder ein anderes, das sich am antiken Philosophenbild orientiert. Christus erscheint vom 5. Jh. an lehrend, mit einer Buchrolle, im Kreise der Jünger, diskutierend. Bald aber wird seine Haltung ehrwürdig und distanzierend. Dazu gehört auch der ›Philosophenbart‹, der anfangs noch fehlt. Die Gestalt wandelt sich schließlich zum ›Herrscher‹, dessen Thron die Weltkugel sein kann, der aber auch wie ein König auf einem Thron sitzt.

Das in Byzanz geschaffene Bild des *Pantokrators* geht noch einen Schritt weiter, ist strenger und abstrakter und vereinigt die Vorstellung des Herrschers mit dem des Lehrers (griechisch »der Alles Beherrschende, Allmächtige«). Nach römischem Vorbild wählt man die Kreisform als Ausdruck der Vollkommenheit und zeigt nun, völlig ungriechisch, aber um so mehr römisch, nicht mehr die ganze Person in ihrer vollen Leiblichkeit, sondern konzentriert die Darstellung auf Kopf und Hände. Die Autorität des Lehrenden bestimmt nun das Gottesbild. Es ist streng, unnahbar, fast bedrohlich und nicht ohne Spuren der Intoleranz. Die großen Augen sind ebenso fragend wie mißbilligend auf ein unsichtbares Gegenüber gerichtet, die linke Hand bedeutungsvoll auf das Buch gelegt, das Buch selbst ist versiegelt. Vielleicht soll mit der Rechten die bevorstehende Öffnung der Siegel angedeutet werden.

Der Verkündigungsengel von Daphni

Wenn gelegentlich gesagt worden ist, die Mosaiken in Daphni ließen eine innere Verwandtschaft zum antiken Formempfinden erkennen, so bestätigt sich dies an einer Figur wie dem des Verkündigungsengels. Die Schilderung, wie der Engel der Maria begegnet, verzichtet auf jedes architektonische Beiwerk, macht keinerlei Angaben über den Ort des Ereignisses, stellt lediglich die beiden Figuren einander gegenüber, die nun selbst einen (abstrakten) ›Raum der Begegnung‹ erzeugen und so das Geistige des Vorgangs betonen. Das wird auch daran deutlich, daß Maria ihren Blick nicht auf den Engel, sondern von diesem weg (vielleicht auf den Betrachter) richtet. So verkörpert der Engel nicht so sehr eine Begegnung in Raum und Zeit als vielmehr den göttlichen Willen, mit dessen Verkündigung sich die Welt verändert.

In der Darstellungsform hat das durchaus seine Parallele mit dem Erscheinen der antiken Götter auf der frühklassischen Stufe, wenn etwa die Anwesenheit der Athena von den Kämpfenden in der Schlacht nicht wahrgenommen wird, sie also als *unsichtbar* gedacht werden muß. Die Schrittstellung des Engels steht hierzu in keinerlei Widerspruch, denn auch beim antiken Bild des erscheinenden Gottes kann die Beinstellung das Überraschende des Erscheinens noch unterstreichen (Abb. S. 162).

Gerade die Gleichzeitigkeit von Ruhe und Bewegung, das ›Stehen‹ auf dem belasteten Bein und das ›Gehen‹ im freien Zurücksetzen der unbelasteten Seite, entspricht antiker Sehweise und erinnert an zahlreiche Werke der Großplastik (Abb. S. 37) wie der Kleinkunst (Abb. S. 35).

Noch in anderer Beziehung steht der Künstler dem antiken Formdenken nahe. Er gibt dem Engel die ›Siegerbinde‹ ins Haar, wie sie die Athleten nach gewonnenem Kampf, »dem Gotte gleich«, tragen (Abb. S. 139), er kleidet den Engel in antikem Sinne mit einem dünnen Stoff, über den sich ein schwerer Mantel legt (Prinzip der Koren); er verleiht ihm den Zeigegestus mit einer spezifischen Handhaltung, bei der Zeige- und Mittelfinger ausgestreckt, die beiden letzten Finger aber abgebogen werden (Abb. S. 37). – Noch stärker ist der Bezug zur Antike beim Faltenwurf, denn die Ausdrucksfähigkeit des Stoffes ist erst von den Meistern der griechischen Spätklassik zu jener freien Formensprache entwickelt worden, auf der dann die abendländische Kunst aufbaut. – Aber selbst die so spezifisch ›christlichen‹ Flügel, die uns die Figur überhaupt erst als ›Engel‹ erkennen lassen, basiert auf antiken Vorbildern und ist in der griechischen Kunst im Typus der ›Siegesgöttin‹, der ›Nike‹, vorgegeben (Abb. S. 30). – (Lit. Schneider).

Daphni, Engel von der Verkündigung

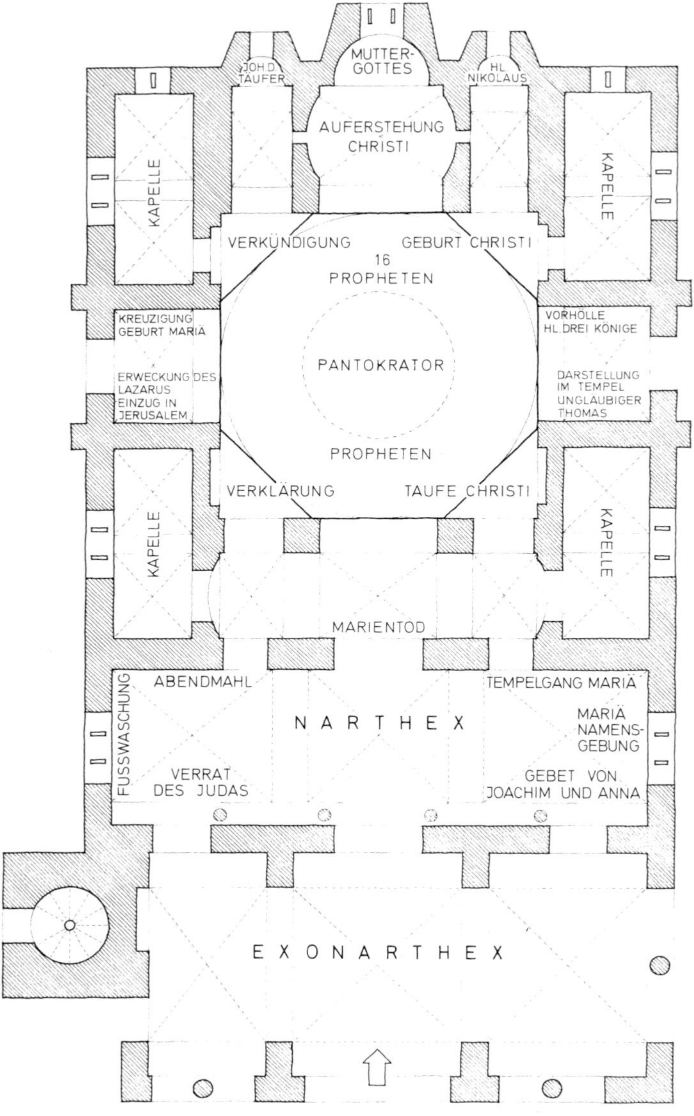

Daphni, Anordnung der Mosaiken

28 Kloster Käsariani

Lage: Vom Stadtzentrum in östlicher Richtung 7 km entfernt. Anfahrt bis zum heutigen Vorort ›Käsariani‹ mit dem Bus Nr. 39 ab »Akademie der Wissenschaften« (Plan: 3) oder vom Syntagma-Platz aus (Plan: 19). Von der Endhaltestelle in ›Käsariani‹ bis zum Kloster sind es etwa 1,5 km zu Fuß. – *Geöffnet:* Im Sommer Mo–Sa 7^{30} Uhr bis Sonnenuntergang, So 10–13 und 15–19 Uhr.

Das Kloster liegt in reizvoller Lage am Fuße des Hymettos inmitten von Eukalyptusbäumen, Zypressen, Kiefern und Lorbeersträuchern. Eine in der Antike als heilkräftig geltende Quelle, »Kyllou-Pyra«, begründete ein Aphrodite-Heiligtum. Noch heute sprudelt das Wasser aus einem Widderkopf des 6. Jh. v. Chr. (Ostseite). Kaiser Hadrian (117–138) veranlaßte den Bau einer Wasserleitung nach Athen. Der Name ›Käsariani‹ (›Kaiserquelle‹) hat vermutlich darin seinen Ursprung. – Im 5. Jh. n. Chr. trat an die Stelle des Aphrodite-Tempels eine basilikale Klosterkirche (geringe Reste im Klosterhof zu sehen).

Die heutige Kirche stammt aus dem 10. Jh. n. Chr. Sie ist damit älter als die Apostelkirche auf der Agora, mit der sie vom Typus her manches verbindet, denn in beiden Fällen wird die Kuppel über kreuzförmigem Grundriß von vier Säulen getragen. Die ionischen Kapitelle sind antik und wiederverwendet. Vielleicht bildete man auch den Porphyraltar aus antikem Material. Wie üblich ist der Hauptraum vom Raum des Priesters, dem sog. Bema, durch eine Marmorschranke getrennt (5. Jh. n. Chr.).

Ausmalung: Für die späte Ausschmückung der Kirche (16. Jh. n. Chr.) ist es charakteristisch, daß man nun nicht mehr das kostspielige, aus der Antike sich ableitende Mosaik verwendet, wie wir es aus dem 11. Jh. n. Chr. in Daphni und Ossios Loukas vorfinden, sondern die einfachere, dem malerischen Sehen entgegenkommende Freskotechnik (auch in Ossios Loukas hat man im 16. Jh. n. Chr. das zerstörte Kuppelmosaik in Freskotechnik erneuert). Die Ausmalung in Käsariani geht vermutlich auf einen Mönch vom Berge Athos zurück.

Themen: In der Kuppel das Pantokratorbild (vgl. dazu Daphni, Abb. S. 145), darunter (zwischen den Fenstern) die Propheten und auf den Gewölbezwickeln die vier Evangelisten. – In der Kuppel der Mittelapsis die Madonna als Himmelskönigin mit den Erzengeln Michael und Gabriel, darunter Christus als Hohepriester und die Eucharistie. – Ferner Darstellungen aus dem Leben Christi.

Vorhalle und Glockenturm sind Hinzufügungen des 17. Jh. n. Chr. (Ausmalung 1682: Marienlegende und sieben Gleichnisse). Vor der Kirche eine ionische Säule vom Aphrodite-Tempel. Links vom Klosterhof ein Badehaus aus dem 5. Jh. n. Chr., angelegt nach römischem Vorbild mit Heiß-, Kalt- und Warmbad.

Kloster Astéri — Nr. 28

Es liegt etwa auf halber Höhe des Hymettos, rund 3,5 km von Käsariani entfernt, und ist zu Fuß oder mit Privatwagen zu erreichen. Die aus dem 11. Jh. n. Chr. stammende Kirche ist in den Grundzügen mit derjenigen des Klosters Käsariani verwandt: die Kuppel über kreuzförmigem Grundriß ruht auf vier Säulen (neuerdings restauriert). Auch die Fresken stammen hier wie dort aus dem 16. Jh. n. Chr.

Hymettos — Nr. 28

Man erreicht den Gipfel des Hymettos-Gebirges (1026 m) vom Kloster Astéri aus nach etwa 7 km. Mit Rücksicht auf eine Radarstation ist die Straße nur bis etwa 1 km unterhalb des höchsten Punktes befahrbar. Lohnende Aussicht. Entgegen der heutigen Situation (Verkarstung) war der Hymettos in antiker Zeit bewachsen und wegen seines guten Honigs bekannt. Auf seinem Gipfel verehrte man »*Zeus Hymettos*«. Das Bergmassiv erstreckt sich in einer Länge von 18 km.

29 Kap Sunion

Anreise: Kap Sunion ist rund 70 km von Athen entfernt. Die Anfahrt mit Bus oder eigenem Wagen erfolgt über *Piräus* auf der gut ausgebauten *Küstenstraße*, entlang der ›*attischen Riviera*‹, wie dieses Gebiet heute genannt wird. Vom Piräus kommend reiht sich Hotel an Hotel, im bunten Wechsel mit Sportanlagen, Badestränden, Jachthäfen und Restaurants. Die Anreise ist von hohem landschaftlichen Reiz. Kap Sunion selbst ist durch seine Sonnenuntergänge berühmt. Bei den organisierten Fahrten der Reisebüros erfolgt die Rückfahrt in der Regel aber schon vor Sonnenuntergang.

Gleich zu Anfang liegt auf einem Küstenvorsprung *Paleón Fáliron*, das antike *Phaleron*, das als erster Handelshafen Athens lange vor Piräus seine große Bedeutung hatte. Paleón Fáliron ist heute ein Ort mit knapp 25 000 Einwohnern.

Es folgen nacheinander (Entfernungen jeweils von Athen): Das Seebad *Kalamáki* (12 km), der Flughafen *Ellinikón* (13 km) und das benachbarte Sportzentrum *Agios Kosmás* (Unterwassersport, Meeresforschung, Jugendherberge). Dann das vornehme und teure *Glifáda* (17 km) mit Restaurants, Nachtklub und Golfplatz (13 000 Einwohner), daran anschließend die Badeorte *Voúla* (20 km) und *Kavoúri* (23 km). Ein luxuriöser Badeort ist auch das malerisch auf einer Halbinsel gelegene *Vouliagméni* (25 km). Über einen schönen Badestrand verfügt ferner das kleinere *Várkiza* (30 km). Ein Badeort mit Jachthafen und Sportanlagen ist schließlich noch *Lagoníssi* (40 km). Der Ausbau von *Anávissos* (50 km) ist noch im Gange. Es folgen *Néa Fókea* (53 km), einst eine attische Küstenfestung, und *Legrená* (65 km), ein kleinerer Badeort mit guter Möglichkeit zur Unterwasserfischerei.

Die Tempelanlagen von Kap Sunion

Kap Sunion, schon von Homer erwähnt, bildet die südlichste Spitze von Attika: ein steil aufragendes Felsplateau in landschaftlich beherrschender Lage, dem ehemals eine strategische Schlüsselstellung zukam. Sunion kontrollierte den Eingang in den Saronischen Golf und damit den Weg nach Ägina, Salamis, Piräus und Athen. Es überwachte gleichermaßen die Wasserstraßen zu den Kykladen und nach Euböa. Zusammen mit dem weithin sichtbaren Tempel von Ägina und der Athener Akropolis war Kap Sunion Teil eines navigatorischen Dreiecks, das der antiken Schiffahrt zur Orientierung diente.

Angesichts einer so exponierten Lage ist es verständlich, daß Kap Sunion schon früh den Göttern geweiht war. Davon zeugen auch die hier gefundenen, überlebensgroßen Kuroi aus Marmor (heute im Athener Nationalmuseum), die zu den ältesten Beispielen attischer Großplastik zählen (Abb. S. 21). Die Tempel selbst gehörten dem Meeresgott *Poseidon* (auf der Höhe des Felsens) und der Landgöttin *Athena*, deren Heiligtum etwas nördlicher auf einem flacheren Hügel lag.

Während der Perserkriege (480/479 v. Chr.) teilte Sunion das Schicksal Athens. Wie auf der Akropolis die archaischen Bauten des 6. Jh. v. Chr., so wurde auch hier ein älterer, wohl dem 6. Jh. v. Chr. zugehöriger Tempel von den Persern zerstört, und später, in zeitlicher Parallele zum Parthenon, der neue Tempel in Marmor errichtet.

Kap Sunion mit Poseidon-Tempel

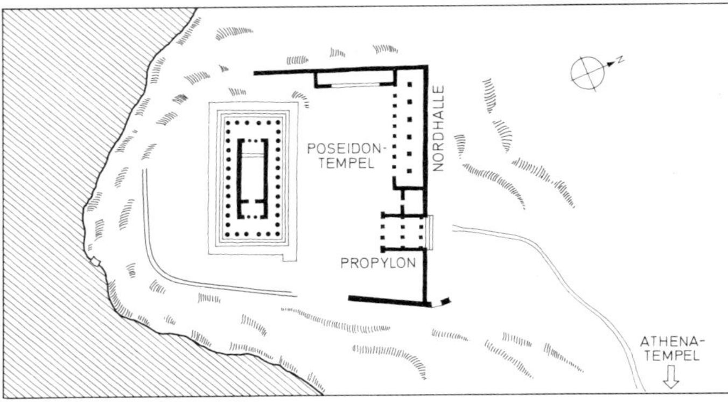

Kap Sunion, Heiligtum des Poseidon

Poseidon-Tempel: Entstanden in der Zeit um 440 v. Chr., gehört der Tempel zur Hochblüte klassisch-griechischer Baukunst, verwandt dem Hephaistos-Tempel auf der Athener Agora, mit dem er annähernd die gleichen Abmessungen (13,47 × 31,12 m) und dasselbe Säulenverhältnis (6 × 13) teilt. Man nimmt heute an, daß beide Bauten nach Plänen des *Kallikrates* errichtet wurden, und die Verwandtschaft in den Maßverhältnissen somit nicht zufällig ist. Aber auch der Nike-Tempel auf der Akropolis (427/426 v. Chr.), mit seinen ionischen Formen, basiert auf Entwürfen des Kallikrates. Damit ergibt sich (nach Carpenter) folgendes Bild:

Kallikrates arbeitet zunächst für Kimon, den politischen Gegenspieler des Perikles, und konzipiert (ab 465 v. Chr.) für diesen den Vorgängerbau des heutigen Parthenon. Nach dem Tode des Kimon (450 v. Chr.) findet ein Wechsel der Baumeister statt. Kallikrates wird durch Iktinos abgelöst, der nun für Perikles den Plan zum heutigen (größeren) Parthenon entwirft, doch werden die schon aufrecht stehenden Säulen des Kallikratesbaues wiederverwendet.

Vom Parthenon-Unternehmen nunmehr ausgeschlossen, errichtet Kallikrates den Hephaistos-Tempel auf der Agora (ca. 448–442 v. Chr.), dann den Poseidon-Tempel auf Kap Sunion (ca. 442–438 v. Chr.), dann zwei Tempel in Acharnai und Rhamnus und schließlich (nach dem Tode des Perikles) den Nike-Tempel auf der Akropolis (427/426 v. Chr.). – Baukünstlerisch bedeutet das: Kallikrates beginnt am Parthenon mit den traditionellen dorischen Formen über einem altertümlich langgestreckten Grundriß und endet bei der außerordentlich feinen und zierlichen Architektur aus ionischen Elementen beim Nike-Tempel.

Auf diesem Wege bezeichnet der Poseidon-Tempel von Kap Sunion eine bemerkenswerte Station. Denn schon immer hat man hervorgehoben, daß hier die dorische Säule in einer Schlankheit auftritt, die ihr etwas von ionischer Eleganz verleiht. Dieser Eindruck beruht auf bestimmten Proportionen. Bei einer überdurchschnittlichen Säulenhöhe von 6,10 m beträgt der untere Durchmesser nur 1 m (Säulenhöhe beim Aphaia-Tempel auf Ägina 5,27 m, beim Hephaistos-Tempel auf der Agora knapp 6 m). Die Säulenhöhe beträgt nun nicht mehr das 4,5 bzw. 5fache, oder wie beim Parthenon das 5,5fache des unteren Durchmessers, sondern mehr als das 6fache.

Während des Peloponnesischen Krieges wurde Kap Sunion zur Festung ausgebaut. Noch heute sieht man die Reste einer Befestigungsmauer mit vorspringenden Türmen, die sich auf halber Höhe um den Hügel herumzieht. – In einer Bucht der Westseite hat man in den Felsen gehauene Liegeplätze für zwei Wachtschiffe feststellen können.

Auch der Tempelbezirk war von einer Mauer eingefaßt und besaß ein Propylon als Eingang, einen von Säulen getragenen Torbau, an den sich offenbar nach Osten Säulenhallen anschlossen. – Als Baustoff für den Tempel verwandte man einen nicht eisenhaltigen, daher makellos weißen Marmor. Die Vorhalle besaß einen Figurenfries mit Kampfszenen aus der attischen Sage.

Das Athena-Heiligtum

Der Athena-Tempel lag in einem eigenen, seinerseits wieder ummauerten Bezirk, unterhalb des Poseidonfelsens auf einem flacheren Hügel. Eigentümlicherweise hatte der Tempel nur an seiner Ost- und Südseite eine Säulenstellung. Die Basis für das Kultbild der Athena ist noch zu sehen.

30 Die Insel Salamis

Fährverbindungen: Man erreicht die Insel in etwa 30 Minuten mit dem Fährschiff, das von Piräus abgeht. *Anlegestelle:* Akti Miaoulis (vgl. Piräusplan, S. 155, Ziffer 2). – Eine zweite Verbindung besteht von *Pérama* aus, das 5 km westlich von Piräus liegt. Die Anfahrt nach Pérama erfolgt von Athen aus mit dem Bus Nr. 88 ab *Eleftherias-Platz* (Plan: 5).

Die Insel, im Saronischen Golf gelegen, ein karges und felsiges Eiland, 94 km² groß (höchste Erhebung 380 m), ist von Attika nur durch eine schmale Wasserstraße getrennt. Diese Meerenge war 480 v.Chr. der Schauplatz der berühmten ›Schlacht bei Salamis‹, bei der die griechische Flotte unter Themistokles der zahlenmäßig überlegenen persischen Flotte eine vernichtende Niederlage beibrachte und damit Griechenland vor der Unterwerfung durch Xerxes rettete.

Die Insel wurde zu Anfang des 6. Jh. v.Chr. von den Athenern in Besitz genommen, wobei der Aristokrat *Solon* eine wichtige Rolle spielte. Solon, der sich auch als Dichter betätigte, feuerte durch eine begeisternde Elegie die Athener an, die Insel zu erobern, um die sie mit den Megarern lange schwer und ergebnislos gerungen hatten. »Durch den glücklichen Ausgang des Kampfes soll er das Vertrauen aller Landsleute so gewonnen haben, daß man ihn in den schweren inneren Streitigkeiten zwischen Adel und Volk zum Schiedsrichter wählte und ihm außerordentliche Gewalt gab. In seiner Gesetzgebung folgte er nicht, wie man früher meinte, einseitig demokratischen Gesichtspunkten. Zwar beseitigte er alle Vorrechte der Geburt; alle Athener wurden vor dem Gesetz gleich. Aber der Gegensatz zwischen Reich und Arm blieb bestehen« (WdA).

Zur Schlacht von Salamis

Als 480 v.Chr. die Perser das von der Bevölkerung verlassene Athen besetzt und die Akropolis zerstört hatten, gelang es Themistokles, die persische Flotte in die Meerenge von Salamis zu locken, wo nur ein geringes Operationsfeld zur Verfügung stand. Plutarch berichtet, Themistokles habe den Kampf erst eröffnet, als der Seewind die Wassermassen von der See her in die Meerenge trieb und dort die schweren persischen Schiffe, die weniger beweglich waren als die griechischen, zur Seite drehte, während die leichten Schiffe der Griechen ihre Manövrierfähigkeiten behielten. Dieser Vorteil soll zur Entscheidung in der Schlacht geführt haben.

31 Piräus

Anfahrt von Athen: Mit der elektrischen *Schnellbahn* (a) vom Omonia-Platz, (b) von der Station »Monastiraki« (Plaka), (c) von der Station »Thiseion« (Westseite der Agora). Fahrzeit 20 Minuten. – *Omnibusverbindungen:* Mit Nr. 70 ab Omonia-Platz oder mit dem grünen Bus Nr. 165 ab Syntagma-Platz.

Nicht Piräus, sondern das weiter südlich gelegene *Phaleron* war noch im 8./6. Jh. v. Chr. Athens einziger und natürlicher Hafen, wie überhaupt die Seefahrt lange Zeit nur eine untergeordnete Rolle spielte und z. B. das westliche Mittelmeer den Griechen um 800 v. Chr. noch kaum bekannt war. Erst zu Beginn des 5. Jh. v. Chr., als mit den Vorstößen der Perser Athen und Attika in tödliche Gefahr geraten waren, erkannte *Themistokles*, daß die Zukunft Athens im Seehandel und sein Schutz in einer starken Kriegsflotte liegen würde. Gegen den Widerstand der konservativen, agrarisch gesinnten Adelskreise setzte Themistokles schließlich den Bau von 100 Kriegsschiffen durch, die aus den Einnahmen der staatlichen Bergwerke in *Laurion* (Kap Sunion) finanziert wurden, so daß der Aufbau der Flotte keine besonderen Steuern erforderte. Wie richtig die Auffassung des Themistokles war, zeigte sich schon wenige Jahre später beim Angriff der Perser in der *Schlacht von Salamis* (480 v. Chr.), deren Zustandekommen einer List des Themistokles zugeschrieben wird. Die Perser gingen in eine Falle, denn ihre Flotte konnte sich in der schmalen Meerenge nicht entfalten.

Piräus war also zuerst ein reiner Kriegshafen. Die Anlage eines Handelshafen, der dann allmählich Phaleron ablöste, war erst der zweite Schritt. Man entwickelte damals großartige Pläne für den Bau einer Stadt. *Hippodamos von Milet*, ein berühmter Stadtbaumeister des Altertums, der als der Erfinder des rechtwinkeligen Straßensystems galt (was aber nicht zutrifft), leitete ab 446 v. Chr. den Aufbau. Das rechtwinkelige Straßensystem, das in moderner Zeit, bei der Neuplanung der Stadt (1834) wieder aufgegriffen wurde, bekundet somit noch heute den orientalischen Einfluß von damals.

Es war Themistokles, der den Ausbau von Piräus förderte. Unter ihm wurde auch mit der gewaltigen Aufgabe begonnen, die beiden Hafenstädte Piräus und Phaleron durch die sog. »*Langen Mauern*« mit Athen zu verbinden und auf diese Weise einen breiten, bis zum Meer reichenden Landgürtel verteidigungsmäßig zu schützen. Perikles hat dieses Unternehmen fortgeführt und die sog. »*Mittlere Mauer*« errichtet.

Nach dem Peloponnesischen Krieg mußten die Mauern niedergerissen werden (404/403 v. Chr.). Doch schon zehn Jahre später zeichnete sich unter *Konon* erneut eine Wende ab. Konon hatte die persische Flotte aufgebaut und mit ihr Sparta vernichtend geschlagen. Jetzt stellte er mit persischem Geld die »Langen Mauern« wieder her und unternahm erste Schritte zu einer Erneuerung der maritimen Machtstellung Athens (393 v. Chr.). 300 Jahre später endet die Geschichte von Piräus mit der Zerstörung der Stadt durch *Sulla* (86 v. Chr.). Als sich später mit der Gründung von *Byzanz* (330 n. Chr.) die Handelswege nach Osten verlagerten, verlor Piräus schließlich ganz seine Bedeutung. – Piräus' neuer Aufstieg begann nach der Befreiung Griechenlands. 1834 hatte es noch 50 Einwohner gehabt, heute ist es mit Athen zusammengewachsen und hat den größten Hafen des östlichen Mittelmeeres.

Hafenanlagen des Altertums: Im Osten lag der gut geschützte, von mächtigen Molen eingefaßte *Munychia-Hafen* (6) mit den Schiffshäusern der Werft; etwas weiter südlich der *Zea-Kriegshafen* (7) mit 196 Depots für die bis zu 40 m langen, schlanken Angriffsboote. – Auf der Westseite lag der sehr viel größere *Kantharos-Handelshafen* (2), der durch Ketten gesperrt werden konnte und an dessen Nordrand das staatliche Getreidemagazin lag.

Erläuterungen zum Stadtplan von Piräus

(1) *Bahnhof:* Ausgangspunkt der Schnellbahn nach Athen sowie der Verbindungen zur Peloponnes. (2) Der *Mittelhafen* (Kantharos-Hafen): Ausgangspunkt für den gesamten Schiffsverkehr zu den griechischen Inseln (z.B. Ägina), zu den Mittelmeerhäfen und nach Übersee. (3) *Postamt* und getrennt davon *Telefon- und Telegrafenamt.* (4) Endpunkt der »*Langen Mauern*«, die Athen mit Piräus verbanden. Von hier aus verlief in Richtung zum heutigen Bahnhof eine 6–8 m starke ›*Stadtmauer*‹ mit Rundtürmen und zwei Toren *(Asty-Tor).*

(5) *Munychia-Hügel* (Kastella-Hügel): Lohnender Aussichtspunkt. Älteste Siedlungsschicht aus neolithischer Zeit. Modernes *Freilichttheater,* benannt nach seinem Gründer *Skylitzion,* Bürgermeister von Piräus. (6) *Munychia-Hafen,* heute *Turkolimani* genannt: Moderner Yacht-Hafen mit Yacht-Club, zahlreichen Cafés, eleganten Restaurants und den bekannten Fischtavernen rund um das Hafenbecken. (7) *Zea-Hafen,* heute *Passalimani* genannt: Anlegeplatz für Jachten und Fischereiboote. Hier befinden sich die einfacheren Restaurants und Tavernen. Zwischen Hafen und Küste stieß man auf ein *Asklepios-Heiligtum.*

(8) *Marine-Museum* (Nautisches Museum): Freattis, Akti Themistokleous. – *Geöffnet:* ganzjährig Di–Sa 9–12^{30} Uhr; Mi und Sa auch 18–20 Uhr; an Sonn- und Feiertagen 10–13 und 18–21 Uhr. – Mo geschlossen. U.a. ein Modell der Seeschlacht von Salamis und einige, in die Wände einbezogene Reste der »Langen Mauern«. – *Archäologisches Museum:* Odós Filellinon 38. – *Geöffnet:* ganzjährig 8^{30}–13 Uhr, So 10–14 Uhr. – Mo geschlossen. Ausgestellt sind Funde vom Piräus, u.a. Stelen, Bronzearbeiten, rotfigurige Keramik. – *Zea-Theater:* Um 160 v.Chr. aus Porosstein errichtet, etwa in den Abmessungen des Dionysos-Theaters in Athen. Erhalten hat sich noch der Orchestra-Kreis.

Die Halbinsel Akte

Sie umfaßt das Gebiet zwischen Zea-Hafen und Kantharos-Hafen mit den Kirchen *Aghios Vasileios* (9), *Aghia Paraskevi* (10) und dem *Grabmal für Miaoulis* (11), einem griechischen Seehelden aus der Zeit der Befreiungskriege. Die Insel wird von der *Themistokleischen Mauer* durchzogen, Reste bei (9) an der Küste. Möglicherweise zog sich eine antike Mauer auch schon der Küste entlang. Die Befestigungen setzen sich bei (12) nach Norden fort, sog. *Konon-Mauer.*

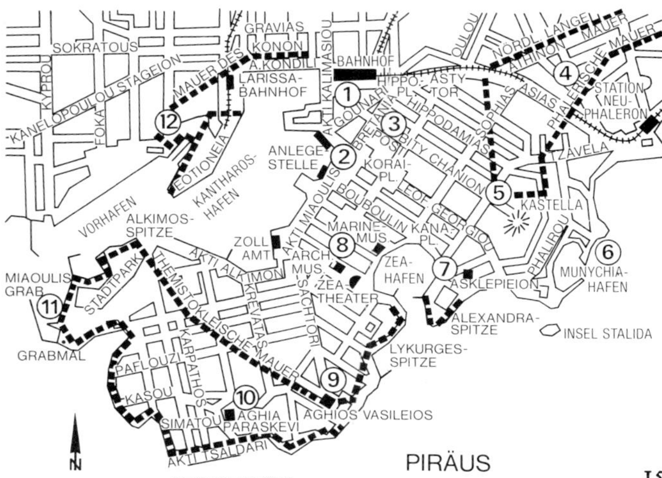

Die Insel Ägina

32 Ägina

Anreise: Ständige Fährverbindung, meist in Abständen von 1 Stunde ab Piräus. *Anlegestelle in Piräus:* Akti Miaouli, vom Bahnhof aus in knapp 15 Minuten zu erreichen (vgl. Piräusplan S. 155). *Schiffskarten* an der Anlegestelle oder auf dem Schiff. – *Entfernung:* Piräus – Ägina 17 Seemeilen. *Fahrzeit* ungefähr $1^1/_2$ Stunden. – Während der Überfahrt schöner Blick auf die Insel Salamis, auf Attika und den Saronischen Golf.

Unterkunft. Ägina Stadt: Kategorie B: Nausika. – *Kategorie C:* Clonos, Brown (deutschsprechend), Danae, Faros. – *An der Südwestküste* (6 km südlich von Ägina-Stadt): *Kategorie B:* Moondy Bay (Bungalowhotel). – Ostküste (Aghia Marina): *Luxus:* Marisa Bay. – *Kategorie B:* Apollo. – *Kategorie C:* Aphais, Galini, Kyriakaki, Marina.

Archäologisches Museum

Lage: In der Nähe der ›Kathedrale‹, im Kapodistrias-Gebäude. – *Geöffnet:* Di–Sa 8–13 und 15–18 Uhr, So 10–13 und 15–18 Uhr. – Mo geschlossen; So und Do freier Eintritt.

Übersicht: Mittelsaal: Rekonstruktion des West- und Ostgiebels des Aphaia-Tempels. Ferner die archaische Inschrift mit dem Namen ›Aphaia‹, Abgüsse der Giebelplastik und ein Steinanker mit der (an die Dämonen der Tiefe gerichteten) Inschrift »mé kinei tóde« (›bewege es nicht‹). – *Rechter Saal:* Werke der Plastik, u.a. die sog. »Sphinx von Ägina« (um 450 v. Chr.), gefunden auf dem Kolonna-Hügel in Alt-Ägina. – Vom Giebel des Apollon-Tempels (Kolonna-Hügel) ein Pferdekopf und Torso einer Amazone. Ferner Torso eines »Herakles« (6. Jh. v. Chr.). – *Linker Saal:* Keramik aus neolithischer Zeit, einheimische Nachbildungen minoischer Vasen, ferner Vasen aus geometrischer Zeit. – Hervorzuheben eine frühattische Kanne mit der Darstellung der drei Gefährten des Odysseus, wie sie aus der Höhle des Kyklopen fliehen (um 600 v. Chr.). – Ferner schwarz- und rotfigurige Vasen, vereinzelt auch aus späterer Zeit.

Zur Geschichte Äginas

Aufgrund seiner zentralen Lage im Saronischen Golf besaß Ägina lange vor Athen eine ganz ungewöhnliche Bedeutung. Daß die Insel schon in neolithischer Zeit (um 3500 v. Chr.) besiedelt war, konnte durch die neuesten Grabungen von Hans Walter (1966ff.) nachgewiesen werden.

Ägina, im Schnittpunkt zwischen Kreta, den Kykladen und dem griechischen Mutterland gelegen, wurde fast zwangsläufig zu einem erstrangigen Handelsplatz. Zu eigener Produktivität, zu weit ausgreifender Herrschaft, war die Insel zu klein. Doch als Umschlagplatz zwischen den größeren Mächten und Kulturen, im Austausch der Waren und im Vermitteln der Wege, Kenntnisse und Gelder, war sie bedeutend.

Etwa ab 1800 v. Chr. wird für uns die Rolle Äginas als Handelsplatz historisch greifbar. Um 650 v. Chr. erlebt die Insel ihren Höhepunkt. Ihr Fernhandel reicht bis nach Ägypten und an die Küsten des Schwarzen Meeres. Doch auch nach Westen richtet sich der Blick, wo man aus Spanien das begehrte Silber einführte und so den Reichtum der Insel und seiner Kaufmannschaft begründete.

Nicht eigene Erfindung war es, wohl aber die logische Konsequenz einer im Handel gemachten Erfahrung, wenn Ägina um 650 v. Chr. die Münze einführte. Andere griechische Städte taten dasselbe erst ein halbes Jahrhundert später. Nicht anders war es mit der Einführung eines Gewichts- und Maßsystems. Ägina begründete mit solchen Maßnahmen seinen Ruf als eines soliden, zuverlässigen Partners, ja es gewährte auch dem Fremden rechtlichen Schutz.

Als im 5. Jh. v. Chr. auch Ägina in die Einflußsphäre des sich immer mehr ausbreitenden Perserreiches geriet, stellten die Ägineten fast zwangsläufig ihre Handelsinteressen an die erste Stelle und waren eher bereit, sich Persien zu unterwerfen als sich auf einen bewaffneten Konflikt mit der Großmacht einzulassen, den zu bestehen sie auch gar nicht in der Lage gewesen wären, da sie nie über eine starke Kriegsflotte verfügten. Diese perserfreundliche Haltung brachte sie aber notwendigerweise in einen Gegensatz zu Athen. Im Augenblick der größten Gefahr, als 480 v. Chr. die Perser schon Athen besetzt und die Akropolis zerstört hatten, haben sich die Ägineten in der Schlacht von Salamis dann doch auf die Seite der Griechen gestellt und durch ihre reiche See-Erfahrung zum günstigen Ausgang des ungleichen Kampfes wesentlich beigetragen. Athen hat es ihnen allerdings wenig gedankt. Denn selbst zu einer Seemacht aufgestiegen, sah man in Ägina nur noch den Konkurrenten, der beseitigt werden mußte. Um 460 v. Chr. hat daher Athen die äginetische Flotte kurzerhand überfallen und durch eine längere Blockade die Insel zur Kapitulation gezwungen. Um aber Ägina auch wirtschaftlich in die Kniee zu zwingen, wurden ihm Tributlasten auferlegt, an denen es zugrunde gehen mußte. 431 v. Chr. wird es eine attische Kolonie.

Erste Grabungen fanden hier 1904 statt, als der Archäologe *Adolf Furtwängler* (Vater des Dirigenten Wilhelm Furtwängler) im Auftrag der Bayerischen Akademie der Wissenschaften die Erforschung des Aphaia-Tempels (1901–1907) in Angriff nahm, sein Interesse aber auf die ganze Insel ausdehnte. Sein früher Tod (1907) hat die Arbeiten unterbrochen, die dann 1926 durch *G. Welter*, wiederum im Auftrag der Bayerischen Akademie der Wissenschaften, fortgesetzt wurden. Eine dritte Ausgrabungskampagne begann 1966 unter der Leitung des Ordinarius für Klassische Archäologie an der Universität Salzburg, *Hans Walter*. Sie erbrachte überreiche Funde und vor allem die Freilegung zahlreicher historischer Schichten, zurückreichend bis ins Neolithikum, so daß man heute schon den Vergleich mit *Troja* zieht. Die Arbeiten werden noch immer fortgeführt. Der Bau eines Museums ist geplant. Zur Finanzierung hat sich ein »*Förderkreis Museum Alt-Ägina e. V.*« gebildet.

Das Ausgrabungsgebiet liegt an der NW-Spitze der Insel, nahe dem Anlegeplatz der Schiffe, und ist schon von See her gut kenntlich an einer einzelnen, wiederaufgerichteten Säule auf der höchsten Spitze des Geländes, wo der Apollon-Tempel lag. Das Grabungsgebiet hat etwa die Ausmaße von 220 × 80 m und liegt 10 bis 15 m über dem Meer. – Die bisherigen Ausgrabungen umfassen:

(a) Älteste Siedlungsschichten, die bis in das frühe 3. Jahrtausend v. Chr., also in die Jungsteinzeit zurückreichen. Nachgewiesen sind einfache Häuser und handgefertigte Töpferware mit »kräftigen schwarzen, gelben, rötlichen Farben bemalt und mit einfachen, aber einprägsamen Strichmustern versehen«.

(b) Aus der frühen Bronzezeit (2600–2000 v. Chr.) eine Siedlungsfläche, die nun schon zwei Drittel des Hügels einnimmt und auch größere Häuser aufweist. Eines hatte palastartige Ausmaße (9 × 19 m) und verfügte auch über eine Treppe ins Obergeschoß. Nachzuweisen sind »Verteidigungsmauern aus Feldsteinen in Lehmmörtel, mit abgesicherten Toreingängen«. Bei der eng bemessenen, immer gleichen Besiedlungsfläche legte sich so Schicht auf Schicht. Um 2000 v. Chr. sind sie schon bis zu 6 m angewachsen.

(c) Eine Erweiterung nach Osten bringt die späte Bronzezeit (ca. 1600–1000 v. Chr.). Man hat damals eine neue Ringmauer angelegt und das Gebiet zwischen alter und neuer Mauer mit Häusern bebaut, die eine tiefer gelegene Unterstadt bildeten. Die Keramik dieser Zeit weist neue Muster auf, Tintenfische, Pflanzen, Blumen, nicht ohne Einfluß kretischer Gefäße und Fresken.

(d) Zu erwähnen ist schließlich der *Apollon-Tempel* der Zeit um 520/510 v. Chr., ein archaisches Bauwerk, das im Zuge einer großen Umgestaltung des Heiligtums entstand; es war der Haupttempel der Stadt Ägina, auf der Akropolis errichtet, ein Jahrzehnt vor jenem der Aphaia, an der Ostküste der Insel. Die Maße sind jetzt festgestellt: 16 × 31 m, mit 6 × 11 Säulen. Die aufgefundenen Reste von den Giebelplastiken zeigen eine Qualität, die denen der Münchner ›Ägineten‹ nicht nachsteht (Lit. Walter).

Von Ägina zum Aphaia-Tempel

Autobus oder *Taxi* (Abfahrt am Hafen) in Richtung *Aghia Marina.* Bis zum Tempel 13 km. Die Fahrstrecke führt durch den nördlichen Teil der Insel bis an dessen NO-Spitze (auf der weniger gut ausgebauten Küstenstraße benötigt man mehr Zeit). Markantester Punkt ist nach etwa 7,5 km Paleochora.

Paleochora: Im 9. Jh. n. Chr. als Fluchtort vor den Sarazenen gegründet, 1537 von den Türken, 1654 von den Venezianern zerstört, um 1800 aufgegeben, heute Wallfahrtsort mit zwei Klöstern. Auf der Höhe die mittelalterliche Festungsruine. Am kahlen Berghang die Überreste von etwa 30 kleinen Kirchen, meist aus dem 13. und 14. Jh. n. Chr., teils restauriert, aber schwer zugänglich.

Ägina, Aphaia-Tempel

Der Aphaia-Tempel **Nr. 32**

In weit zurückliegenden Jahrhunderten, als hier noch kein Tempel stand, verehrten die Bewohner Äginas in einer Grotte, nahe beim späteren Tempelbezirk, als Schutzgöttin ihrer Insel *Aphaia*, eine alte Fruchtbarkeitsgöttin aus einer Zeit der mutterrechtlichen Gesellschaftsform. Wir kennen den Namen nur durch eine wiederaufgefundene Inschrift (heute im Museum in Ägina), doch bezeugt er uns zusammen mit dem Grottenheiligtum aufs neue die Herkunft der griechischen Religion aus dem Naturglauben. Zu welchem Zeitpunkt die Göttin Athena sich des Heiligtums auf Ägina bemächtigen konnte, wissen wir nicht. Die aufgefundenen Bildwerke lassen darauf schließen, daß schon der früheste Tempel ihr geweiht war.

So ist der Wechsel von der Grotte zum Tempel (mit vorauszusetzenden Zwischenformen) zugleich der Weg in ein wacheres, helleres Bewußtsein, das sich im architektonisch durchgebildeten Werk seinen Ausdruck gibt. Dabei ist es immer wieder die Klarheit des Gedankens, die dem griechischen Tempel zu überzeugender Kraft verhilft: Da sind die Tempelstufen, die das Haus des Gottes ›vom Boden weg‹ in eine eigene Sphäre rücken. Dann die schöne Vertikalität der schlank gebildeten

Säulen, in deren festen, freien Stand die Schwere des Steins überwunden scheint. Und schließlich sind es immer wieder der Rhythmus des dorischen Gebälks und der Reichtum der (heute fehlenden) Plastik, die den Tempel zu einem Kristallisationspunkt menschlichen Geistes machen.

Das Erstaunliche bleibt, daß diese ›dorische‹ Ordnung, von der wir nicht wissen, wann und wo sie zum ersten Mal Gestalt angenommen hat, im ganzen griechischen Mutterland und im Gebiet der westlichen Griechen übernommen und von Ort zu Ort weitergegeben wurde. Wir treffen sie ebenso in Korinth wie in Olympia, in Athen ebenso wie in Delphi, auf Kap Sunion oder hier auf Ägina. Und sie ist jedesmal nicht nur sakrale Form, sondern auch Ausdruck eines spezifischen politischen Willens, mit dem Paradoxon, daß sich die Gegner (Griechen gegen Griechen) einer gemeinsamen Architektur- und Kunstsprache bedienen, die kaum eine nennenswerte Abweichung vom Kanon erlaubt.

Der Aphaia-Tempel wurde kurz nach der Schlacht von Marathon (490 v. Chr.) erbaut, als sich Ägina auf der Höhe seiner Macht befand. Der Tempel geht damit dem Parthenon des Kallikrates (Baubeginn 468 v. Chr.) um ein bis zwei Jahrzehnte voraus. Vergleicht man nun die Höhenmaße der äußeren Säulen von 5,27 m hier und 10,74 m dort, so zeigt sich die gewaltige Steigerung in den Grundmaßen, die den Parthenon vom dorischen ›Normaltypus‹ deutlich abhebt: sichtbarer Ausdruck des von Athen erhobenen Führungsanspruches innerhalb der griechischen Welt (die Säulenhöhe des Hephaistos-Tempels auf der Agora beträgt knapp 6 m, die des Poseidon-Tempels auf Kap Sunion 6,10 m).

Das Beispiel des Parthenon zeigt, daß auch die dorische Säule eine maßstäbliche Steigerung hätte erfahren können. Doch blieben das ›Grenzwerte‹. Anders als bei der ionischen und korinthischen Säule, die sich über einer Säulenbasis bis zu großer Höhe erheben können, ohne ihrem eigenen Formgesetz zu widersprechen (Erechtheion, Nordhalle, 7,65 m), ist die dorische Säule sehr viel mehr auf bestimmte Proportionsverhältnisse festgelegt. Man hat sie daher auch im Inneren der Tempel nicht einfach erhöht, sondern vorgezogen, zwei niedrigere Säulenreihen übereinanderzustellen, wobei sich die Verjüngung der Säulenschäfte von der unteren zu der oberen Reihe kontinuierlich fortsetzt, als handle es sich nicht um zwei getrennte Bauglieder, sondern um eine einzige, durchgehende Form.

Diese innere Säulenstellung mag von Fall zu Fall statisch bedingt gewesen sein, als Träger der Dachkonstruktion. Daneben aber, vielleicht sogar primär, wird ein anderer Gesichtspunkt wirksam. Es sollte dem Kultbild ein würdiger, architektonisch hervorgehobener ›Rahmen‹ gegeben werden. So bilden beim Aphaia-Tempel zwei parallele Säulenreihen eine auf das Kultbild zuführende ›Straße‹. Beim Parthenon umgreift dieser zweistöckige Säulenmantel das Kultbild von *drei* Seiten.

Ägina, Blick ins Innere des Aphaia-Tempels

»Athena«. Vom Westgiebel des Aphaia-Tempels

Zur Örtlichkeit: Der Tempel steht auf einer künstlich angelegten *Terrasse.* Der Tempelbezirk war wie üblich ummauert und besaß ein großes *Eingangstor* (Propylon), über dessen Reste (5. Jh. v. Chr.) hinweg man auch heute noch den Ausgrabungsbereich betritt. Rechter Hand lagen *Priesterhäuser*; in Tempelnähe die des 7. Jh. v. Chr. (dort auch das alte Propylon), davor, nach Süden, die des 5. Jh. v. Chr. – Als Material verwandte man einen einfachen *Insel-Kalkstein*, den man mit *Stuck* überzog. – Zum Tempeleingang führt eine *Rampe.* Die Eingangssäulen zeigen Spuren einer ehemaligen Vergitterung. – An der Westseite sind Fundamente älterer Vorgängerbauten freigelegt.

Zu den Giebelfiguren des Aphaia-Tempels

Die Hauptfunde (1811) wurden 1813 vom damaligen Kronprinzen *Ludwig I. von Bayern* für die Münchner Glyptothek erworben; es sind die sog. ›Ägineten‹. Weitere Funde machte *Adolf Furtwängler,* 1901. Rekonstruktionen erfolgten durch Furtwängler, P. Wolters, E. Schmidt und D. Ohly.

Erhalten sind die Reste von 3 Giebeln: (a) *älterer Ostgiebel* (um 510 v. Chr.) mit nur wenigen Fundstücken. (b) *älterer Westgiebel* (um 510 v. Chr.) u.a. mit der hier abgebildeten »Athena«. (c) *jüngerer Ostgiebel* (um 490 v. Chr.) u.a. mit dem hier gezeigten »Herakles« als Bogenschützen. – Dargestellt sind in allen drei Giebeln die mythischen Kämpfe äginetischer Helden vor Troja.

Zur Athena: Der Westgiebel (um 510 v. Chr.) gehört noch zur spätesten Phase der archaischen Kunst. Athena, mit Schild, Helm, Ägis und Lanze stand zwischen den streitenden Parteien, in ruhiger, aufrechter, würdevoller Haltung, ohne in den Kampf einzugreifen. Dieses Nicht-Eingreifen bedeutet, daß sie nun als *unsichtbar anwesend* gedacht wird; ein bedeutender Wandel in der geistigen Vorstellung der Griechen.

Zu Herakles: Der jüngere Ostgiebel (um 490 v. Chr.) ist schon ein Werk der beginnenden Frühklassik. »Hier ist nichts mehr steif und formelhaft; alles ist durchaus geglückte, natürliche Bewegung. Der feste, gerundete Körper des Herakles entspricht den anatomischen Gegebenheiten, sein Gewicht ist genau verteilt und ausbalanciert. Technisch ist der Bildhauer allen Problemen gewachsen« (Schoder). Waren die archaischen Figuren noch ›additiv‹ angelegt, die einzelnen Glieder und ihre Bewegung in Teilen gesehen worden, so kommt es nun zum ersten Mal in der griechischen Plastik zu einer *organischen Einheit*, bei der z.B. auch die Funktion der Muskeln klar erfaßt ist und die Figur aus einem *inneren Zentrum* heraus handelt. (vgl. auch das zum »Kritios-Knaben« Gesagte, S. 98). – Erkennbar ist Herakles am Kopf des nemeischen Löwen, den er wie einen Helm aufgesetzt trägt.

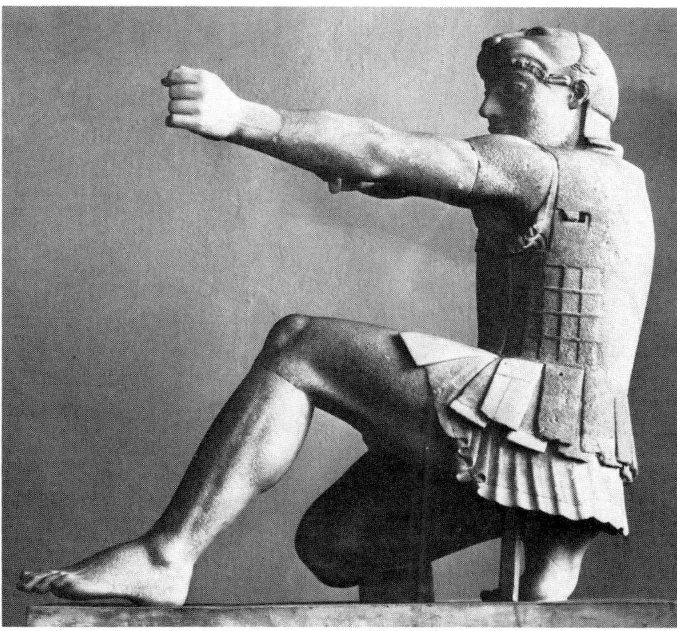

»Herakles«. Vom Ostgiebel des Aphaia-Tempels

Das neugriechische Alphabet

Buchstaben		*Griechische Bezeichnung*	*Lautschrift*	*Ausspracheerklärungen*
Α	α	alfa	(a)	wie *a* in aber
Β	β	wita	(w)	wie *w* in Wort
Γ	γ	gamma	(g) (j)	wie *g* in gelb vor α, ο, ω, ου wie *j* in ja vor ε, αι, η, ι, υ, ει, οι
Δ	δ	delta	(dh)	wie *th* in englisch the
Ε	ε	epsilon	(ä)	wie *ä* in nächst
Ζ	ζ	sita	(s)	wie *s* in Rasen
Η	η	ita	(i)	wie *i* in bin
Θ	θ	thita	(th)	wie *th* in englisch thing
Ι	ι	jota	(i)	wie *i* in Minute
Κ	κ	kapa	(k)	wie *k* in Kunst
Λ	λ	lambda	(l)	wie *l* in loben
Μ	μ	mi	(m)	wie *m* in Meer
Ν	ν	ni	(n)	wie *n* in nur
Ξ	ξ	xi	(ks)	wie *x* in Axt oder -chs in Lachs
Ο	ο	omikron	(o)	wie *o* in Wonne
Π	π	pi	(p)	wie *p* in Pest
Ρ	ρ	ro	(r)	wie *r* in Rost
Σ	σ, ς	sigma	(s) (ss)	wie *s* in Nase vor β, γ, δ, ζ, μ, ν, ρ, sonst wie *ß* in naß
Τ	τ	taf	(t)	wie *t* in Taube
Υ	υ	ipsilon	(i)	wie *i* in bin
Φ	φ	fi	(f)	wie *f* in Farbe
Χ	χ	chi	(ch)	wie *ch* in ach
Ψ	ψ	psi	(ps)	wie *ps* in Gips
Ω	ω	omega	(o)	wie *o* in Wonne

Buchstabenverbindungen

αι	wie *ä* in Fähre.
ει	wie *i* in Minute.
οι	wie *i* in Minute.
ου	wie *u* in Mut.
αυ	wie *af* in Haft vor θ, κ, ξ, π, σ, τ, φ, χ, ψ, sonst wie *aw* in Kawi.
ευ	wie *äf* in äffen vor θ, κ, ξ, π, σ, τ, φ, χ, ψ, sonst wie *äw* in häwelig.
γγ	wie *ng* in Enge.
γκ	wie *g* in Gold am Wortanfang; wie *ng* in Enge im Wortinneren.
γξ	wie *nks* in links.
γχ	wie *g* in Gold am Wortanfang; wie *ng* in bang im Wortinneren.
μπ	wie *b* in bald am Wortanfang; wie *mb* in Imbiß im Wortinneren.
ντ	wie *d* in da am Wortanfang; wie *nd* in Index im Wortinneren.
τζ	wie *ds* in Endsilbe.
ηυ	wie *iw* in Iwan.

Akzente

(a) Alle Buchstaben, die Akzente tragen, z.B. à, á, ã, werden ohne Unterschied betont. Da der Akzent die Betonung des Wortes anzeigt, muß man ihn genau beachten, denn oft wechselt mit der Betonung auch der Sinn eines Wortes.

(b) Ein Trema (zwei Punkte über einem Buchstaben) bedeutet, daß der Buchstabe getrennt vom vorausgegangenen gesprochen wird, z.B. κάϊρο wie ka-iro.

Abweichende Zeichensetzung

Im Neugriechischen tritt an die Stelle des Fragezeichens ein Strichpunkt (;), während der Strichpunkt durch einen Punkt über der Linie (·) gekennzeichnet wird.

Allgemeine Reisehinweise

Klima und Wetter: Die schönste Reisezeit ist im Frühling (März bis Mai) und im Herbst (Oktober). Der Sommer ist trocken und heiß, doch macht der frische Seewind den Aufenthalt auch dann noch erträglich. Die winterlichen Regenfälle beginnen meist Ende Oktober; am regenreichsten ist der November und der Dezember.

Lufttemperaturen Athens (Durchschnittswerte): Januar 10 °C; Februar 10,5 °C; März 13 °C; April 16,5 °C; Mai 20,5 °C; Juni 24,5 °C; Juli 27,5 °C; August 28 °C; September 24 °C; Oktober 20 °C; November 16 °C; Dezember 12 °C.

Uhrzeit: *Osteuropäische Zeit (OEZ).* Die Uhr ist gegenüber der Mitteleuropäischen Zeit (MEZ) um eine Stunde vorzustellen. Hinzu kommt noch eine weitere Stunde für die *griechische Sommerzeit* (etwa April bis Oktober).

Informationsmöglichkeit vor Antritt der Reise: *Griechische Zentrale für Fremdenverkehr*/Ellinikós Organismós Turismu (E. O. T.)/ΕΛΛΗΝΙΚΟΣ ΟΡΝΙΣΜΟΣ ΤΟΥΡΙΣΜΟΥ: *In der Bundesrepublik:* 6 Frankfurt a. M., Neue Mainzer Straße 22; 8 München 2, Pacellistraße 2. – *In Österreich:* 1010 Wien, Krügerstraße 10. – *In der Schweiz:* 8001 Zürich, Gottfried-Keller-Straße 7. – Auskünfte erteilen ferner die Automobilclubs der betreffenden Länder.

Informationen über Routen und Straßenzustände: *E.L.P.A. (Automobil- und Touring-Club von Griechenland):* Athen 60, Odós Amerikis 6/ΟΔΟΣ ΑΜΕΡΙΚΗΣ 6. – ADAC, 8 München 22, Königinstraße 9.

Ermäßigung für staatliche Museen und archäologische Stätten: Ausweis 3 Monate gültig, etwa 200 Drachmen, Paßbild erforderlich. Erhältlich beim *T.A.P. Service* der Direktion für Altertümer: Athen, Odós Filellinon 17/ΟΔΟΣ ΦΙΛΕΛΛΗΝΩΝ 17 (5. Etage, Zimmer 502).

Fotografiererlaubnis für staatliche Museen und archäologische Stätten: Stativ und Blitzlicht dürfen nur mit Erlaubnis des Ministeriums für Forschung und Kultur verwendet werden: Athen, Odós Aristidou 14/ΟΔΟΣ ΑΡΙΣΤΕΙΔΟΥ 14 (6. Etage, Zimmer 27, Mo und Fr 11–13 Uhr). – Ohne Stativ und Blitzlicht ist das Fotografieren und Filmen erlaubt, wenn dafür eine zweite Eintrittskarte gelöst wird.

Ankunft in Athen mit dem Flugzeug: *Aerodrómion Ellinikou*/ΑΕΡΟΔΡΟΜΙΟΝ ΕΛΛΗΝΙΚΟΥ bzw. Hellinikon Airport an der Küste in Richtung Kap Sunion gelegen, 12 km vom Stadtzentrum entfernt. (a) Abfertigung des internationalen Flugverkehrs am *Eastside Terminal;* (b) Abfertigung der gesamten Inland-Flüge und der internationalen Flüge der Olympic Airways am *Westside Terminal.* – *Zubringerdienst* (Express-Bus-Service) nach Athen: bis zum Stadtzentrum Leoforos Amalias 4/ΛΕΩΦΟΡΟΣ ΑΜΑΛΙΑΣ (Nähe Syntagma-Platz), alle 20 Min.; Fahrzeit 30 Min. (nach Athen 6^{20}–24^{20} Uhr; von Athen zum Eastside Terminal 6–24 Uhr).

Ankunft in Athen mit der Eisenbahn: (a) *Larissa-Bahnhof* (Stathmós Larissis/ΣΤΑΘΜΟΣ ΛΑΡΙΣΗΣ): internationale Züge (Frankfurt-Athen: 45 Std.). – (b) *Peloponnes-Bahnhof* (Stathmós Peloponissou/ΣΤΑΘΜΟΣ ΠΕΛΟΠΟΝΝΗΣΟΥ): Verbindungen mit der Peloponnes. Beide Bahnhöfe liegen fast nebeneinander im NW der Stadt an der Odós Deligianni/ΟΔΟΣ ΔΕΛΗΓΙΑΝΝΗ, etwa 1 km vom Omonia-Platz entfernt.

Das Straßennetz um Athen (von Delphi bis Kap Sunion) zeigt die Karte auf der Innenseite des vorderen Buchdeckels.
Die Anreise nach Delphi und Ossios Loukas ist auf S. 119 beschrieben. – Einen *Orientierungsplan zum Piräus* mit Eintragung der Schiffsanlegestellen findet man auf S. 155.

Amtliche Bestimmungen und praktische Hinweise

Personaldokumente: Bei Aufenthalt bis zu 3 Monaten werden *Reisepaß* oder *Personalausweis* verlangt. Bei der Anreise durch Jugoslawien oder Bulgarien ist ein Reisepaß erforderlich. Für Kinder unter 16 Jahren ist ein *Kinderausweis* vorzulegen oder die Eintragung im Familienpaß nachzuweisen.

Kraftfahrzeuge: Erforderlich sind: *Führerschein* (für Schweizer der internationale), *Fahrzeugschein*, *Nationalitätenzeichen*, *Haftpflichtversicherung* und die *internationale (grüne) Versicherungskarte*, die für Griechenland gültig sein muß. Bei einer Aufenthaltsdauer über 4 Monate wird ein *Triptik* oder *Carnet de Passages* verlangt (Ausstellung von Zolldokumenten durch den ADAC). Weitere Hinweise für Autofahrer S. 171.

Mitführen von Tieren *(Hund, Katze):* Erforderlich ist ein amtliches tierärztliches *Gesundheitszeugnis*, für Hunde mit Nachweis der erfolgten Tollwutimpfung, die nicht länger als 1 Jahr zurückliegen darf, ausgestellt in englischer oder französischer Sprache. Deutschsprachige Bestätigungen müssen vom zuständigen griechischen Konsulat beglaubigt sein.

Zollbestimmungen: Auskünfte über die jeweils gültigen Zollbestimmungen für Ein- und Ausreise geben die Griechische Zentrale für Fremdenverkehr (vgl. S. 166 unter »Informationen vor Antritt der Reise«) sowie die Automobilclubs (ADAC) auf besonderen Merkblättern.

Währung: Währungseinheit ist die griechische *Drachme* (Dr.). Einer Drachme entsprechen 100 Lepta. Folgende *Münzen* sind im Umlauf: 1, 2, 5, 10, 20 Drachmen und 5, 10, 20, 50 Lepta; *Banknoten* zu: 50, 100, 500, 1000 Drachmen.

Devisen: Auskünfte über die jeweils gültigen Bestimmungen erteilen die Banken, die Automobilclubs und die Griechische Zentrale für Fremdenverkehr. Zu empfehlen sind *Reiseschecks* (Eurocheque mit Scheckkarte).

Geldwechsel: Öffnungszeiten der Banken: Mo–Fr 8–13 Uhr, Sa 8–12 Uhr. Eurocheque-Wechsel nur in Staatlichen Banken (Paß erforderlich).

Wechselstuben (ΣΥΝΑΛΛΑΓΜΑ): u.a. *Griechische Nationalbank, Hauptgeschäftsstelle* Nähe Hauptpostamt: Odós Eolou 86/ΟΔΟΣ ΑΙΟΛΟΥ 86, Mo–Fr 8–14 und 17^{30}–19^{30}; *Zweigstelle am Syntagma-Platz:* Karageorgi Servias 2/ ΚΑΡΑΓΕΩΡΓΗ ΣΕΡΒΙΑΣ 2, Ecke Odós Stadiou/ΟΔΟΣ ΣΤΑΔΙΟΥ (in demselben Gebäude wie die Griechische Zentrale für Fremdenverkehr), Mo–Sa 8–20 Uhr, So 8–13 Uhr.

Telefonieren (in Postämtern nicht möglich!): *Telegrafen- und Telefonamt*/ ΟΡΓΑΝΙΣΜΟΣ ΤΗΛΕΠΙΚΟΙΝΩΝΙΩΝ ΕΛΛΑΔΟΣ (OTE): (a) *am Kolokotroni-Platz*, Nähe Syntagma-Platz: Odós Stadiou 15/ΟΔΟΣ ΣΤΑΔΙΟΥ, Mo–Fr 7–24 Uhr, an Sonn- und Feiertagen 8–24 Uhr; (b) *Omonia-Platz*, Ecke Odós Stadiou/ΟΔΟΣ ΣΤΑΔΙΟΥ, im Gebäude der General Hellenic Bank, täglich 0–24 Uhr; (c) *Nähe Hauptpost:* Odós Athinas/ΟΔΟΣ ΑΘΗΝΑΣ, Ecke Kratinou/ΚΡΑΤΙΝΟΥ. – *Selbstwählferndienst:* Bundesrepublik 0049, Österreich 0043, Schweiz 0041. (Hinweise: *Telefon*/ΤΗΛΕΦΩΝΟ, *Telegramme*/ ΤΗΛΕΓΡΑΦΗΜΑΤΑ, *Informationen*/ΠΛΗΡΟΦΟΡΙΑΙ). – *Öffentliche Telefonzellen* (OTE): *Stadtgespräche* (blaue Telefonzellen); *In- und Auslandgespräche* (orangefarbene Telefonzellen); Stadtgespräche auch an Zeitungskiosken.

Briefmarken/ΓΡΑΜΜΑΤΟΣΗΜΑ: Verkauf in Postämtern und an Zeitungskiosken.

Ausländische Zeitungen erhält man vor allem an den Kiosken rund um den Syntagma-Platz. *Tageszeitungen für Touristen* (mit Lokalteil): täglich in Englisch »Athens News« (mit französisch-sprachiger Nachrichtenseite) sowie »Athens Daily Post«. Wöchentlich: »Le Messanger d'Athènes Le Progrès«.

Wichtige Anschriften

Allgemeine touristische Informationen: *Griechische Zentrale für Fremdenverkehr*/Ellinikós Organismós Turismu (E.O.T.)/ΕΛΛΗΝΚΟΣ ΟΡΓΑΝΙΣΜΟΣ ΤΟΥΡΙΣΜΟΥ): *Zentralstelle* (schriftliche Anfragen): Odós Amerikis 2/ΟΔΟΣ ΑΜΕΡΙΚΗΣ 2.

Informationsbüros: (a) *im Zentrum:* Karageorgi Servias 2/ΚΑΡΑΓΕΩΡΓΗ ΣΕΡΒΙΑΣ 2 (in der Griechischen Nationalbank am Syntagma-Platz, Ecke Odós Stadiou, 8–14 und 15^{30}–20 Uhr (Auskünfte, Hotelreservierungen, Prospekte, Veranstaltungsanzeiger, monatlich erscheinende Listen über Schiffsverkehr, Camping etc.), (b) *im Hellinikon Airport*, täglich 9–20 Uhr, So 9–14^{30} Uhr. – Auskünfte erteilt ferner die Fremdenverkehrspolizei in Athen, Odós Ermou 9/ΟΔΟΣ ΕΡΜΟΥ 9.

Reisebüros: *American Express*, Odós Ermou 2/ΟΔΟΣ ΕΡΜΟΥ 2 (Syntagma-Platz) sowie im Hilton Hotel. – *Bell Tours*, Odós Stadiou 3/ΟΔΟΣ ΣΤΑΔΙΟΥ 3 (Arkaden, 1. Etage). – »*C.H.A.T.*« *Tours*, Odós Stadiou 4/ΟΔΟΣ ΣΤΑΔΙΟΥ 4 (Nähe Syntagma-Platz, Richtung Omonia-Platz). – *Hermes en Grèce*, Odós Stadiou 4/ΟΔΟΣ ΣΤΑΔΙΟΥ 4 (Nähe Syntagma-Platz, Richtung Omonia-Platz). – *Key Tours*, Odós Ermou 2/ΟΔΟΣ ΕΡΜΟΥ 2 (Syntagma-Platz). – *Kosmos*, Odós Mitropoleos 1/ΟΔΟΣ ΜΗΤΡΟΠΟΛΕΟΣ 1 (Nähe Syntagma-Platz). – *Tourism & Travel*, Odós Ermou 7/ΟΔΟΣ ΕΡΜΟΥ 7 (Nähe Syntagma-Platz). – *Wagons Lits/Cooks* (Hotelreservierung und Autovermietung), Karageorgi Servias 2/ΚΑΡΑΓΕΩΡΓΗ ΣΕΡΒΙΑΣ 2 (Nähe Syntagma-Platz).

Fluggesellschaften: Fast alle Büros befinden sich beim Syntagma-Platz. *Air France*, Karageorgi Servias 4/ΚΑΡΑΓΕΩΡΓΗ ΣΕΡΒΙΑΣ 4. – *AUA* (Austrian Airlines), Odós Filellinon 4/ΟΔΟΣ ΦΙΛΕΛΛΗΝΩΝ 4. – *Lufthansa*, Karageorgi Servias 4/ΚΑΡΑΓΕΩΡΓΗ ΣΕΡΒΙΑΣ 4. – *Olympic Airways*, Odós Othonos 6/ΟΔΟΣ ΟΘΩΝΟΣ 6 und Leoforos Singrou 96/ΛΕΩΦΟΡΟΣ ΣΥΓΓΡΟΥ 96. – *Swissair*, Odós Othonos 4/ΟΔΟΣ ΟΘΩΝΟΣ 4.

Air-Terminal: Vgl. S. 166 »Ankunft in Athen mit dem Flugzeug«.

Postämter (ΤΑΧΥΔΡΟΜΕΙΑ), Aufschrift ΕΛ.ΤΑ. *Hauptpost*/ΚΕΝΤΡΙΚΟΝ ΤΑΧΥΔΡΟΜΕΙΟΝ, Odós Eolou 100/ΟΔΟΣ ΑΙΟΛΟΥ 100 (beim Kotzia-Platz, südlich Omonia-Platz): *Poste restante:* werktags 7^{30}–20 Uhr, an Sonn- und Feiertagen 9–13 Uhr; *Einschreiben*/ΣΥΣΤΗΜΕΝΑ: werktags 7^{30}–20 Uhr, an Sonn- und Feiertagen 9–13 Uhr; *Postanweisungen*/ΕΠΙΤΑΓΕΣ: werktags 7^{30}–20 Uhr. – *Postamt am Syntagma-Platz*, Ecke Odós Mitropoleos/ΟΔΟΣ ΜΗΤΡΟΠΟΛΕΟΣ (W-Seite): *Einschreiben:* werktags 7^{30}–20 Uhr, an Sonn- und Feiertagen 9–14 Uhr; *Postanweisungen:* werktags 7^{30}–20 Uhr.

Telegramme: vgl. S. 167 »Telefonieren« (Telegrafen- und Telefonamt).

Polizei (ΑΣΤΥΝΟΜΙΑ): *Polizeihilfe:* Tel. 100 und Tel. 171. – *Zentralstelle der Touristenpolizei:* Athen Tel. 603572, Odós Halkokondyli 9/ΟΔΟΣ ΧΑΛΚΟΚΩΝΔΥΛΗ 9. – *Athener Fremdenpolizei:* Athen Tel. 3227665, Odós Ermou 15/ΟΔΟΣ ΕΡΜΟΥ 15; Piräus Tel. 4523670. – *Städtische Polizei:* Athen Tel. 323 1111; Piräus Tel. 422501. – *Straßenpolizei:* Athen Tel. 530111; Piräus Tel. 4179796; Vororte Tel. 549006. – *Flughafenpolizei:* West Airport Tel. 981493; East Airport Tel. 905042. – *Bahnpolizei:* Tel. 813574.

Fundbüros: Odós Messogion 14/ΟΔΟΣ ΜΕΣΟΓΕΙΩΝ 14, Tel. 7705711. – Verkehrspolizei (verlorene Gegenstände in Taxis und Bussen), Tel. 530111.

Deutsche Einrichtungen: *Deutsches Archäologisches Institut*, Odós Phidiou 1/ΟΔΟΣ ΦΕΙΔΙΟΥ 1, Tel. 620270, Öffnungszeiten der Bibliothek: Mo, Di, Do, Fr 10–13 und 17–20 Uhr. – *Deutsche Buchhandlungen:* (a) Athanasopoulos, Odós Omirou 4/ΟΔΟΣ ΟΜΗΡΟΥ 4 (Passage); (b) Panitoglou, Odós Akadimias 74/ΟΔΟΣ ΑΚΑΔΗΜΙΑΣ 74 (Vertretung der Deutschen Buchgemeinschaft). –

Deutsches Kontakt- und Informationszentrum: Odós Massalias 24/ΟΔΟΣ ΜΑΣΣΑΛΙΑΣ 24, Mo, Di, Do, Fr 10–13 Uhr. – *Deutsche Schule* (Dörpfeldgymnasium): Amaroussion/ΑΜΑΡΟΥΣΙΟΝ, bei Athen. – *Goethe Institut*, Odós Phidiou 14–16/ΟΔΟΣ ΦΕΙΔΙΟΥ 14–16, Tel. 608111.

Österreichische Einrichtungen: *Österreichisches Archäologisches Institut*, Leoforos Alexandras 26/ΛΕΩΦΟΡΟΣ ΑΛΕΞΑΝΔΡΑΣ 26. – *Österreichisches Touristen-Informationsbüro*, Odós Filellinon 4/ΟΔΟΣ ΦΙΛΕΛΛΗΝΩΝ 4.

Deutschsprachige Gottesdienste: *Deutsche evangelische Christus Kirche*, Odós Sina 66/ΟΔΟΣ ΣΙΝΑ 66 (westlich Lykabettos). – Für den *katholischen Touristen* erteilt Pater Pfaff Auskunft, in welcher Kirche die Heilige Messe gelesen wird. Tel. 6810573. – *Römisch-Katholische Kirche:* St. Denis (Plan: 4).

Diplomatische Vertretungen (Botschaft und Konsulat): *Bundesrepublik Deutschland:* Odós Loukianou 3/ΟΔΟΣ ΛΟΥΚΙΑΝΟΥ 3 (bei Planziffer 22). – *Deutsche Demokratische Republik:* Leoforos Vassileos Pavlou 7/ΛΕΩΦΟΡΟΣ ΒΑΣΗΛΕΩΣ ΠΑΥΛΟΥ 7, Psichico. – *Österreich:* Leoforos Alexandras 26/ΛΕΩΦΟΡΟΣ ΑΛΕΞΑΝΔΡΑΣ 26 (Nähe Nationalmuseum, Planziffer 1). – *Schweiz:* Odós Iassiou 2/ΟΔΟΣ ΙΑΣΙΟΥ 2 (Nähe Hilton Hotel).

Erste Hilfe (ΠΡΩΤΑΙ ΒΟΗΘΕΙΑΙ): *Erste-Hilfe-Station* (Krankenwagen 0–24 Uhr sowie englischsprechende Ambulanz): Athen Tel. 525555, Odós Tritis Septemvriou 21/ΟΔΟΣ ΤΡΙΤΗΣ ΣΕΠΤΕΜΒΡΙΟΥ 21; Piräus Tel. 6467811. – *Erste-Hilfe-Krankenhaus(IKA)-Noteinweisung:* Athen Tel. 6467811, Odós Achilleos Paraschou 124/ΟΔΟΣ ΑΧΙΛΛΕΩΣ ΠΑΡΑΣΧΟΥ 124 und Leoforos Alexandras 119/ΛΕΩΦΟΡΟΣ ΑΛΕΞΑΝΔΡΑΣ 119. – *Zentrale für Bluttransfusionen:* Tel. 819391, Odós Alkiviadou 4/ΟΔΟΣ ΑΛΚΙΒΙΑΔΟΥ 4. – *Vergiftungen:* Tel. 7793777. – *Krankenhaus-Noteinweisung:* Tel. 106. – *Polizeinotruf:* Tel. 100 und Tel. 171. – *Straßenhilfsdienst des E.L.P.A.:* Tel. 104.

Krankenhaus *(mit Tag- und Nachtdienst): Athens General State Hospital*/ΓΕΝΙΚΟΝ ΚΡΑΤΙΚΟΝ ΝΟΣΟΚΟΜΕΙΟΝ, Odós Mesoghion/ΟΔΟΣ ΜΕΣΟΓΕΙΩΝ.

Deutschsprachige Ärzte: *Chirurgie:* Dozent Dr. Georg Kaliampetsos, Chefarzt der Klinik »Igia«, Diagnostisches Therapeutisches Zentrum Athen, Amaroussion, Leoforos Kifissias/ΑΜΑΡΟΥΣΕΙΩΝ, ΛΕΩΦΟΡΟΣ ΚΗΦΗΣΙΑΣ, Tel. 6827940–959. Sprechstunde: vormittags in der Klinik 8^{30}–13^{30} Uhr; nachmittags in der Praxis, Tel. 711024, 724797, Neofitou Douka, Kolonaki/ΝΕΟΦΙΤΟΥ ΔΟΥΚΑ, ΚΟΛΟΝΑΚΙ; privat: Tel. 6596230. – *Internistin:* Dr. G. Scheerbarth-Garagounis, Leoforos Alexandras 5/ΛΕΩΦΟΡΟΣ ΑΛΕΞΑΝΔΡΑΣ 5, Tel. 607966; Sprechstunde: Mo–Fr 18^{30}–20^{30} Uhr. – *Gynäkologie und Geburtshilfe:* Dr. A. Chrisikopoulos, Odós Saripolou 4/ΟΔΟΣ ΣΑΡΙΠΟΛΟΥ 4, Tel. 828968; Sprechstunde: Mo, Mi, Fr 17–20 Uhr (Dr. med. der Münchner Universität). – Dr. Anton Panagiiotopoulos, Odós Sekeri 4/ΟΔΟΣ ΣΕΚΕΡΗ 4, Tel. 614876; Sprechstunde: Mo, Mi, Do 18–20 Uhr. – *Hals-Nasen- und Ohren:* Dr. Ferekididis Eleftherios, Odós Voukourestiou 25a/ΟΔΟΣ ΒΟΥΚΟΥΡΕΣΤΙΟΥ 25a, Tel. 603731. – Prof. P. Nassoufis, Odós Soutsou 18/ΟΔΟΣ ΣΟΥΤΣΟΥ 18, Tel. 610798 (Prof. der Hamburger Universität). – *Augenärzte:* Dr. I. Ismyridis, Odós Koumpari 10/ΟΔΟΣ ΚΟΥΜΠΑΡΗ 10, Tel. 613498, 611396; Sprechstunde: nach Vereinbarung. – Dr. Jean Kessaris, Odós Patission 52/ΟΔΟΣ ΠΑΤΗΣΙΩΝ 52, Tel. 812582.

Zahnärztin: *(deutschsprechend):* Dr. Marina Hadjichristou-Boscou, Odós Mithimnis 45/ΟΔΟΣ ΜΙΘΗΜΝΗΣ 45, Tel. 8613101.

Apotheken (ΦΑΡΜΑΚΕΙΑ): *Öffnungszeiten* wechseln, im allgemeinen im Sommer: Mo–Sa 8–13^{30}/14^{30} Uhr, Di, Do, Fr 17^{30}–20^{30} Uhr; im Winter: 8^{30}–13^{30} Uhr, Di, Do, Fr 16^{30}–19^{30} Uhr. – Die Tageszeitung *Athens News* nennt unter der Rubrik »Chemists-Pharmacies« den turnusmäßigen Nachtdienst und den Apothekendienst an Sonn- und Feiertagen; auch findet sich im jeder Apotheke ein Hinweisschild auf die nächstliegende Nachtdienst-Apotheke.

Verkehrsmittel

Elektrische Schnellbahn (Elektrikós/HΛEKTPIKOΣ): sie verbindet das Stadtzentrum von Athen (hier als U-Bahn) in südlicher Richtung mit dem Piräus, in nördlicher Richtung mit dem Vorort Kifisia. Unterirdische Stationen innerhalb des Stadtgebietes (von N nach S): Attikis/ATTIKHΣ (nördlich vom Larissa-Bahnhof) – (2) Viktorias/BIKTΩPIAΣ (Nähe Westseite Pedion Park) – (3) Omonia/OMONOIA – (4) Thiseion/ΘHΣEION (Agora, Westseite) – (5) Monastiraki/MONAΣTHPAKH (Plaka, NO-Seite der Agora). Die Züge verkehren von 5 Uhr morgens bis 1 Uhr nachts.

Trolleybusse (gelb): schnellste Busverbindung innerhalb Athens. Haltestelle/ΣTAΣIΣ (schwarze Schrift auf gelbem Grund).

Autobusse (weiß-blau): Verbindungen zu Orten außerhalb Athens (Daphni, etc.). Haltestelle/ΣTAΣIΣ (weiße Schrift auf blauem Grund).

Autobus-Terminals zu wichtigen Zielen außerhalb Athens

Abfahrt nach Korinth, Mykene, Olympia, Sparta: Odós Leoforos Kiffissou 160/ OΔOΣ ΛEΩΦOPOΣ KHΦHΣOY 160 (zu erreichen mit Bus Nr. 62).

Abfahrt nach Delphi, Meteora, Ossios Loukas: Odós Liossion 260/OΔOΣ ΛIO-ΣIΩN 260 (zu erreichen mit Bus Nr. 63/34).

Abfahrt nach Daphni: Eleftherias-Platz/EΛEYΘEPIAΣ-ΠΛATEIA (etwa 1 km SW des Omonia-Platzes).

Abfahrt nach Piräus: (a) Odós Athinas 67/OΔOΣ AΘHNAΣ 67, Nähe Omonia-Platz; (b) mit dem grünen Bus: Odós Filellinon 2/OΔOΣ ΦIΛEΛΛHNΩN 2, Ecke Syntagma-Platz.

Abfahrt nach Kap Sunion: Odós Mavromateon & Leoforos Alexandras/OΔOΣ MAYPOMATEΩN & ΛEΩΦOPOΣ AΛEΞANΔPAΣ (Nähe Aigyptou-Platz, SW-Ecke Pedion Park).

Taxi (TAΞI): Die Fahrpreise sind niedrig. Stand vom Herbst 1975: Grundgebühr 8,5 Drachmen. Rundfahrtkilometer 3,5 Drachmen. Nachttarif zusätzlich 5 Drachmen (0–7 Uhr). Zuschlag für Fahrten zum Flughafen oder nach Piräus je 5 Drachmen. Außerhalb des Stadtgebietes stehen auch Mietwagen mit der Aufschrift »AΓOPAION« zur Verfügung.

Schiffsverbindungen: die monatlich bzw. wöchentlich erscheinenden *Listen* mit den jeweils gültigen Abfahrtszeiten erhält man kostenlos bei der *Griechischen Zentrale für Fremdenverkehr* (Syntagma-Platz), Anschrift S. 168 »Allgemeine touristische Informationen«. – Auskünfte, Reservierungen und Fahrkarten auch im Büro der Schiffahrtsgesellschaft *Georg Papazoglou*, Odós Stadiou 41/ OΔOΣ ΣTAΔIOY 41 (Arkade), Tel. 3213075, Mo–Sa 8–13 und 16–19^{30} Uhr, So 10–12 Uhr.

Schiffsverkehr zu den argosaronischen Inseln: ständige Fährverbindungen ab Piräus. *Anlegestelle:* Odós Akti Miaouli/OΔOΣ AKTH MIAOYΛH (etwa 800 m südlich des Bahnhofs). *Fahrkarten* an der Anlegestelle oder auf dem Schiff.

Für die Verkehrsverbindungen zur Insel *Salamis* vgl. die Angaben auf S. 153, für die Verbindungen zur Insel *Ägina* die Angaben auf S. 156.

Entfernungen und Fahrzeit: Salamis: 7 Seemeilen, Fahrzeit rund 30 Min. – *Ägina:* 17 Seemeilen, Fahrzeit ungefähr $1^1/_2$ Std. – *Poros:* 31 Seemeilen, Fahrzeit $2^1/_2$ Std. – *Hydra:* 38 Seemeilen, Fahrzeit $3^1/_2$ Std. – *Spetsae:* 53 Seemeilen, Fahrzeit $4^1/_2$ Std.

Hinweise für Autofahrer

Benzingutscheine: in den Geschäftsstellen der National Bank. U.a. Odós Eolou 86/ΟΔΟΣ ΑΙΟΛΟΥ 86 (Nähe Hauptpostamt), Mo–Fr 8–20 Uhr. – Karageorghi Servias 2/ΚΑΡΑΓΕΩΡΓΗ ΣΕΡΒΙΑΣ 2 (Syntagma-Platz), Mo–Sa 8–18 Uhr.

Griechische Automobilverbände: *E.L.P.A.*/Ε.Λ.Π.Α. *(Automobil- und Touring Club von Griechenland)*, Odós Messogion 2–4/ΟΔΟΣ ΜΕΣΟΓΕΙΩΝ 2–4, bei Planziffer 3 (Auskünfte über Straßenzustände, Benzingutscheine, Hotelreservierungen, Camping und Pannenhilfe). – *Touring Club von Griechenland*, Odós Polytechniou 12/ΟΔΟΣ ΠΟΛΥΤΕΧΝΙΟΥ 12 (Nähe Polytechnikon).

Kostenlose Pannenhilfe: In ganz Griechenland durch den Straßenhilfsdienst des E.L.P.A. (Automobil- und Touring Club von Griechenland), täglich 9–13 und 16–20 Uhr; in den Monaten Oktober bis März nur an den Wochenenden. – Tel. 104 (für Athen und Umgebung).

Autovermietung (Auswahl): *Athena*, Odós Leoforos Amalias 32/ΟΔΟΣ ΛΕΦΟΡΟΣ ΑΜΑΛΙΑΣ 32 (Nähe Syntagma-Platz, gegenüber der Nationalbank). – *Driver*, Odós Sygrou 12/ΟΔΟΣ ΣΥΓΓΡΟΥ 12 (Nähe SW-Ende des National Parks, Hauptstraße Richtung Kap Sunion). – *Hertz Hellas*, Odós Filellinon 3/ΟΔΟΣ ΦΙΛΕΛΛΗΝΩΝ 3 (südlich Syntagma-Platz). – *Karenta*, (a) Odós Patission 67/ΟΔΟΣ ΠΑΤΗΣΙΩΝ 67 (zwischen Omonia-Platz und Archäologischem Nationalmuseum); (b) Odós Othonos 10/ΟΔΟΣ ΟΘΩΝΟΣ 10 (Südseite des Syntagma-Platzes).

Beschriftung griechischer Verkehrstafeln

ΑΔΙΕΞΟΔΟΣ	Keine Durchfahrtstraße
ΑΛΤ	Stop
ΑΝΩΜΑΛΙΑ ΟΔΟΣΤΡΩΜΑΤΟΣ	Schlechte Fahrbahn
ΑΠΑΓΟΡΕΥΕΤΑΙ Η ΑΝΑΜΟΝΗ	Anhalten verboten
ΑΠΑΓΟΡΕΥΕΤΑΙ Η ΔΙΕΛΕΥΣΙΣ ΤΡΟΧΟΦΟΡΩΝ	Durchfahrt verboten
ΑΠΑΓΟΡΕΥΕΤΑΙ Η ΣΤΑΘΜΕΥΣΙΣ	Parken verboten
ΑΠΑΓΟΡΕΥΕΤΑΙ ΤΟ ΠΡΟΣΠΕΡΑΣΜΑ	Überholverbot
ΔΙΑΒΑΣΙΣ ΠΕΖΩΝ	Fußgängerüberweg
ΕΠΙΚΙΝΔΥΝΟΣ ΣΤΟΦΗ	Gefährliche Kurve
ΕΡΓΑ ΕΠΙ ΤΗΣ ΟΔΟΥ	Vorsicht Straßenarbeiten
ΚΙΝΔΥΝΟΣ	Gefahr
ΚΥΚΛΟΦΟΡΙΑ ΕΞ ΑΝΤΙΘΕΤΟΥ ΚΑΤΕΥΘΥΝΣΕΩΣ	Gegenverkehr
ΜΟΝΟΔΡΟΜΟΣ	Einbahnstraße
ΟΛΙΣΘΗΡΟΝ ΟΔΟΣΤΡΩΜΑ	Schleudergefahr
ΠΑΡΑΚΑΜΠΤΗΡΙΟΣ	Umleitung
ΠΟΡΕΙΑ ΥΠΟΧΡΕΩΤΙΚΗ ΔΕΞΙΑ	Rechts fahren
ΣΤΑΣΙΣ	Bushaltestelle
ΤΕΛΟΣ ΑΠΗΓΟΡΕΥΜΕΝΗΣ ΖΩΝΗΣ	Ende des Überholverbotes
ΤΑΧΥΤΗΤΑ ΠΕΡΙΩΡΙΣΜΕΝΟ	Geschwindigkeitsbeschränkung
ΧΩΡΟΣ ΣΤΑΘΜΕΥΣΕΩΣ (ΑΥΤΟΚΙΝΗΤΩΝ)	Parkplatz

Unterkunft

Zimmerreservierung und Hotelverzeichnisse mit Kategorien und Preisangaben sowie Verzeichnisse von Jugendherbergen und Campingplätzen erhält man bei der Griechischen Zentrale für Fremdenverkehr, vgl. S. 168 »Allgemeine touristische Informationen«. – Der ADAC informiert in einer »Hotel«-Broschüre für Mitglieder kostenlos.

Auswahl einiger Hotels in Athen

Zwischen Omonia-Platz, Syntagma-Platz, Nationalpark und Lykabettos

Luxushotels: *Acropole Palace*, Odós Patission 51/ΟΔΟΣ ΠΑΤΗΣΙΩΝ 51. – *Amalia*, Leoforos Amalias 10/ΛΕΩΦΟΡΟΣ ΑΜΑΛΙΑΣ 10. – *Athenee Palace*, Odós Kolokotroni 1/ΟΔΟΣ ΚΟΛΟΚΟΤΡΩΝΗ 1. – *Athens Hilton*, Leoforos Vassilissis Sophias 46/ΛΕΩΦΟΡΟΣ ΒΑΣΙΛΗΣΗΣ ΣΟΦΙΑΣ 46. – *Grande Bretagne*, Odós Georgiou 1/ΟΔΟΣ ΓΕΩΡΓΙΟΥ 1. – *King George*, Odós Georgiou 3/ΟΔΟΣ ΓΕΩΡΓΙΟΥ 3. – *King's Palace*, Odós Panepistimiou 4/ΟΔΟΣ ΡΑΝΕΠΙΣΤΗΜΙΟΥ 4. – *Royal Olympic*, Odós Diakou 28–34/ΟΔΟΣ ΔΙΑΚΟΥ 28–34. – *Saint George Lycabettus*, Odós Cleomenous, Platia Dexamenis 2/ΟΔΟΣ ΚΛΕΟΜΕΝΟΥΣ, ΠΛΑΤΙΑ ΔΕΞΑΜΕΝΗΣ 2.

1. Kategorie: *Ambassadeurs*, Odós Sokratous 67/ΟΔΟΣ ΣΩΚΡΑΤΟΥΣ 67. – *Astor*, Odós Servias 16/ΟΔΟΣ ΣΕΡΒΙΑΣ 16. – *Attica Palace*, Odós Servias 6/ΟΔΟΣ ΣΕΡΒΙΑΣ 6. – *Electra*, Odós Ermou 5/ΟΔΟΣ ΕΡΜΟΥ 5. – *Electra Palace*, Odós Nikodimou 18/ΟΔΟΣ ΝΙΚΟΔΗΜΟΥ 18. – *Esperia Palace*, Odós Stadiou 22/ΟΔΟΣ ΣΤΑΔΙΟΥ 22. – *King Minos*, Odós Piraios 1/ΟΔΟΣ ΠΕΙΡΑΙΩΣ 1. – *Nina Palace*, Leoforos Alexandras 87–89/ΛΕΩΦΟΡΟΣ ΑΛΕΞΑΝΔΡΑΣ 87–89. – *Olympic Palace*, Odós Filellinon 16/ΟΔΟΣ ΦΙΛΕΛΛΗΝΩΝ 16.

2. Kategorie: *Academos*, Odós Akadimias 58/ΟΔΟΣ ΑΚΑΔΗΜΙΑΣ 58. – *Achillion*, Odós Konstantinou 32/ΟΔΟΣ ΚΩΝΣΤΑΝΤΙΝΟΥ 32. – *Adrian*, Odós Adrianou 74/ΟΔΟΣ ΑΔΡΙΑΝΟΥ 74. – *Alfa*, Odós Chalkokondyli 17/ΟΔΟΣ ΧΑΛΚΟΚΟΝΔΥΛΗ 17. – *Arcadia*, Odós Marnis 44/ΟΔΟΣ ΜΑΡΝΗΣ 44. – *Atlantic*, Odós Patission 35/ΟΔΟΣ ΠΑΤΗΣΙΩΝ 35. – *Cairo City*, Odós Marnis 40/ΟΔΟΣ ΜΑΡΝΗΣ 40. – *Delphi*, Odós Konstantinou 1/ΟΔΟΣ ΚΩΝΣΤΑΝΤΙΝΟΥ 1. – *Diomia*, Odós Diomias 5/ΟΔΟΣ ΔΙΟΜΙΑΣ 5. – *El Greco*, Odós Athinas 65/ΟΔΟΣ ΑΘΗΝΑΣ 65. – *Eretria*, Odós Chalkokondyli 12/ΟΔΟΣ ΧΑΛΚΟΚΟΝΔΥΛΗ 12. – *Lycavittos*, Odós Valaoritou 6/ΟΔΟΣ ΒΑΛΑΩΡΗΤΟΥ 6. – *Minerva*, Odós Stadiou 3/ΟΔΟΣ ΣΤΑΔΙΟΥ 3.

3. Kategorie: *Achillefs*, Odós Leka 21/ΟΔΟΣ ΛΕΚΑ 21. – *Alkistis*, Theatrou-Platia 18/ΘΕΑΤΡΟΥ-ΠΛΑΤΕΙΑ 18. – *Amaryllis*, Odós Veranzerou 45/ΟΔΟΣ ΒΕΡΑΝΖΕΡΟΥ 45. – *Apollon*, Odós Deligeorgi 14/ΟΔΟΣ ΔΕΛΗΓΙΩΡΓΗ 14. – *Aris*, Odós Piraios 7/ΟΔΟΣ ΠΕΙΡΑΙΩΣ 7. – *Aristides*, Odós Sokratous 50/ΟΔΟΣ ΣΩΚΡΑΤΟΥΣ 50. – *Attalos*, Odós Athinas 29/ΟΔΟΣ ΑΘΗΝΑΣ 29. – *Banghion*, Omonia-Platz 18b/ΟΜΟΝΟΙΑ-ΠΛΑΤΕΙΑ 18b. – *Carlton*, Omonia-Platz 7/ΟΜΟΝΟΙΑ-ΠΛΑΤΕΙΑ 7. – *Kronos*, Odós Dimitrou 18/ΟΔΟΣ ΔΗΜΗΤΡΙΟΥ 18. – *Nestor*, Odós Konstantinou 58/ΟΔΟΣ ΚΩΝΣΤΑΝΤΙΝΟΥ 58. – *Omonia*, Omonia-Platz/ΟΜΟΝΟΙΑ-ΠΛΑΤΕΙΑ.

Jugendherbergen und Jugendhäuser (ganzjährig geöffnet): *Jugendherberge Nr. 1*, Odós Aghiou Meletiou 57 & Kypselis/ΟΔΟΣ ΑΓΩΙΟΥ ΜΕΛΕΤΙΟΥ 57 & ΚΥΨΕΛΗΣ (nördlich des Pedion Parks). – *Jugendherberge Nr. 2*, Leoforos Alexandras 1 & Odós Drossi/ΛΕΩΦΟΡΟΣ ΑΛΕΞΑΝΔΡΑΣ 1 & ΟΔΟΣ ΔΡΟΣΗ (nördlich vom Lykabettos). – *Jugendherberge Nr. 4*, Odós Hamilton 3/ΟΔΟΣ ΧΑΜΙΛΤΩΝ 3 (Nähe NW-Ecke Pedion Park). – *XAN (YMCA)*, Odós Omirou 28/ΟΔΟΣ ΟΜΗΡΟΥ 28 (Nähe Universität). – *XEN (YWCA)*, Odós Amerikis 11/ΟΔΟΣ ΑΜΕΡΙΚΗΣ 11 (Nähe Syntagma-Platz).

Auskünfte über Jugendherbergen erteilt der *Verband der griech. Jugendherbergen*, Athen 122, Odós Dragatsaniou 4/ΟΔΟΣ ΔΡΑΓΑΤΣΑΝΙΟΥ 4 (Nähe Universität).

Kultur und Unterhaltung

Veranstaltungshinweise findet man in »*Athens News*« (Tageszeitung), in »*The week in Athens – La semaine à Athènes*« (wöchentliche Broschüre) und in »*This month in Greece*« sowie in »*ariane*« (jeweils monatlich). Über kulturelle Ereignisse informiert das monatlich erscheinende Heft »*The Athenian*«.

Oper (ΟΠΕΡΑ) – *Olympia-Theater*, Odós Akadimias 59/ΟΔΟΣ ΑΚΑΔΗΜΙΑΣ 59, Nähe Nationalbibliothek (Planziffer 3).

Theater- und Schauspielbühnen (montags geschlossen): In Athen gibt es über 20 Theater (ΘΕΑΤΡΟ), Aufführungen meist in Neugriechisch. – Klassische und moderne Stücke: *National-Theater*, Agiou Konstantinou/ΑΓΙΟΥ ΚΩΝΣΤΑΝΤΙΝΟΥ (Nähe Omonia-Platz, Planziffer 2). Antike Tragödien und Komödien siehe »Athener Festspiele«.

Konzerte (u. a. *Athens National Orchester*) im *Rex Theater*, Odós Panepistimiou 48/ΟΔΟΣ ΠΑΝΕΠΙΣΤΗΜΙΟΥ 48 (zwischen Nationalbibliothek und Omonia-Platz, Planziffer 2/3).

Athener Festspiele (Mitte Juli bis September): Theater- und Musikwochen im antiken *Herodes Atticus Theater* am Fuße der Akropolis (antike Tragödien, Ballett und Konzerte). – Eintrittskarten/ΕΙΣΙΤΗΡΙΑ erhält man in der *Zentrale Festival Athinon*, Stoa Spyromiliou, Eingang Odós Stadiou 4/ ΟΔΟΣ ΣΤΑΔΙΟΥ 4.

Ton und Licht (Geschichte Athens): Täglich auf dem *Pnyx-Hügel* (außer in Vollmondnächten): 21 Uhr (englisch); Mo, Do, Sa, So 22 Uhr (französisch); Di, Mi, Fr 22 Uhr (deutsch). *Eintrittskarten* auf dem Pnyx-Hügel oder bei der Zentrale Festival Athinon, Stoa Spyromiliou, Eingang Odós Stadiou 4/ΟΔΟΣ ΣΤΑΔΙΟΥ 4.

Griechische Volkstänze (Trachtenkostüme, alte Instrumente): *Theater auf dem Philopappos-Hügel* (Planziffer 12), Mai bis Ende September täglich.

Weinfest in Daphni (Juli bis September), vgl. zu Daphni S. 144.

Besichtigungsfahrten: Für Stadtrundfahrten und Exkursionen zu den klassischen Kunststätten innerhalb und außerhalb Athens sowie für Kreuzfahrten vgl. die Anschriften S. 168 »Reisebüros«.

Kirchliche Feiertage des orthodoxen Kalenders (in Athen): *6. Januar (»Theophaneia«):* Der Erzbischof von Athen wirft am Piräus ein Kreuz ins Meer (Wasserweihe), das von Tauchern wieder geborgen wird. – *Osterfest* (höchstes Fest der orthodoxen Kirche): In der Karfreitagsprozession wird symbolisch das Grab Christi (Epitaphios) um die Kirchen getragen. Am Karsamstag findet die nächtliche Auferstehungsfeier statt; danach werden die traditionelle »Maghi ritsa« Suppe aus Innereien von Hammel und Lamm sowie rot gefärbte Eier gegessen. Am Ostersonntag Volkstänze, Lammspießbraten, etc. – *3. Oktober:* Dionysios Areopagitis Prozession. Weitere Feiertage: *Rosenmontag* (1. Tag der Fastenzeit), *Mariä Verkündigung*, *Pfingstmontag* und *Mariä Himmelfahrt*.

Gesetzliche Feiertage: *Neujahrstag* (1. Januar), *Heilige Drei Könige* (6. Januar), *Tag der Unabhängigkeit* (25. März), *Ochi-Tag* (28. Oktober: historisches »Nein« ‹ochi› zum Ultimatum Italiens 1940), *1. Weihnachtsfeiertag* (25. Dezember).

Sämtliche Angaben im Informationsteil (Stand vom Frühjahr 1976) erfolgen ohne Gewähr. Bei der Fülle der Daten und den sich oft rasch verändernden Verhältnissen sind Irrtümer nicht auszuschließen. Für Hinweise und Berichtigungen ist der Verlag dankbar.

Essen und Trinken

Die griechische Küche ist mit der türkischen verwandt. Bekannt sind Fischgerichte sowie die gut zubereiteten Meeresfrüchte. Hammel und Lamm (meist auf dem Holzfeuer gegrillt) findet man fast auf jeder Speisekarte. Mit Hackfleisch und Reis gefüllte Tomaten sowie Auberginen und Zucchinis sind ebenfalls typisch. – Der Grieche ist gewohnt, die Speisen lauwarm zu essen. In den meisten großstädtischen Restaurants sind allerdings die Gerichte international verfeinert und sie werden heiß serviert. In einfachen Lokalen (Tavernen) gehen die Gäste selbst in die Küche, wo sie unter den auf schwachem Feuer lauwarm gehaltenen Gerichten auswählen.

Betonungszeichen für die Aussprache des Griechischen

Die betonten Silben sind in der *Lautschrift* durch **Fettdruck** hervorgehoben. Beispiele: **pro**jäwma, **jäw**ma, **dhi**pno, ka**ta**logoss, tiss **o**rass, mä**nu**, ku**wär**.

Die Mahlzeiten

Frühstück	ΠΡΟΓΕΥΜΑ	**pro**jäwma
Mittagessen	ΓΕΥΜΑ	**jäw**ma
Abendessen	ΔΕΙΠΝΟ	**dhi**pno
Speisekarte	ΚΑΤΑΛΟΓΟΣ	ka**ta**logoss
à la carte	ΤΗΣ ΩΡΑΣ	tiss **o**rass
Menue	ΜΕΝΟΥ	mä**nu**
Tagesgerichte	ΠΙΑΤΟ ΤΗΣ ΗΜΕΡΑΣ	pi**a**to tiss i**mä**rass
Spezialitäten	ΣΠΕΣΙΑΛΙΤΕ	sspässiali**tä**
Gedeck (Couvert)	Κουβὲρ	ku**wär**
mit Bedienung	Μετὰ ποσοστοῦ	mä**tà** posso**sstu**
ohne Bedienung	Ἄνευ ποσοστοῦ	**a**näf posso**sstu**

Einige empfehlenswerte Restaurants

Nähe Syntagma-Platz: *Corfu* (gut, nicht zu teuer), Odós Kriezotou 6/ΟΔΟΣ ΚΡΙΕΖΩΤΟΥ 6. – *Delfi* (bekanntes Speiselokal), Odós Nikis 15/ΟΔΟΣ ΝΙΚΗΣ 15. – *Grande Bretagne* (Luxus), Syntagma-Platz. – *Tudor Hall* im King George Hotel (Luxus) am Syntagma-Platz; vom Dachgarten Blick auf die Akropolis.

Nähe Hilton-Hotel (Luxusrestaurants): *Bagatelle*, Odós Ventiri 9/ΟΔΟΣ ΒΕΝΤΗΡΗ 9. – *Steak Room*, Odós Eginitou 4/ΟΔΟΣ ΑΙΓΙΝΗΤΟΥ 4. – *Tabula* (rustikales Kellerrestaurant), Odós Hatziyanni Mexi 7/ΟΔΟΣ ΧΑΤΖΗΓΑΝΝΗ ΜΕΞΗ 7. – *Ta Nissia* im Hilton-Hotel.

Südlich des Lykabettos: *L'Abreuvoir* (Luxus), Odós Xenokratous 51/ΟΔΟΣ ΞΕΝΟΚΡΑΤΟΥΣ 51.

Am Omonia-Platz: *Olympia* (preiswert). – *Omonia* (Hotel Omonia). – *Nähe Omonia-Platz: Floca*, Odós Benaki 16/ΟΔΟΣ ΜΠΕΝΑΚΗ 16.

In der Plaka (Tavernen mit Musik): *Adam*, Odós Makriygianni 8/ΟΔΟΣ ΜΑΚΡΥΓΙΑΝΝΗ 8. – *Palaia Athina*, Flessa 4/ΦΛΕΣΣΑ 4. – »*Perikles*« (»ΠΕΡΙΚΛΗΣ«), Odós Mnissikleous 29/ΟΔΟΣ ΜΝΗΣΙΚΛΕΟΥΣ 29. – *Xynou*, Angelou Yerondos 4/ΑΝΚΕΛΟΥ ΓΕΡΩΝΔΟΣ 4. – *Posidon* (ohne Musik), Odós Kapnikareas 39/ΟΔΟΣ ΚΑΠΝΙΚΑΡΕΑΣ 39.

Piräus: *Vassilenas* (So geschlossen), Odós Etolikou 72/ΟΔΟΣ ΑΙΤΩΛΙΚΟΥ 72; einfache Taverne, das Menü umfaßt 18–20 Gerichte.

Einige griechische Spezialitäten

Vorspeisen: *Dolmádäss*/Ντολμάδες (mit Fleisch und Reis gefüllte Weinblätter, mit einer Zitronen-Mehlsauce übergossen). – *Mälitzanossaláta*/Μελιτζανοσαλάτα (Salat aus Auberginenpüree). – *Mussakáss*/Μουσακάς (verschiedene Lagen von Auberginen, Kürbissen, Hackfleisch und Kartoffeln, mit einer Béchamelsauce aus Milch, Eiern, Butter und Käse überbacken). – *Taramossaláta*/Ταραμοσαλάτα (Salat aus Fischroggen, Brot, Zwiebeln und Olivenöl). – *Tirópita*/Τυρόπιττα (Blätterteig mit einer Käsefüllung).

Fleischgerichte: *Käftädäss*/Κεφτέδες (Hackfleischklößchen). – *Kokorätssi*/Κοκορέτσι (am Spieß gegrillte Innereien). – *Suwlákia*/Σουβλάκια (würzige, über dem Holzkohlenfeuer gegrillte Fleischspießchen).

Fischgerichte: *Kakawiá*/Κακαβιά (würzige Fischsuppe, ähnlich der Bouillabaisse). – *Kalamárakia*/Καλαμάρακια (kleine Tintenfische). – *Oktapódi*/'Οκταπόδι (in Wein geschmorte Polypen).

Süßspeisen: *Baklawáss*/Μπακλαβάς (Blätterteiggebäck aus Mandeln, Sirup und Honig). – *Chalwáss*/Χαλβάς (Pudding aus Maismehl, Mandelsplittern und Honig).

Redewendungen

Bestellungen

Herr Ober, die Speisekarte bitte!	Γκαρσόν, τὸν κατάλογο, παρακαλῶ	gar**sson**, ton ka**ta**logo, paraka**lo**
die Getränkekarte	τὸν κατάλογο ποτῶν	tón ka**ta**logo pot**on**
Ich möchte das Fleisch ...	Θά ἤθελα τό κρέας ...	tha **i**thäla to **krä**ass
halbroh	λίγο ψημένο	**li**go psi**mä**no
mittel	μέτριο	**mä**trio
durchgebraten	καλοψημένο	kalopsi**mä**no
Bringen Sie mir bitte ...	Φέρτε μοῦ, παρακαλῶ...	**fär**tä mu, paraka**lo**
Brot	ψωμί	pso**mi**
Butter	βούτυρο	**wu**trio
Essig und Öl	ξύδι καί λάδι	**ksi**dhi kä **la**dhi
Salz	ἀλάτι	a**la**ti
Pfeffer	πιπέρι	pi**pä**ri
Sahne	ἀνδόγαλο	an**dho**galo
Zucker	ζάχαρη	**sa**chari
Zitrone	λεμόνι	lä**mo**ni

Besondere Wünsche

Ich hätte gern ...	Θά ἤθελα ...	tha **i**thäla
das Besteck	τά μαχαιροπήρουνα	ta machäro**pi**runa
eine Gabel	ἕνα πηρούνι	**ä**na pi**ru**ni
ein Glas (Wasser)	ἕνα ποτήρι (νερό)	**ä**na po**ti**ri (nä**ro**)
einen Löffel	ἕνα κουτάλι	**ä**na ku**ta**li
ein Messer	ἕνα μαχαίρι	**ä**na ma**chä**ri
eine Serviette	μία πετσέτα	**mi**a pä**tssä**ta
einen Teller	ἕνα πιάτο	**ä**na piato
Kann ich bitte die Rechnung haben?	Μπορῶ νά ἔχω τό λογαριασμό, παρακαλῶ;	bo**ro** na **ä**cho to logariass**mo**, paraka**lo**

Ungeharzte Weißweine (ΛΕΥΚΑ ΚΡΑΣΙΑ): *Demestica*/Δεμέστιχα (leicht, süffig). – *Hymettos CAMBAS*/Υμηττὸς ΚΑΜΠΑ (leichter trockener Tischwein). – *Santa Helena*/Σάντα Ἕλενα (leichter trockener Tischwein). – *Santa Laura*/Σάντα Λάουρα (trockener kräftiger Qualitätswein).

Geharzte Weißweine (Harz der Aleppokiefer): *Retsina CAMBAS*/Ρετσίνα ΚΑΜΠΑ (Qualitätswein). – *Retsina Plaka*/Ρετσίνα Πλάκα (einfachster Wein).

Rotweine (ΚΟΚΙΝΑ ΚΡΑΣΙΑ): *Demestica*/Δεμέστιχα (leicht). – *Hymettos CAMBAS*/Υμηττὸς ΚΑΜΠΑ (qualitätvoll). – *Naoussa*/Νάουσα (herber als Beaujolais). – *Santa Laura*/Σάντα Λάουρα (leicht).

Rosé-Weine (ΡΟΖΕ ΚΡΑΣΙΑ): *Cellar Rosé*/Σέλλαρ Ροζέ (trocken). – *King Rosé*/Κίνγκ Ροζέ (trocken, herb).

Weitere Getränkebezeichnungen: *Bier*/Μπύρα; *Champagner*/Σαμπάνια; *Dessertwein*/Γυκό Κρασί.

Whisky (ΟΥ·Ι·ΣΚΥ): *mit Eiswürfel*/μέ πάγο (mä **pa**go); *mit Soda*/μέ σόδα (mä **sso**dha); *unverdünnt*/σκέτο (**skkä**to).

Drinks (ΠΟΤΑ ΔΙΑΦΟΡΑ): *Campari Soda*/Καμπάρι Σόδα. – *Gin Fizz*/Τζίν Φίςς – *Masticha*/Μαστίχα (Branntwein, versetzt mit dem Harz des Mastixstrauches). – *Raki*/Ρακί (Reisschnaps). – *Whisky Sour*/Οὐΐσκυ Σάουερ.

Ouzo (Οὖζο): beliebter griechischer Aperitif, ein 50%iger Traubenschnaps, der mit Anis schmackhaft gemacht wird; er wird unverdünnt oder mit Eiswürfel vermischt (milchige Farbe) getrunken. Dazu bekommt man meist Mezédes/ Μεζέδες serviert (Oliven, Käse, getrockneter Oktopus, etc.).

Liköre (ΛΙΚΕΡ) – **Spirituosen** (ΟΙΝΟΠΝΕΥΜΑΤΩΔΗ): *Gin*/Τζίν. – *Kitro*/ Κίτρο (aus Naxos, nach Zitrusfrucht schmeckend). – *Kumkuát*/Κούμκουάτ (Pomeranzenlikör aus Korfu). – *Kognak*/Κονιάκ. – *Metaxá*/Μεταξά (griechischer Weinbrand). – *Rum*/Ρούμι. – *Sherry*/Τσέρυ. – *Wodka*/Βότκα.

Mineralwasser (ΜΕΤΑΛΙΚΑ ΝΕΡΑ) – **Sodawasser** (ΣΟΔΕΣ): *mit Kohlensäure*/μέ ἀνθρακικό (mä anthraki**ko**); *ohne Kohlensäure*/χωρίς ἀνθρακικό (cho**riss** anthraki**ko**). – *Loutraki Mineralwasser*/Νερό Λουτρακίου. – *Nigrita Mineralwasser*/ Νιγρίτα. – *Sariza Mineralwasser*/Νερό Σάριζα. – *Sodawasser*/Σόδα. – *Loutraki Sodawasser*/Σόδα Λουτρακίου.

Erfrischungsgetränke (ΑΝΑΨΥΚΤΙΚΑ): *Ginger Ale*/Τζίντζερ Ἔϊλ. – *Orangenlimonade*/Πορτοκαλάδα. – *Pepsi Cola*/Πέπσι κόλα. – *Soda Schweppes*/Σόδα Σουέπς. – *Tonic Water*/Τόνικ Οὐῶτερ.

Fruchtsäfte (ΧΥΜΟΙ ΦΡΟΥΤΩΝ): *Grapefruitsaft*/Γκρέϊπ φρούτ. – *Orangensaft*/ Πορτοκάλι. – *Tomatensaft*/Τομάτα. – *Zitronensaft*/Λεμόνι.

Milchgetränke (ΡΟΦΗΜΑΤΑ ΓΑΛΑΚΤΟΣ): *Milch*/Γάλα. – *Ovomaltine*/ Ὀβομαλτίνη. – *Kännchen Schokolade*/Σοκολάτα κομπλέ.

Tee (ΤΣΑ·Ι·): *mit Milch*/μέ γάλα (mä **ga**la); *mit Zitrone*/μέ λεμόνι (mä lä**mo**ni). – *Tee Frappé*/Τσάϊ φραπέ. – *Kännchen Tee*/Τσάϊ κομπλέ.

Kaffee (ΚΑΦΕΔΕΣ): *Cappuccino*/Καφές καπουτσῖνο. – *Espresso*/Καφές Ἐσπρέσσο. – *Nescafé*/Νεσκαφέ. – *Türkischer Kaffee*/Καφές Τούρκικος. – *Kaffee mit Milch*/ Καφές μέ γάλα (ka**fäss** mä **ga**la); *ohne Zucker*/σκέτο (**sskä**to); *wenig Zucker*/ μέτριο (**mä**trio); *viel Zucker*/γλυκό (gli**ko**).

Zur Orientierung auf der griechischen Speisekarte

’ΟΡΕΚΤΙΚΑ ΔΙΑΦΟΡΑ *(Hors d’oeuvre)*

’Αβοκάδο	Avokado	awo**ka**dho
’Αγκινάρες	Artischocken	angin**ar**äss
’Αὐγὰ ἀλά Ρῶσσα	Russische Eier	aw**ga** a**la** **ro**ssa
’Ελιὲς	Oliven	āli**äss**
Ζαμπὸν βραστό	gekochter Schinken	sam**bon** wra**ssto**
Ζαμπὸν καπνιστό	roher Schinken	sam**bon** kapni**ssto**
Καραβίδα	Languste	kara**wi**dha
Κολοκύθια τηγανιτά	gebackene Zucchini	kolo**ki**thia tigani**ta**
Λακέρδα	Thunfisch (gesalzen)	la**kär**dha
Μαγιονέζα	Mayonnaise	majio**nä**sa
Μανιτάρια σαλάτα	Champignonsalat	mani**ta**ria ssa**la**ta
Μελιτζάνο σαλάτα	Auberginensalat	mäli**dsa**no ssa**la**ta
’Οκταπόδι λαδορήγανη	Oktopus in Öl	okta**po**dhi ladho**ri**gani
Πατέ	Pastete	pa**tä**
Πιπεριές Τηγανιτές	grüne Paprika (gebraten)	pipäri**äss** tigani**täss**
Ποικιλία ὀρεκτικῶν	Vorspeisenteller	piki**li**a oräkti**kon**
Σαλάμι ’Ούγγαριας	Ungarische Salami	ssa**la**mi **un**gariass
Σαρδέλλες	Sardinen	ssar**dhä**läss
Σολωμὸς καπνιστός	geräucherter Lachs	ssolo**moss** kapni**sstoss**
Στρείδια	Austern	**sstri**dhia
Ταραμοσαλάτα	Fischroggen-Salat	taramossa**la**ta
Τόνος	Thunfisch	**to**noss
Φιλέτα ἀντζούγιας	Sardellenfilets	fi**lä**ta an**dsu**jiass
Φιλέτο ρέγγας	Heringsfilet	fi**lä**to **rän**gass
Χαβιάρι	Kaviar	chawi**a**ri
Χέλι καπνιοτό	geräucherter Aal	**chä**li kapni**ssto**

’ΕΝΤΡΑΔΕΣ-’ΟΡΕΚΤΙΚΑ *(Vorspeisen)*

Μουσακάς/Mussakáss und Ντολμάδες/Dolmádäss siehe S. 175 unter »Einige griechische Spezialitäten«.

Γαρίδες κοκτέϊλ	Krabben-Cocktail	ga**ri**dhäss kok**tä**il
Γαρίδες Μαγιονέζα	Krabben in Mayonnaise	ga**ri**dhäss majio**nä**sa
Λουκάνικα	Würstchen	lu**ka**nika
Ντομάτες γεμιστές	gefüllte Tomaten	do**ma**täss jämi**sstäss**
Σπανακόπιτα	Spinatpastete	sspana**ko**pita
Ταρτάρ	Tatar	tar**tar**
Τυρόπιτα	Käsepastete	ti**ro**pita

ΣΟΥΠΕΣ *(Suppen)*

Ζωμός κότας	Hühnerbrühe	so**moss** **ko**tass
Κονσομὲ ζεστό	heiße Kraftbrühe	konsso**mä** sä**ssto**
Κονσομὲ κρύο	kalte Kraftbrühe	konsso**mä** **kri**o
Κρεμμυδόσουπα	Zwiebelsuppe	krämi**dho**ssupa
Σούπα Τραχανᾶς	Grießsuppe	**ssu**pa tracha**nass**
Σούπα χυλοπίττες	Nudelsuppe	**ssu**pa chilo**pi**täss
Τοματόσουπα	Tomatensuppe	toma**to**ssupa
Φασολάδα	Bohnensuppe	fasso**la**dha
Χορτόσουπα	Gemüsesuppe	chor**to**ssupa
Ψαρόσουπα	Fischsuppe	psa**ro**ssupa

ΨΑΡΙΑ *(Fische)* – ΚΑΡΚΙΝΟΣΙΑ *(Schalentiere)*

Die bekanntesten Fischrestaurants und Fischtavernen befinden sich in Piräus. Vgl. den Plan S. 155: Nr. 6 (gehobenere Kategorie), Nr. 7 (einfachere Tavernen).

'Αστακός	Hummer	assta**koss**
Γαρίδες	Krabben	ga**ri**dhäss
Γαρίδες λαδολέμονο	Krabben in Zitronenöl	ga**ri**dhäss ladho**lä**mono
Γαρίδες μαγιονέζα	Krabben in Mayonnaise	ga**ri**dhäss majio**nä**sa
Γλῶσσα	Seezunge	**glo**ssa
Γόπες σχάρας	gegrillter Gopesfisch	**go**päss **sscha**rass
Καβούρι	Krebse	ka**wu**ri
Καλαμάρι	Tintenfisch	kala**ma**ri
Καραβίδα	Languste	kara**wi**dha
Κέφαλος	Meerbarbe	**kä**faloss
Κολιός	Makrele	koli**oss**
Κολιός σχάρας	gegrillte Makrele	koli**oss** **sscha**rass
Μαρίδες	gebackener Stint	ma**ri**dhäss
Μπακαλιάρος	Kabeljau	bakali**a**ross
Μπακαλιάρος παστός	gepöckelter Stockfisch	bakali**a**ross pa**sstoss**
Μύδια	Miesmuscheln	**mi**dhia
Ξιφίας	Schwertfisch	ksi**fi**ass
'Οκταπόδι	Oktopus	okta**po**dhi
'Οκταπόδι κρασάτο	Oktopus in Wein geschmort	okta**po**dhi kra**ssato**
Πὲρκα	Barsch	**pär**ka
Πὲστροφα	Forelle	**pä**sstrofa
Ρὲγγα	Hering	**rän**ga
Σαρδέλλα	Sardine	ssar**dhä**la
Σολωμός	Lachs (Salm)	ssolo**moss**
Σουπιά	Sepie (Kuttelfisch)	ssupi**a**
Σουφλέ ἀπό θαλασσινά	Auflauf aus Meeresfrüchten	ssu**flä** a**po** thalassi**na**
Στρείδια	Austern	**sstri**dhia
Σφρίδα βραστή	gekochter Wittling	**ssfri**dha wra**ssti**
Τόννος	Thunfisch	**to**noss
Τσιπούρα	Goldbrasse	tssi**pu**ra
Φιλέτα γλώσσης Μενιέρ	Seezungenfilet Müllerin-Art	fi**lä**ta **glo**ssiss mäni**är**
Χέλι	Aal	**chä**li
Ψάρι στά κάρβουνα	Fisch vom Holzkohlenfeuer	**psa**ri ssta **kar**wuna

Zubereitungsarten

Ich möchte den Fisch...	Θά ἤθελα τό ψάρι . . .	tha **i**thäla to **psa**ri
gebacken (im Ofen)	στό φοῦρνο	ssto **fur**no
gebraten	τηγανιτό	tigani**to**
gedämpft	γιαχνί	jiach**ni**
gegrillt	στή σχάρα	sti **sscha**ra
gekocht	βραστό	wra**ssto**
gepökelt	παστό	pa**ssto**
geräuchert	καπνιστό	kapni**ssto**
geschmort	τῆς κατσαρόλας	tiss katssa**ro**lass
im schwimmenden Fett gebraten	τηγανισμένο σέ πολύ λάδι	tiganiss**mä**no ssä po**li** **la**dhi
mariniert	μαρινάτο	mari**na**to
pochiert	ποσέ	po**ssä**

ΚΡΕΑΣ ΦΑΓΗΤΟΝ *(Fleischgerichte)*

ΨΗΤΑ *(vom Rost)*

Ἀρνάκι	Lammfleisch	ar**na**ki
Βωδινό	Rindfleisch	wodhi**no**
Κοτόπουλο	Hühnerfleisch	ko**to**pulo
Μοσχάρι	Kalbfleisch	moss**cha**ri
Χοιρινό	Schweinefleisch	chiri**no**

ΤΗΣ ΣΧΑΡΑΣ *(Gegrilltes)*

Auf den griechischen Speisekarten werden folgende Gerichte unter der Rubrik »Gegrilltes« geführt.

Ἀντρεκὸτ	Entrecôte	anträ**kot**
Ἐσκαλόπ μόσχου	Kalbsschnitzel nature	ässka**lop moss**chu
Κοτολέτες μοσχαρίσιες	Kalbskotelett	koto**lä**täss mossscha**ri**ssiäss
Κοτολέτες χοιρινές μέ πατάτες τηγανιτές	Schweinekotelett mit Pommes frites	koto**lä**täss chiri**näss** mä pa**ta**täss tigani**täss**
Μὶξτ γκρὶλλ	Mixed-Grill	mikst grill
Σηκῶτι ἀρνίσιο γάλακτος	Leber vom Milchlamm	ssi**ko**ti ar**ni**ssio **ga**laktoss
Σνίτσελ Βιενουὰζ	Wiener Schnitzel	**ssni**tssäl wiänu**as**
Σουβλάκι χοιρινό	Shish Kebab (vom Schwein)	ssuw**la**ki chiri**no**
Φιλέτο	Filet	fi**lä**to
Χάμπουργκερ στέϊκ	Hamburgersteak	**cham**purgär **sstä**ik

ΤΗΣ ΣΤΙΓΜΗΣ *(á la minute)*

Ἀντρεκὸτ α λα κρὲμ	Entrecôte à la creme	anträ**kot** a la kräm
Ἀντρεκὸτ πιπεράτη	Pfeffersteak	anträ**kot** pipä**ra**ti
Ἀντρεκὸτ στιγμῆς	Entrecôte à la minute	anträ**kot** sstij**miss**
Ἐσκαλὸπ κορντὸν μπλὲ	Cordon bleu	ässka**lop** korn**tu** blä
Ἐσκαλὸπ πανὲ	paniertes Schnitzel	ässka**lop** pa**nä**
Σνίτζελ χολστάϊν	Schnitzel à la Holstein	**ssni**tsäl chol**sstai**n
Τουρνέντο Ροσίνι	Tournedos Rossini	tur**nä**do ro**ssi**ni
Φιλὲ μινιὸν	Filet Mignon	fi**lä** mini**on**
Φιλὲ ντε Μπὲφ Στρογγανὼφ	Filet Stroganow	fi**lä** dä bäf sstronga**nof**

ΔΙΑΦΟΡΑ *(Verschiedenes)*

Ἀρνάκι ἐξοχικό	gewürztes Lammfleisch	ar**na**ki äksochi**ko**
Ἀρνάκι τοῦ γάλακτος	Milchlamm	ar**na**ki tu **ga**laktoss
Γλῶσσα	Zunge	**glo**ssa
Κοκκινιστό	Gulasch	kokini**ssto**
Κοκορέτσι	am Spieß gegrillte Innereien	koko**rä**tssi
Κοτολέτες ἀρνιοῦ	Lammchops	koto**lä**täss arni**u**
Μοσχάρι μελιτζάνες	Kalbfleisch mit Auberginengemüse	moss**cha**ri mäli**dsa**näss
Μοσχάρι στυφάδο	Kalbfleischstücke in Zwiebelgemüse	moss**cha**ri ssti**fa**dho
Μυαλό πανὲ	Hirn (paniert)	mia**lo** pa**nä**
Νεφρά	Nieren	nä**fra**
Παϊδακια	Rippchen	pai**dha**kia
Συκώτι	Leber	ssi**ko**ti

ΚΥΜΑΔΕΣ *(Gewürzte Hackfleischgerichte)*

Γιουβέτσι (jiu**wä**tssi) mit Hackfleisch gefüllter Nudelauflauf.

Μακαρόνια μέ κυμά (maka**ro**nia mä ki**ma**) Makkaroni mit Hackfleisch und Kräutern.

Μουσακά μελιτζάνα (mussa**ka** mäli**dsa**na) verschiedene Lagen von Auberginen, Kürbissen, Hackfleisch und Kartoffeln, mit einer Béchamelsauce aus Milch, Eiern, Butter und Käse überbacken.

Ντολμάδες άμπελόφυλλα (dol**ma**dhäss ambä**lo**fila) mit Hackfleisch und Reis gefüllte Weinblätter, mit einer Zitronensauce übergossen.

Ντομάτες γεμιστές (do**ma**täss jämi**sstäss**) mit Hackfleisch, Reis und Kräutern gefüllte Tomaten.

Παπαυτσάκια (papu**tssa**kia) gebackener Markkürbis, mit Hackfleisch, Reis und weißer Sauce gefüllt.

Πιλάφι μέ κυμᾶ (pi**la**fi mä ki**ma**) gewürzter Reis mit Hackfleisch und Kräutern.

Σουτζουκάκια (ssudsu**ka**kia) Hackfleischklößchen in einer Tomatensauce.

ΚΥΝΗΓΙ *(Wild)* – ΠΟΥΛΕΡΙΚΑ *(Geflügel)*

Γαλόπουλο	Truthahn	ga**lo**pulo
Κόκορας μέ κρασί	Hähnchen in Wein geschmort	**ko**korass mä kra**ssi**
Κοτόπουλο τῆς κατσαρόλας	gekochtes Huhn in einer Zitronensauce	ko**to**pulo tiss katssa**ro**lass
Κοτόπουλο τῆς σούβλας	Hähnchen am Spieß	ko**to**pulo tiss **ssuw**lass
Λαγός	Hase	la**goss**
Πάπια γεμιστή	gefüllte Ente	**pa**pia jämi**ssti**
Φασιανός	Fasan	fassia**noss**

Redewendungen

Ich hätte gerne...	Θά ἤθελα . . .	tha **i**thäla
Hammelfleisch	Ἀρνί	ar**ni**
Kalbfleisch	Μοσχάρι	moss**cha**ri
Lammfleisch	Ἀρνάκι	ar**na**ki
Rindfleisch	Βωδινό	wodhi**no**
Schweinefleisch	Χοιρινό	chiri**no**
Geflügel	Πουλερικά	pulări**ka**
Wild	Κυνήγι	ki**ni**ji
Ich möchte das Fleisch...	Θά ἤθελα τό κρέας . . .	tha **i**thäla to **krä**ass
halbroh	λίγο ψημένο	**li**go psi**mä**no
mittel	μέτριο	**mä**trio
durchgebraten	καλοψημένο	kalopsi**mä**no
fett	παχύ	pa**chi**
mager	ψαχνό	psa**chno**
gebacken (im Ofen)	στό φοῦρνο	ssto **fur**no
gebraten	τηγανιτό	tigani**to**
gedämpft	γιαχνί	jiach**ni**
gegrillt	στή σχάρα	ssti **ssch**ara
gekocht	βραστό	wra**ssto**
geschmort	τῆς κατσαρόλας	tiss katssa**ro**lass
paniert	πανὲ	pa**nä**

ΦΑΓΗΤΑ ΑΠΟ ΑΥΓΑ *(Eierspeisen)*
ΑΥΓΑ *(Eier)*

Αὐγά μελάτα	weichgekochte Eier	aw**ga** mä**la**ta
Αὐγά ποσὲ	pochierte Eier	aw**ga** pos**sä**
Αὐγά σφιχτά	hartgekochte Eier	aw**ga** ssfich**ta**
Αὐγά τηγανιτά	Spiegeleier	aw**ga** tigani**ta**
Αὐγά τηγανιτά μέ ζαμπὸν	Spiegeleier mit Schinken	aw**ga** tigani**ta** mä sam**bon**
Αὐγά τηγανιτά μέ μπέϊκον	Spiegeleier mit Speck	aw**ga** tigani**ta** mä **bä**ikon
'Ομελέτα	Rühreier	omä**lä**ta

ΟΜΕΛΕΤΤΕΣ *(Omeletts)*

'Ομελέττα μέ ζαμπὸν	Omelett mit Schinken	omä**lä**ta mä sam**bon**
μέ μανιτάρια	mit Champignons	mä mani**ta**ria
μέ ντομάτα	mit Tomaten	mä do**ma**ta
μέ πατάτες	mit Kartoffeln	mä pa**ta**täss
μέ συκωτάκια πουλιῶν	mit Hühnerleber	mä ssiko**ta**kia puli**on**
μέ τυρι	mit Käse	mä ti**ri**
'Ομελέττα σκέτη	Omelett nature	omä**lä**ta ss**kä**ti

ΖΥΜΑΡΙΚΑ *(Teigwaren)* – ΠΑΤΑΤΕΣ *(Kartoffeln)*

Μακαρόνια	Makkaroni	maka**ro**nia
Πατάτες βραστές	Salzkartoffeln	pa**ta**täss wrass**täss**
Πατάτες πουρέ	Kartoffelpüree	pa**ta**täss pu**rä**
Πατάτες τηγανιτές	Pommes frites	pa**ta**täss tigani**täss**
Πιλάφι βούτυρο παρμεζάνα	Butterreis mit Parmesankäse	pi**la**fi **wu**tiro parmä**sa**na
Πιλάφι μέ σάλτσα	Reis mit Sauce	pi**la**fi mä **ssal**tssa
Πιλάφ ντομάτες γκλασε	Reis mit glasierten Tomaten	pi**la**fi do**ma**täss glas**sä**
Πίτσα Ναπολιτὰν	Pizza Napolitana	**pi**tssa napoli**tan**
Ραβιόλι	Ravioli	rawi**o**li
Ρύζι	Reis	**ri**si
Σπαγγέτι μὲ Παρμεζάνα	Spaghetti mit Parmesankäse	sspan**gä**ti mä parmä**sa**na
Σπαγγέτι Ναπολιτὲν	Spaghetti Napolitana	sspan**gä**ti napoli**tän**

ΧΟΡΤΑΡΙΚΑ *(Gemüse)*

Καλαμπόκι	Mais	kalam**bo**ki
Καρόττα	Karotten	ka**ro**ta
Κολοκύθια	Zucchini	kolo**ki**thi
Κουνουπίδια	Blumenkohl	kunu**pi**dhia
Λαχανάκια Βρυξελλῶν	Rosenkohl	lacha**na**kia wriksä**lon**
Μελιτζάνα	Auberginen	mäli**dsa**na
Μπιζέλια	Erbsen	bi**sä**lia
Ντομάτες	Tomaten	do**ma**täss
Πιπεριές	Paprikaschoten	pipäri**äss**
Πράσσα	Lauch	**pra**ssa
Ραδίκια	Zichorie	ra**dhi**ki
Σπανάκι	Spinat	sspa**na**ki
Σπαράγγια	Spargel	sspa**ran**gia
Φακές	Linsen	fa**käss**
Φασολάκια φρέσκα	grüne Bohnen	fasso**la**kia **fräss**ka

ΣΑΛΑΤΕΣ *(Salate)*

Σαλάτα χωριάτικη/Griechischer Salat (ssa**la**ta chori**a**tiki) aus Gurken, Tomaten, Paprika, Oliven, Petersilie und Fäta-Käse. – Νισσουάζ/Salat Niçoise (nissu**as**) mit Tomaten, Thunfisch, Sardellen, Eiern, Oliven, Zwiebeln, Kapern, etc.

Σαλάτα Μικτῆ	Gemischter Salat	ssa**la**ta mik**ti**
Σαλάτα Ντομάτα	Tomatensalat	ssa**la**ta do**ma**ta
Σαλάτα Πράσσινη	Grüner Salat	ssa**la**ta **pra**ssini
Σαλάτα Ρώσσικη	Russischer Salat	ssa**la**ta **ro**ssiki

ΤΥΡΙΑ *(Käse)*

Γραβιέρα/Grawiära (eine Art Schweizerkäse). – Κασέρι/Kassäri (harter Schafkäse). – Κεφαλίσιο/Käfalissio (Schaf- oder Ziegenkäse). – Κεφαλοτύρι/Käfalotiri (harter, würziger Schaf- oder Ziegenkäse). – Μανούρι/Manúri (quarkähnlicher Käse). – Μυζήθρα/Misithra (weicher Schafkäse). – Ροκφόρ/Roquefort. – Φέτα/Fäta (Ziegenkäse, den es weich oder hart, salzig oder sahnig gibt).

ΦΡΟΥΤΑ *(Obst)*

'Αχλάδια	Birnen	ach**la**dhia
Βερύκοκα	Aprikosen	wä**ri**koka
Καρπούζι	Wassermelone	kar**pu**si
Κεράσια	Kirschen	kä**ra**ssia
Μπανάνα	Banane	ba**na**na
Μῆλο	Apfel	**mi**lo
Πεπόνι	Zuckermelone	pä**po**ni
Πορτοκάλι	Orange	porto**ka**li
Ροδάκινα	Pfirsiche	ro**dha**kina
Σταφύλια	Trauben	ssta**fi**lia
Φράουλες	Erdbeeren	**fra**uläss

ΚΟΜΠΟΣΤΕΣ *(Kompotte)*: Κομπόστα ἀχλάδια/Birnenkompott (kom**poss**ta ach**la**dhia). – Δαμάσκινο/Pflaumen (dha**mass**kino). – Μῆλο/Apfel (**mi**lo).

ΓΛΥΚΑ *(Desserts)*: Καταΐφι/Kataifi und Μπακλαβὰς/Baclawáss siehe S. 175 unter »Einige griechische Spezialitäten«.

Κρέμα καραμελέ	Karamelcreme	**krä**ma karamä**lä**
Πάστα σοκολάτα	Schokoladenkuchen	**pa**ssta ssoko**la**ta
Πὲς Μέλμπα	Pfirsich Melba	päss mäl**ba**
Ριζόγαλο	Milchreispudding	ri**so**galo
Σαλάτα φρούτων	Obstsalat	ssa**la**ta **fru**ton

ΠΑΣΤΕΣ *(Kuchen)* – ΠΑΓΩΤΑ *(Eiscreme)*

Λεμόνοπιττα	Zitronenkuchen	lä**mo**nopita
Μηλόπιττα	Apfelkuchen	mi**lo**pita
Ρεβανί	Sandkuchen mit Sirup	räwa**ni**
Παγωτό Λεμόνι	Zitroneneis	pago**to** lä**mo**ni
Παγωτό Βανίλλια	Vanilleeis	pago**to** wa**ni**lia
Παγωτό Σοκολάτα	Schokoladeneis	pago**to** ssoko**la**ta
Παγωτό Φράουλα	Erdbeereis	pago**to** **fra**ula

D. ÖFFNUNGSZEITEN DER MUSEEN UND SAMMLUNGEN

(Sommer: 16. März–14. Oktober; Winter: 15. Oktober–15. März)

Agora-Museum (Plan: 6): Geöffnet: im Sommer 9–17 Uhr; im Winter 9–16 Uhr; an Sonn- und Feiertagen 10–14 Uhr. – Mo geschlossen; So und Do freier Eintritt.

Akropolis-Museum (Plan: 10): Geöffnet: im Sommer 9–17 Uhr; im Winter 9–16 Uhr; an Sonn- und Feiertagen 10–14 Uhr. – Di geschlossen; So und Do freier Eintritt.

Archäologisches Nationalmuseum (Plan: 1): Odós Patission 44. – Geöffnet: im Sommer 8–13 und 15–18 Uhr; im Winter 9–16 Uhr; an Sonn- und Feiertagen 10–14 Uhr. – Mo geschlossen; So und Do freier Eintritt. Einige Abteilungen (Kleinbronzen, Vasen, Saal der Meisterwerke) nachmittags geschlossen.

Epigraphische Sammlung des Archäologischen Nationalmuseums: Eingang an der Odós Tositsa. – Geöffnet: im Sommer 7^{30}–13^{30} Uhr; im Winter 8–14^{30} Uhr. – Freier Eintritt; So geschlossen.

Numismatische Sammlung des Archäologischen Nationalmuseums: Eingang an der Odós Tositsa. – Geöffnet: im Sommer 7^{30}–13^{30} Uhr; im Winter 8–14^{30} Uhr. – Freier Eintritt; So geschlossen.

Benaki-Museum (Plan: 21): Ecke Odós Koumbari 1/Leoforos Vassilissis Sofias. – Geöffnet: im Sommer 8^{30}–14 und 16^{30}–19^{30} Uhr, So 8^{30}–14 Uhr; im Winter 9^{30}–14 Uhr, So 9^{30}–13 Uhr. – Di geschlossen.

Byzantinisches Museum (Plan: 22): Odós Leoforos Vassilissis Sofias 22. – Geöffnet: im Sommer 8–13 und 15–18 Uhr; im Winter 9–13 Uhr; an Sonn- und Feiertagen 10–14 Uhr. – Mo geschlossen; So und Do freier Eintritt.

Delphi, Archäologisches Museum (Plan: 25): Geöffnet: im Sommer Mo 11^{30}–13 und 14^{30}–17 Uhr; Di–Sa 8–13 und 15–18 Uhr; So 10–13 und 15–18 Uhr. – Im Winter Mo 11^{30}–13 und 14^{30}–17 Uhr; Di–Sa 9–13 und 14^{30}–17 Uhr; So 10–13 und 14^{30}–17 Uhr.

Historisches Nationalmuseum (Plan: 4): im alten Parlamentsgebäude an der Odós Stadiou 13. – Geöffnet: ganzjährig 9–13 Uhr. – Mo geschlossen; So und Do freier Eintritt.

Kerameikos-Museum (Plan: 5): Odós Ermou 148. – Geöffnet: im Sommer 9–17 Uhr; im Winter 9–16 Uhr; an Sonn- und Feiertagen 10–14 Uhr. – Mo geschlossen; So und Do freier Eintritt.

Museum zeitgenössischer Keramik (bei Planziffer 8): in der Plaka, am Monastiraki-Platz, Eingang Odós Areos 1 (Moschee). – Geöffnet: täglich 9–13 Uhr. – Di geschlossen; freier Eintritt.

Museum für griechische Volkskunst (bei Planziffer 8): Odós Kidathineon 17. – Geöffnet: im Sommer 9–13 Uhr; im Winter 10–14 Uhr. – Mo geschlossen.

Nationale Gemälde-Galerie (bei Planziffer 22): Odós Vassileos Konstantinou 60 (Nähe Byzantinisches Museum). – Geöffnet: im Sommer 9–13 und 16–20 Uhr; im Winter 9–18 Uhr; So 10–14 Uhr. – Di geschlossen; Do freier Eintritt. – Die Sammlung umfaßt Gemälde griechischer Maler vom 18. Jh. bis zur Gegenwart, ferner Gemälde von El Greco, Rembrandt, Van Dyck, Watteau, Dürer, Breughel, Braque, Picasso etc.

Piräus, Archäologisches Museum (vgl. Plan auf S. 155, Ziffer 8): Odós Filellinon 38 (neben dem antiken Zea Theater). – Geöffnet: ganzjährig 8^{30}–13 Uhr, So 10–14 Uhr. – Mo geschlossen.

E. GRIECHISCHE VASENTYPEN

Bauchamphora

Halsamphora

»Pelike«

»Stamnos«

Vorratsgefäße

Kolonettenkrater

Psykter

Volutenkrater

Kelchkrater

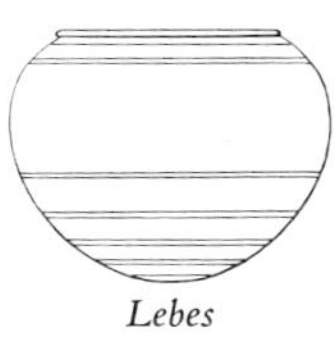

Lebes

Glockenkrater

Mischgefäße

Die Erforschung der griechischen Vasen setzte ein, nachdem man 1828/1830 in etruskischen Kammergräbern, vor allem in *Vulci*, rund 3000 griechische Vasen gefunden hatte. Ergänzend kamen später die Funde aus Griechenland und den griechischen Kolonien hinzu.

Verwendung: Bei den *bemalten* Gefäßen handelt es sich vorwiegend um *Weihgeschenke* und *Grabbeigaben*, während die Gebrauchskeramik in der Regel unverziert war.

Töpfer und Maler sind in der Regel zwei verschiedene Personen, die aber im selben Betrieb eng zusammenarbeiten. Der berühmte Vasenbildner *Exekias* war Töpfer und Maler in einem.

Die Farbe des Vasenkörpers, der Figuren und Ornamente (schwarzer Firniss oder Terrakottarot) entsteht ausschließlich mit Hilfe unterschiedlicher *Brennvorgänge* bei einer Temperatur von durchschnittlich 800 bis 900°. Eine Rolle spielen dabei der eisenhaltige Ton, der Zusatz von Mineralien, die Beeinflussung der Oxydation durch Zufuhr oder Entzug von Sauerstoff und anderes. Die Grundkenntnisse des Brennverfahrens reichen bis in die Steinzeit zurück.

Herstellungszentren: In protogeometrischer und geometrischer Zeit war *Athen* führend. Zwischen 750 und 600 v. Chr. trat *Korinth* an die erste Stelle. Im 6. und 5. Jh. v. Chr. war es wieder *Athen*, das nun eine Monopolstellung einnahm, mit bedeutendem Export nach *Etrurien*, *Sizilien*, *Unteritalien*, im 5. und 4. Jh. v. Chr. sogar bis *Südrußland* und in die *Cyrenaica*.

Vom *Formenreichtum* der griechischen Vasen geben die hier gezeigten Beispiele eine gute Vorstellung. Ihre *Verwendung* geht aus der Bezeichnung der Sachgruppen hervor.

Panathenäische Amphora *Luthrophoros*

Kultgefäße

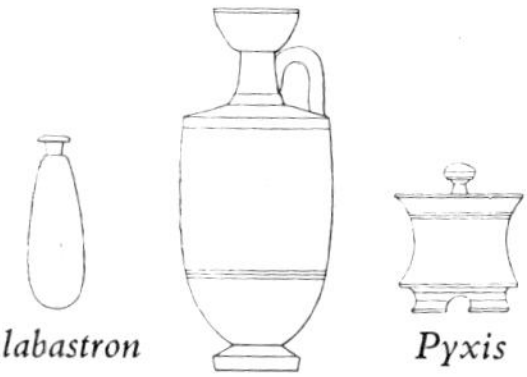

Alabastron *Lekythos* *Pyxis*

Salbgefäße und Büchsen

Schwarzfigurige Schale *Kantharos* *Skyphos* *Rotfigurige Schale*

Trinkgefäße

Schwarzfigurige Hydria *Rotfigurige Hydria* *»Olpe«*

Kyathos *Oinochoë* *Kopfgefäß*

Schöpf- und Gießgefäße

F. VORSCHLÄGE FÜR DIE BESICHTIGUNG

Akropolis

Nr. 10: Der Besuch der Akropolis ist das Kernstück jedes Athenbesuches. An keinem zweiten Ort kann man griechische Baukunst in vergleichbarer Qualität und Dichte kennenlernen. Parthenon, Propyläen, Nike-Tempel und Erechtheion schaffen zusammen eine baulich einmalige Situation. Der Besuch ist ebenso am frühen Morgen wie in den späteren Nachmittagsstunden zu empfehlen.

Akropolis-Museum

Nr. 10: Sofern es die Zeit erlaubt, sollte man sich für das Akropolis-Museum gesondert einen halben Tag reservieren. Die ausgestellten Stücke sind zu qualitätvoll, um oberflächlich oder in ermüdetem Zustand betrachtet zu werden.

Archäologisches Nationalmuseum

Nr. 1: Das Museum ist so weitläufig und die Bestände sind so umfangreich, daß man gut tut, gleich zwei Besuche vorzumerken. Für den ›mykenischen‹ Saal und die Skulpturensammlung benötigt man allein einen halben Tag. Dann bleibt noch immer die großartige Vasensammlung, die einen weiteren Halbtag erfordert. – Weltruf besitzt außerdem die Numismatische Sammlung.

Agora

Nr. 7: Der Eindruck ist bei weitem nicht so nachhaltig wie auf der Akropolis. Das Museum bietet auf kleinstem Raum eine große Vielfalt hochinteressanter Funde. Muß man aus Zeitmangel zwischen der Agora und Kap Sunion wählen, so ist Kap Sunion der Vorzug zu geben.

Kerameikos

Nr. 5: Ein Besuch rechtfertigt sich nur, wenn etwas mehr Zeit zur Verfügung steht. Im Museum hervorragende Stücke protogeometrischer Keramik. Die im Freien aufgestellten Grabmäler sind Abgüsse. Originale im Nationalmuseum.

Außerhalb Athens

Kap Sunion

Nr. 29: Lohnender Halbtagesausflug. Abfahrt nachmittags in Athen. Rückkehr bei Sonnenuntergang. Schöner landschaftlicher Eindruck.

Ägina

Nr. 32: Sinnvoll nur als Ganztagesausflug. Schöne Landschaftseindrücke. Man fahre zuerst zum Aphaia-Tempel. Rückfahrt von der Insel nach Athen meist noch in den Abendstunden möglich.

Daphni

Nr. 27: Lohnender Halbtagesausflug sofern man sich für byzantinische Kirchen und deren Ausschmückung mit Mosaiken interessiert.

Delphi und Ossios Loukas

Nr. 25: Zu empfehlen ist die Zweitagetour mit Übernachtung in Delphi. Sehr schöne Landschaftseindrücke bei der Anreise und in Delphi selbst. Sofern man mit einem Reiseunternehmen fährt, wird in der Regel auch Ossios Loukas (vgl. S. 141f.) kurz besucht.

G. LITERATURAUSWAHL

d'Agostino, Bruno: Hellas. Wiesbaden 1974. – Buschor, Ernst: Von griechischer Kunst. München 1956. – Carpenter, Rhys: Die Erbauer des Parthenon. München 1970. – Chatzidakis, Manolis: Das byzantinische Athen. Athen o.J. – Eller, Karl: Die Akropolis. Stuttgart 1959. – Filippaki, Varvara: Vasen des Archäologischen Nationalmuseums von Athen. Athen o.J. (Führer durch die Sammlung). – Fuchs, Werner: Die Skulptur der Griechen. München 1969. – Gerke, Friedrich: Spätantike und frühes Christentum. Baden-Baden 1967. – Hoepfner, Wolfram: Das Pompeion. Athen 1971. – Homann-Wedeking, E.: Das archaische Griechenland. Baden-Baden 1966. – Jongh, Brian de: Griechenland. München 1974. – Kerber, Ottmar: Die Kunst im Wandel der Zeitalter. Stuttgart 1949. – Kirsten-Kraker: Griechenlandkunde 1. Heidelberg 1967. – Kitto, H. D. F.: Die Griechen. Stuttgart 1957. – LAW = Lexikon der Alten Welt. Zürich und Stuttgart 1965. – Lullies, Reinhard: Griechische Plastik. München 1956. – Marwitz: Attische Vasenmaler. In: Kindlers Malerei Lexikon. 6 Bde. Zürich 1964–1971. – Matz, Friedrich: Kreta, Mykene, Troja. Stuttgart 1956. – Pfuhl, Ernst: Meisterwerke griechischer Zeichnung und Malerei. München 1924. – Ranke-Graves, Robert von: Griechische Mytologie. 2 Bde. Hamburg 1960. – Rice, David Talbot: Byzantinische Kunst. München 1964. – Rodenwaldt, Gerhart: Griechische Tempel. Berlin o.J. – Roux, Georges: Delphi. München 1971. – Schachermeyr, Fritz: Die ältesten Kulturen Griechenlands. Stuttgart 1955. – Ders.: Die frühe Klassik der Griechen. Stuttgart 1966. – Ders.: Griechische Geschichte. Zweite Aufl. Stuttgart 1969. – Ders.: Geistesgeschichte der Perikleischen Zeit. Stuttgart 1971. – Schefold, Karl: Die Griechen und ihre Nachbarn (Propyläen-Kunstgeschichte I). Berlin 1967. – Schneider, Carl: Geistesgeschichte des antiken Christentums. 2 Bde. München 1954. – Schuchhardt, Walter-Herwig: Archaische Plastik der Griechen. Stuttgart 1957. – Schoder, Raymond von: Meisterwerke griechischer Kunst. Zürich 1961. – Schweitzer, Bernhard: Das Menschenbild der griechischen Plastik. Potsdam 1947. – Ders.: Die geometrische Kunst Griechenlands. Köln 1969. – Tarkiainen, Tuttu: Die athenische Demokratie. Zürich 1966. – Travlos, John: Bildlexikon zur Topographie des antiken Athen. Tübingen 1971. – Walter, Hans: Das griechische Heiligtum. München 1965. – Ders.: Griechische Götter. München 1971. – Ders.: Alt-Ägina. (Hrsg. Förderkreis Museum Alt-Ägina). Mainz o.J. (1974). – WdA = Wörterbuch der Antike. 3. Aufl. Stuttgart 1950. – Wegner, Max: Meisterwerke der Griechen. O. A. 1960. – Zschietzschmann, Willy: Athenai. Topographie. In: Pauly's Realencyclopädie der classischen Altertumswissenschaft, Supplementband XIII, Sp. 56–140. München 1974.

Fotonachweis:

Der Verfasser dankt folgenden Institutionen und Personen für die freundliche Bereitstellung von Aufnahmen und für die Erlaubnis zur Reproduktion:

American School of classical studies at Athens, Athen: S. 6, 11, 50, 51, 54. Deutsches Archäologisches Institut, Athen: 10, 17, 19 (rechts), 21, 47, 75, 76, 83, 84, 102, 107, 110 (links und rechts), 118. Foto A. Reale, Roma: 61 (links). Alison Frantz, Athen: 18, 43, 85, 87, 121. Hirmer Fotoarchiv, München: 23, 27, 31, 96, 100, 127, 162, 163. Nikos Kontos, Athen: 4, 15 (links und rechts), 19 (links), 20, 24, 25, 33, 35 (oben, Mitte, unten), 37, 38, 39, 44, 46, 70, 80, 89, 93, 95, 103, 104, 133, 135, 139, 141, 143, 144, 145, 147, 159, 161. Royal Ontario Museum, Toronto: 67. Privataufnahme: 12. N. Stournaras, Athen: 28, 30, 65, 69, 73, 99, 101, 110, 124.

H. REGISTER

Wichtige Textstellen *kursiv*, Plan- und Objektnummern **Fettdruck**

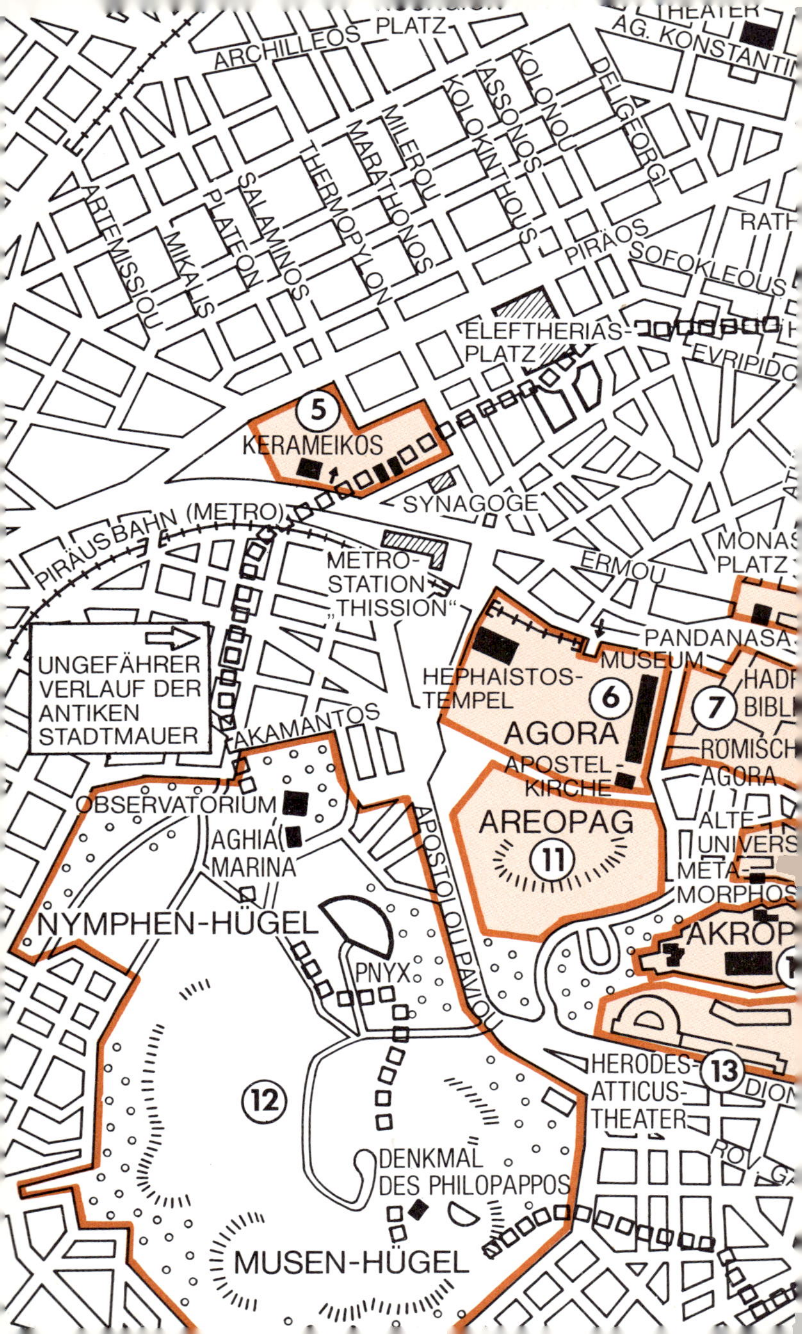
THEATER
AG. KONSTANTIN
PLATZ
ARCHILLEOS
KOLONOU
ASSONOS
KOLOKINTHOUS
DELIGEORGI
MILEROU
MARATHONOS
THERMOPYLON
SALAMINOS
PLATEON
MIKALIS
ARTEMISSIOU
PIRÄOS
SOFOKLEOUS
RATH
ELEFTHERIAS-
PLATZ
EVRIPIDO
5
KERAMEIKOS
SYNAGOGE
PIRÄUSBAHN (METRO)
METRO-
STATION
„THISSION“
ERMOU
MONAS
PLATZ
PANDANASA
MUSEUM
UNGEFÄHRER
VERLAUF DER
ANTIKEN
STADTMAUER
HEPHAISTOS-
TEMPEL
6
AGORA
7
HADR
BIBL
RÖMISCH
AGORA
AKAMANTOS
APOSTEL-
KIRCHE
AREOPAG
11
ALTE
UNIVERS
META-
MORPHOS
OBSERVATORIUM
AGHIA
MARINA
APOSTOLOU PAVLOU
NYMPHEN-HÜGEL
AKROP
PNYX
HERODES-
ATTICUS-
THEATER
13
DIONY
12
ROV. GA
DENKMAL
DES PHILOPAPPOS
MUSEN-HÜGEL